丰富力要想象

没有风格
就是我的风格。

漫话行测

老何 / 编著

济南出版社

图书在版编目（CIP）数据

漫话行测 / 老何编著. -- 济南：济南出版社，2024.3
ISBN 978-7-5488-6193-5

Ⅰ.①漫… Ⅱ.①老… Ⅲ.①公务员—招聘—考试—中国—自学参考资料②行政管理—能力倾向测验—中国—自学参考资料 Ⅳ.①D630.3

中国国家版本馆CIP数据核字(2024)第055453号

漫话行测
MANHUA XINGCE
老何　编著

出 版 人	谢金岭
责任编辑	闫　菲
装帧设计	刘　畅

出版发行　济南出版社
地　　址　山东省济南市二环南路1号（250002）
总 编 室　0531-86131715
印　　刷　济南乾丰云印刷科技有限公司
版　　次　2024年4月第1版
印　　次　2024年4月第1次印刷
开　　本　185 mm×260 mm　16开
印　　张　20.75
字　　数　323千字
书　　号　ISBN 978-7-6193-5
定　　价　79.80元

如有印装质量问题　请与出版社出版部联系调换
电话：0531-86131736

版权所有　盗版必究

上岸歌

三餐四季,你都在奔跑,

朝闻雄鸡一声唱,

三更星斗夜鸣虫;

爬申论巍峨山,

游行测浩渺海,

穿公基参天林;

从此岸到彼岸,

你未敢停歇。

但此刻,请停下脚步:

听风,看雪,殇枯黄。

冬是春的蛰伏,

春已在咫尺。

停下脚步,

等一等灵魂;

你与自己对话,

它必给你回响。

莫焦虑,勿恐慌;

少见他人多,

多想自己少;

见他人"多"则惑,

知自己"少"则得,

参天之木各有不同,

查缺补漏方得大成。

昨天，你播下一颗种子，
今天，它将带你破土见光。
心中有光，不必来日方长；
今日就决胜负，
孰弱孰强真刀枪。
天地和合，生之大经，
学会与自己和解，
学会与自己合作，
不因一时而苦恼，
不因一事而自弃，
轻装上阵，渡此一舟，
书生意气，挥斥方遒。
春华秋实育你心中锦绣，
寒冬酷暑炼你钢筋铁骨，
于秩序的羁绊中自我解放，
于活力的迸发中自我升华，
觅得平衡，此岸必上！

——老何寄语

只言片语话行测

行政职业能力测试，简称行测；顾名思义，就是考查考生是否具备公务员的基础素养和能力要求。既然是考查基础素养，那么大多数题目的难度就不会很大。那行测的难到底体现在哪里呢？答题效率！在有限的时间内完成一百多道题并不轻松！很多同学最后的怨念不是不会，而是时间不够用。

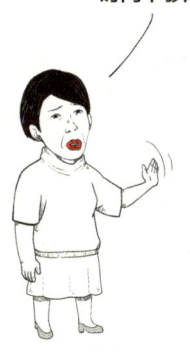

实际上，行测考查的基本都是初高中的知识，数量关系、资料分析、判断推理、言语理解与表达……题型虽有不同，但知识还是那些知识，比如，数量关系中的"牛吃草"和"鸡兔同笼"问题不就是小学奥数题吗？又比如，言语理解与表达题中的"概括主旨"不就是咱们从小练到大的"找主旨句"吗？

所以，行测备考的本质就是把曾经学过的知识再重新回忆起来。

那么行测备考的基本思路应该是怎样的呢？主要有以下几个思路：

认真审题。欲做题，先破题，而破题的第一步就是审题，既要把题目读懂，也要把题目中的关键信息提取全。第一步走对了，后边就轻松了，否则就可能"所答非所问"，或者掉进命题人挖好的"陷阱"，又或者因为粗心导致"阴沟里翻船"。

认真审题，全面且不能马虎。

学会放弃。遇到个别比较复杂或者超出自己认知范围的题目，要果断跳过，不要耽误时间，因为跟某一道题较劲而影响整体做题节奏是得不偿失的。

要不，我放弃吧？

熟记方法。不同的题型有着不同的解题思路和方法，考生在备考中务必夯实基础，把不同题型的解题思路和方法铭记于心。比如，解决数量关系中"年龄问题"的关键就是牢记"年龄差是永恒不变"的。

先吃进去。

大量刷题。 基础方法掌握后,接下来就要大量刷题了,通过"题海战术"提高做题效率,毕竟考场上最大的"拦路虎"是时间。

方法用于实践,
努力刷够两万题。

连蒙带猜。 对于实在不会的题目,在排除一些选项后,就在剩下的选项中蒙一个吧,"蒙"也是一种应试技巧,毕竟不能跟时间过不去。

"正面"选B,"反面"选C,
立起来选A,掉地上选D。

最后祈祷"考的都会，蒙的全对"吧。

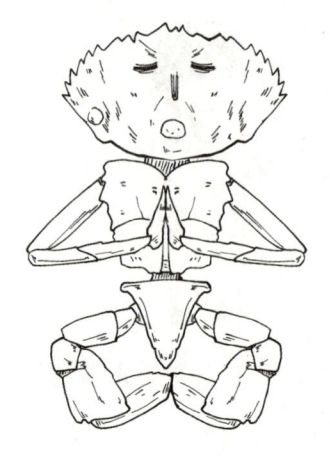

关于行测就先念叨这么多吧。备考之路多磕绊，唯持之以恒者胜！

目录

第一章　数量关系 1
- 第一节　基础方法 3
- 第二节　核心题型 19

第二章　资料分析 111
- 第一节　常见术语 113
- 第二节　速算技巧 118
- 第三节　实战演练 131

第三章　判断推理 171
- 第一节　数字推理 173
- 第二节　图形推理 182
- 第三节　定义判断 220
- 第四节　类比推理 225
- 第五节　逻辑判断 237

第四章　言语理解与表达 279
- 第一节　方法介绍 281
- 第二节　文段阅读 289
- 第三节　选词填空 309
- 第四节　篇章阅读 315

微信扫码
- 精讲微课堂
- 备考小宝典
- 智能笔记本

第一章
数量关系

第一节 基础方法

欲学数量关系，先掌握基础解题技巧。代入排除法、数字特性法、方程法、枚举归纳法和赋值法是常用解题方法。其中，代入排除法和方程法是最基础的方法，应该稳稳地"拿捏"住。

一、代入排除法

顾名思义，把各个选项逐一代入题目中进行验证，只有符合题目全部限定条件的才是正确答案；否则，就不是正确答案，予以排除。

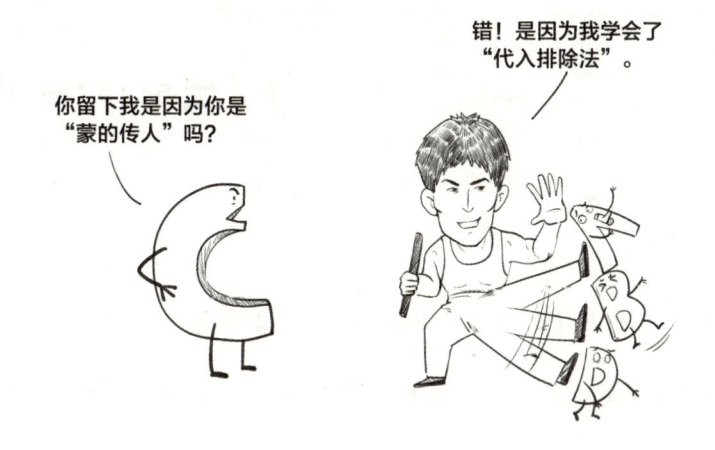

例 1 在统计某高校运动会参赛人数时，第一次汇总的结果是 1742 人，复核的结果是 1796 人，检查发现第一次计算有误，将某学院参赛人数的个位数字与十位数字颠倒了。已知该学院参赛人数的个位数字与十位数字之和是 10，则该学院的参赛人数可能是（　　）。

A. 64 人　　　　　B. 73 人　　　　　C. 82 人　　　　　D. 91 人

如果按照方程式一点一点地解析，这道题就复杂了；在有限的时间里，很多考生可能解不出来，即使解出来了，也会耗费大量的时间，得不偿失。

题目中的设定条件有两个：一是"某学院参赛总人数的个位数与十位数数字之和是

10",四个选项都符合该条件,这一个设定条件"废了";二是"两次汇总结果的误差是1796－1742＝54",这是破题的关键。

咱们稍微一琢磨就会发现,差值54是不变的;而调整四个选项中数字的个位数和十位数是那么的轻而易举,索性逐项代入验证一下:分别把四个选项中数字的个位数和十位数调换位置,然后相减,差值是54的就是正确选项。

把82的个位和十位调换后是28,二者的差恰好是54,其余选项均不满足第二个设定条件,都可以排除。

本题选C。

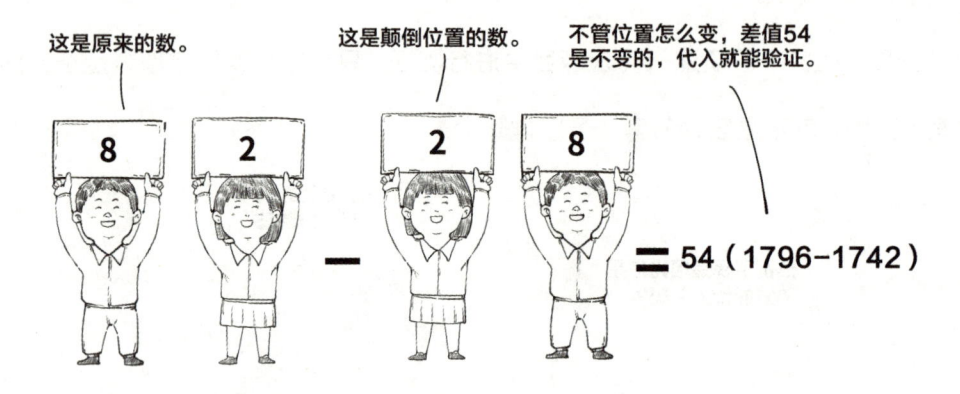

例2 已知赵先生的年龄是钱先生年龄的2倍,钱先生比孙先生小7岁,三位先生的年龄之和是小于70的素数,且素数的各位数字之和为13,那么,赵、钱、孙三位先生的年龄分别为( )。

A.30岁,15岁,22岁   B.36岁,18岁,13岁

C.28岁,14岁,25岁   D.14岁,7岁,46岁

插播一个知识点,避免有的考生犯迷糊:啥是素数?

素数一般指质数,是指在大于1的自然数中,除了1和它本身以外不再有其他因数的自然数。说得再直白点,质数/素数就是,除1以外,只能被1和它本身整除的自然数。质数/素数这个知识点在数量关系模块中经常考,请务必牢记它的定义。

品质高的人只会被"1"和自己征服。

这道题的设定条件有三个：一是"赵先生的年龄是钱先生年龄的 2 倍"；二是"钱先生比孙先生小 7 岁"；三是"三位先生的年龄之和是小于 70 的素数，且素数的各位数字之和为 13"。

在代入排除时，大家按照设定条件的顺序逐一验证排除即可。首先看第一个设定条件"赵＝钱×2"，四个选项都符合该条件；继续验证第二个设定条件，神奇的事情发生了，只有选项 A 符合条件"22－15＝7"，其余三个选项均不符合，直接选 A。

当然，经代入，四个选项中的各个数字之和都是 67，是小于 70 的素数且 6 和 7 的和也恰好是 13，都符合第三个设定条件要求。

本题选 A。

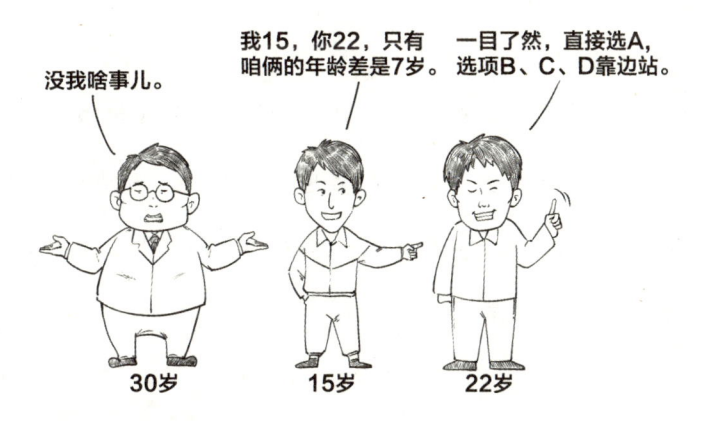

没我啥事儿。　　我15，你22，只有咱俩的年龄差是7岁。　　一目了然，直接选A，选项B、C、D靠边站。

30岁　　15岁　　22岁

二、利用数字特性法

利用数字特性可快速解题，最常利用的是数字的奇偶特性和倍数特性。

（一）奇偶性

☆ **和差奇偶性**

奇数±奇数＝偶数；偶数±偶数＝偶数；奇数±偶数＝奇数。

一言以蔽之，两数做加减法，同是奇数或偶数，结果必是偶数；否则，结果就是奇数。

和差同性：两数的和是奇数，其差也是奇数；两数的和是偶数，其差也是偶数。 两数的和或差是奇数，这两个数一奇一偶；两数的和或差是偶数，这两个数同奇或同偶。

☆ **乘积奇偶性**

奇数×奇数＝奇数；奇数×偶数＝偶数；偶数×偶数＝偶数。

一言以蔽之，两数中只要有偶数，乘积必是偶数；两数全是奇数，乘积才是奇数。

例1 某单位每年三月都要组织员工去 A、B 两地参加植树活动，已知去 A 地每人往返车费 20 元，人均植树 5 棵，去 B 地每人往返车费 30 元，人均植树 3 棵，设到 A 地有员工 x 人，A、B 两地共植树 y 棵，y 与 x 之间满足 $y=8x-15$，若往返车费总和不超过 3000 元，那么，最多可植树多少棵？（　　）

A. 498　　　　　B. 400　　　　　C. 489　　　　　D. 500

本题题干很长，很有迷惑性，但实际上是"纸老虎"。

题目的设定条件"往返车费总和不超过 3000 元"决定了公式 $y=8x-15$ 是不定方程。 在解决不定方程时，优先考虑数字的奇偶性。

经过观察不难发现，$8x$ 是偶数，那么"$8x-15$"必是奇数，即 y 是奇数，四个选项中只有 C 是奇数。

本题选 C，简单又直接。

你过来呀！

利用数字特性解决不定方程，让难题变"纸老虎"。

上边这道题算是比较典型的"直截了当"地用奇偶性解决问题的案例，具有短平快的特点；但在实际解题过程中，奇偶性常常要配合代入排除法一起使用。

例 2 某旅游公司有能载 4 名乘客的轿车和能载 7 名乘客的面包车若干辆，某日该公司将所有车辆分成车辆数相等的两个车队运送两个旅行团。已知两个旅行团共有 79 人，且每个车队都满载，该公司轿车比面包车多多少辆？（　　）

A. 5　　　　　B. 6　　　　　C. 7　　　　　D. 8

这道题的设定条件有两个：一是"有能载 4 名乘客的轿车和能载 7 名乘客的面包车若干辆，且可以被平分为两个车队"；二是"两个旅行团共 79 人，车队满载"。

因为所有车辆能平均分成两个车队，所以可以由第一个设定条件推出：轿车和面包车的数量之和是偶数；根据"和差同性"原则，两数之和是偶数，两数之差也是偶数。据此直接排除选项 A 和 C。

由这两个设定条件可以列出方程式。假设轿车有 x 辆，面包车有 y 辆，列出方程式：$4x+7y=79$。

要解这个二元一次方程，还需要另外一个方程式，但仅靠题目提供的信息显然无法做到，怎么办呢？这时就要用到代入排除法了。

先验证选项 B，假设轿车比面包车多 6 辆，列出方程式：$x-y=6$。

组合成方程组：$\begin{cases} 4x+7y=79 \\ x-y=6 \end{cases}$

解得：$\begin{cases} x=11 \\ y=5 \end{cases}$

x 和 y 均为整数，符合题目要求。

代入选项 D，x，y 均非整数，不符合题意。

本题选 B。

先排除A和C：
我和面包车的总数能被2整除，说明和是偶数；那么，我们的差也是偶数。

再验证B和D：
我能载4人，面包车能载7人，共载79人，得方程式4x+7y=79。

轿车多，得方程式x-y=( )，把选项B和D代入括号逐一验证。

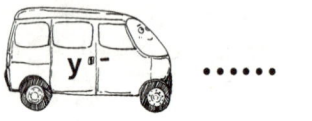

例 3 某儿童艺术培训中心有 5 名钢琴教师和 6 名拉丁舞教师，培训中心将所有的钢琴学员和拉丁舞学员共 76 人按科目平均地分给各个老师带领，刚好能够分完，且每位老师所带的学生数量都是质数。后来由于学生人数减少，培训中心只保留了 4 名钢琴教师和 3 名拉丁舞教师，但每名教师所带的学生数量不变，那么目前培训中心还剩下学员多少人？（ ）

A. 36　　　　B. 37　　　　C. 39　　　　D. 41

本题的设定条件有两个：一是"培训中心将 76 人按科目平均地分配给 5 名钢琴教师和 6 名拉丁舞教师带领，每位老师所带的学生数都是质数"；二是"学生数量减少，但 4

名钢琴教师和 3 名拉丁舞教师还是按照原来的标准带学生"。

根据第一个设定条件,设每名钢琴、拉丁舞老师分别带领学员 x、y 人,列出方程式 $5x+6y=76$。 $6y$ 是偶数,76 也是偶数,根据"和差同性"原则,76 和 $6y$ 的差也是偶数,即 $5x$ 是偶数。 5 乘以 x 是偶数,5 是奇数,那么 x 必须是偶数;既是偶数又是质数的数字只有 2。 将 2 代入方程式,解得 $y=11$。 所以,每名钢琴老师带 2 名学员,每名拉丁舞老师带 11 名学员。

根据第二个设定条件,得出剩余学员有:$4\times2+3\times11=41$(人)。

本题选 D。

> 变量是老师和学生的总数;
> 不变的是每位老师所
> 带的学生数x、y。

> 据此,得出方程式5x+6y=76;
> 结合奇偶性和质数特性,确定
> x=2,代入方程解得y=11。

在解这道题的过程中,大家应该发现了一个很特殊的数字,那就是 2,它是质数中唯一的偶数。 因此,当题目提到质数时,咱们可以有意识地先去思考一下数字 2 的可能性。

> 拍照请喊"2"。

（二）倍数特性

☆常见形式：$\frac{A}{B}=\frac{m}{n}$，$A:B=m:n$，A 是 B 的 $\frac{m}{n}$ 等。

如 m、n 互质，即 $\frac{m}{n}$ 为最简分数；那么 A 是 m 的倍数，B 是 n 的倍数，$(A\pm B)$ 是 $(m\pm n)$ 的倍数。

1. 若 a、b 能被 c 整除，则 $(a\pm b)$ 也能被 c 整除。

2. 2、4、8（5、25、125）整除判定法则：

①一个数能被 2 或 5 整除，当且仅当末位数能被 2 或 5 整除；

②一个数能被 4 或者 25 整除，当且仅当末两位数能被 4 或 25 整除；

③一个数能被 8 或者 125 整除，当且仅当末三位数能被 8 或 125 整除。

3. 3、9 整除判定法则：

①一个数能被 3 整除，当且仅当其各位数字之和能被 3 整除；

②一个数能被 9 整除，当且仅当其各位数字之和能被 9 整除。

面对纯整除问题（题目有"整除""乘积"等明确信息），最常考查的是 3、9 的整除性质，其次是 2、5 及其次方的应用。

例 1 甲、乙、丙、丁四人一起去踏青，甲带的钱是另外三个人总和的一半，乙带的钱是另外三个人的 $\frac{1}{3}$，丙带的钱是另外三个人的 $\frac{1}{4}$，丁带了 91 元，他们一共带了（　　）元。

A. 364　　　　B. 380　　　　C. 420　　　　D. 495

本题的设定条件有四个：一是"甲带的钱是另外三个人总和的一半"；二是"乙带的钱是另外三个人总和的 $\frac{1}{3}$"；三是"丙带的钱是另外三个人总和的 $\frac{1}{4}$"；四是"丁带了 91 元"。

根据上述设定条件，我们可以轻松地列出方程组：

甲 $=\frac{1}{2}$（乙+丙+丁）；乙 $=\frac{1}{3}$（甲+丙+丁）；丙 $=\frac{1}{4}$（甲+乙+丁）；丁 $=91$。

根据该方程组，我们可以分别解出四个人带的钱数：甲 140 元，乙 105 元，丙 84 元，丁 91 元；求和后为 420 元。

虽然得出了结论，但是整个解题过程比较烦琐，计算量并不小；在有限的考试时间里，这种努力基本可以与"无用功"画等号。

> 费力不讨好，白干了。
> 还是得找窍门。

咱们可以利用数字的倍数特性更轻松地得出答案。

根据题目设定的前三个条件，可以轻松发现总钱数（甲＋乙＋丙＋丁）与甲、乙、丙之间的关系：总钱数＝3 甲（2 甲＝乙＋丙＋丁）；总钱数＝4 乙（3 乙＝甲＋丙＋丁）；总钱数＝5 丙（4 丙＝甲＋乙＋丁）。

也就是说，总钱数是 3、4、5 的倍数；换言之，总钱数是 3、4、5 的最小公倍数 60 的倍数。

只有选项 C 符合题目要求。

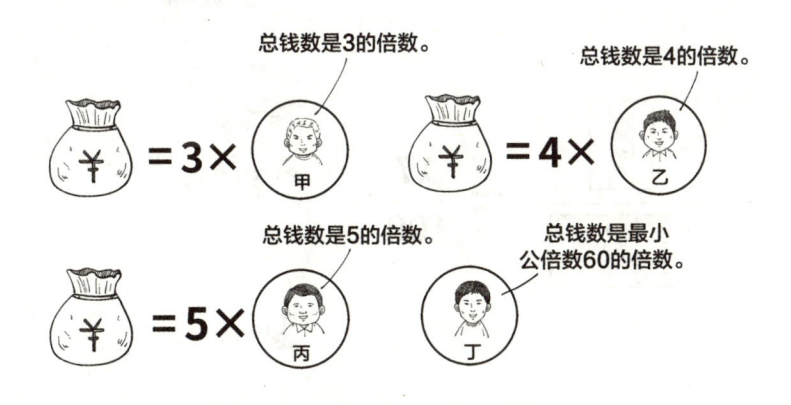

例 2　两个派出所某月共受理案件 160 起，其中甲派出所受理的案件中 17% 是刑事案件，乙派出所受理的案件中 20% 是刑事案件。求乙派出所在这个月中共受理多少起非刑事案件。（　　）

　　A. 48　　　　B. 60　　　　C. 72　　　　D. 96

本题设定条件有三个：一是"两个派出所共受理案件 160 起"；二是"甲派出所受理的案件中有 17% 是刑事案件"；三是"乙派出所受理的案件中有 20% 是刑事案件"。

根据第二个设定条件可以得出：$\dfrac{\text{甲派出所受理刑事案件数}}{\text{甲派出所受理合计案件数}}=\dfrac{17}{100}$，$\dfrac{17}{100}$ 是最简分数，所以甲派出所受理的案件数是 100 的倍数。再结合第一个设定条件"共受理案件 160 起"，甲派出所受理的案件总数只能是 100 起，否则就超出 160 了，不符合题目要求。然后计算可得，乙派出所受理案件数＝160－100＝60（起）。

根据第三个设定条件得出乙派出所受理的非刑事案件比例为 80%，乙派出所受理的非刑事案件数＝60×80%＝48（起）。

本题选 A。

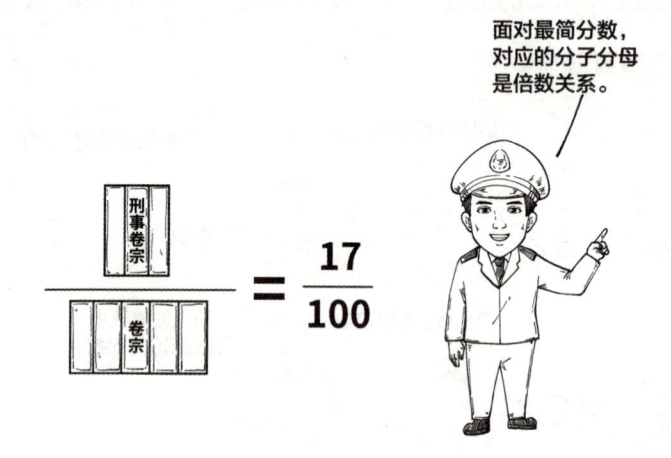

> 面对最简分数，对应的分子分母是倍数关系。

例 3　某公司购买某设备 24 套，现要登记单价，但是数据上没有标注单价，且总价的第一位和最后一位模糊不清，只看到是 ☆579△ 元。则 ☆ 可能是（　　）。

　　A. 3　　　　B. 5　　　　C. 7　　　　D. 9

本题设定条件有两个：一是"购买了 24 套设备"；二是总价是"☆579△ 元"。

结合两个设定条件，我们不难发现"☆579△"虽然未知，但是可以被"24"整除。24＝3×8，也就是说"☆579△"既可以被3整除，也可以被8整除。能被3整除，说明"☆＋5＋7＋9＋△"的和是3的倍数；能被8整除则说明末三位数能被8整除。

根据上述两个倍数特性，咱们先解决"△"的问题。

"79△"能被8整除，咱们可以把0—9逐一代入"△"测试，但太烦琐，无法满足行测考试快速作答的要求。怎么办呢？观察发现，800肯定是8的倍数，"79△"只比800少了一点点；同时，8的最小倍数是它本身。根据"若a、b能被c整除，则$a±b$也能被c整除"，800能被8整除，8也能被8整除，那么792，即"800－8"也能被8整除，可得△＝2。

至此，"☆579△"变成了"☆5792"。"☆＋5＋7＋9＋2"能被3整除，即"☆＋23"能被3整除，将四个选项逐一代入验证发现，只有7符合要求。

本题选C。

三、运用公式法

公式法是最基础、最常用的方法，解题的关键就是列出方程式，主要分为两类：一是常规方程（组）；二是不定方程（组）。

在列方程时，一方面要找到等量关系，另一方面则要尽量简化计算。

其实，该方法就是一个设未知数、解未知数的过程，后边咱们再结合不同的题型讲解不同的公式，这里只是引子，不再赘述。

拢共分三步：
一是设好未知数；
二是列好方程（组）；
三是细心解出未知数。

四、枚举法

这种解题方法使用频率不高，但很有效。

有时候题目给出的信息并不是很充分，需要考生通过合理假设来解决问题，这时候直接将符合题目要求的数列举出来，可以快速解题。

当然，这类方法也有局限性，比如当符合题目要求的数过多时不适合使用该方法，因为当考生绞尽脑汁把题目解出来时，可能"黄花菜都凉了"。

总结几点可以使用该方法的规律：一是符合题目要求的数不多，或者说，选项中的数很小；二是题目设置的障碍明显比较夸张，比如一个比较大的数字；三是题目设定的条件有比较明显的规律性。

题目符合上述三条规律中的任一条都可以尝试使用枚举法解题，符合多条规律的就更有尝试的价值了。

不就是"举个栗子"吗？

例 有一列数，第一个数是16，第二个数是8，从第三个数开始，每一个数都是它前面两个数的平均数，则第2021个数的整数部分是（ ）。

A. 9　　　　　　B. 10　　　　　　C. 11　　　　　　D. 12

这道题的设定条件就是题目本身，比较单一。

经过观察不难发现其中的特点：一是有规律可循，"从第三个数开始，每一个数都是它前面两个数的平均数"；二是题目设置的障碍比较夸张，求"第2021个数的整数部分"；三是选项的数比较小，可验证、能接受，当然如果所有的选项都是10以内的数的话，就更理想了。

既然这道题符合枚举法的所有特征，咱们就大胆地使用枚举法。

按照题目设定的条件逐一向下枚举：16、8、12、10、11、$10\frac{1}{2}$、$10\frac{3}{4}$、$10\frac{5}{8}$……从第六个数开始，数的整数部分只能是10了，因为两个分数的和的一半不可能超过1。所以，第2021个数的整数部分必定是10。也就是说，第n个数（$n \geq 6$）的整数部分永远是10，这是由题目设置的规律所决定的。

本题选B。

五、赋值法

赋值法是解决数量关系题最基本的方法、必考的方法，使用频次"贼"高。

可以给题目中某个或某几个量赋一个比较容易计算的数值，从而简化运算，常用于解答工程问题、行程问题、经济利润问题、浓度问题等。

适用范围：

①题目中没有具体的数值，设定条件都是以分数、百分数、比例、倍数等形式给出的；

②满足"A＝B×C"关系，题目最多只给出一个量的具体值，其他数字只是通过比例关系表示或者压根就没提。比如，工程问题（工作总量＝工作效率×工作时间）、行程问题（路程＝速度×时间）、经济利润问题（总价＝单价×数量）、溶液问题（溶质＝溶液×浓度）等。

操作细则：

①一般给题目中的不变量赋值，以连接题干中的所有条件，比如，干一件工程，每个人的工作效率是不变的，咱们就可以给每个人的工作效率赋值；

②给总量赋值时，一般取所给数字的最小公倍数，比如，总工程量、总行程等；

③给其他因素赋值时，一般结合比例关系赋最简单的数以简化计算，比如速度、效率、时间等。

例 1 同样价格的某商品在 4 个商场销售时都进行了两次价格调整。甲商场第一次提价的百分率为 a，第二次提价的百分率为 b（$a>0$，$b>0$，且 $a\neq b$）；乙商场两次提价的百分率均为 $\frac{1}{2}(a+b)$；丙商场第一次提价的百分率为 $\frac{1}{3}(a+b)$，第二次提价的百分率为 $\frac{2}{3}(a+b)$；丁商场第一次提价的百分率为 b，第二次提价的百分率为 a，两次提价后该

商品售价最高的商场是（　　）。

A. 甲商场　　　　B. 乙商场　　　　C. 丙商场　　　　D. 丁商场

本题的设定条件有四个，但除了分数就是字母，看着都头晕，更别说列式子进行比较了。怎么办呢？给这些未知数赋值。

题目中的未知数有三个：商品的价格、提价百分率 a 和提价百分率 b。因为存在百分数，一般把商品价格设定为 100 的倍数，本着方便计算的原则，咱们把商品价格定为 100 元。

接下来给 a 和 b 赋值，因为所有商场的提价比例都跟 a 和 b 有着千丝万缕的联系，理论上可以随便赋值，但考虑到分数 $\frac{1}{2}$、$\frac{1}{3}$、$\frac{2}{3}$，所以（$a+b$）的值应该能被 2 和 3 整除，为 6 的公倍数。为了避免最后计算的数字出现小数点，咱们把 a 设定为 20%，把 b 设定为 40%。原则就是，怎么方便怎么来。

甲商场的最终售价 $=100\times(1+20\%)\times(1+40\%)=168$；

乙商场的最终售价 $=100\times(1+30\%)\times(1+30\%)=169$；

丙商场的最终售价 $=100\times(1+20\%)\times(1+40\%)=168$；

丁商场的最终售价 $=100\times(1+40\%)\times(1+20\%)=168$。

本题选 B。

假定商品原价=100元，
a=20%，
b=40%。

看似"比比皆是"，
实际"啥也不是"。
关键要科学赋值。

例 2　社区居委会张阿姨为表达对志愿者的感谢，买了一些毛线，准备织帽子和手套。这些毛线如果全部用来织帽子可织 15 顶，全部织手套可织 20 只，现将一顶帽子和两只手套做成一个"爱心礼包"，这些毛线最多可做成几个"爱心礼包"？（　　）

A. 4　　　　B. 5　　　　C. 6　　　　D. 7

本题设定条件有两个：一是"全部的毛线可织帽子 15 顶或织手套 20 只"；二是"一个'爱心礼包'=帽子×1＋手套×2"。

根据设定条件一，取 15 和 20 的最小公倍数作为毛线的总量，即 60；由此，得出编一个帽子需要 4，编一只手套需要 3。

根据设定条件二，一个"爱心礼包"包含一顶帽子和两只手套，需要 4＋3×2＝10。

60 个单位的毛线正好可以做 6 个"爱心礼包"。

本题选 C。

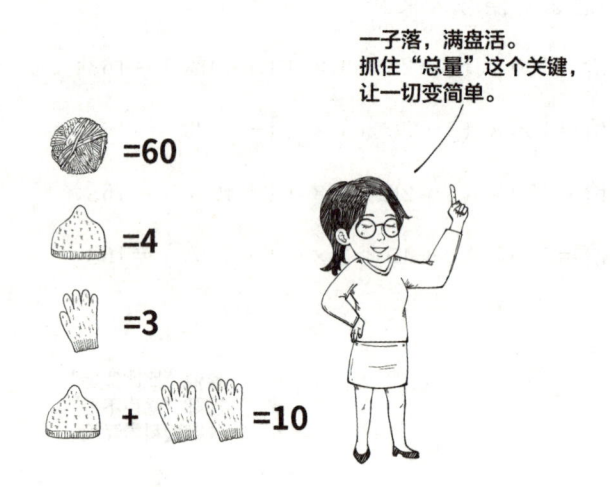

第二节　核心题型

数量关系题很善"变",但核心题型基本"不变";牢记这些核心题型的基础公式并掌握一些解题技巧是破题的关键。

一、工程问题

设计这类题目主要围绕三个关键要素进行:工作总量、工作效率和工作时间。

题目会给出上述三个要素中的至少两个,然后让考生求另一个要素的值,基本公式有三个:

工作总量＝工作效率×工作时间;

工作效率＝工作总量÷工作时间;

工作时间＝工作总量÷工作效率。

例1 某工程队计划每天修路560米,恰好可按期完成任务。如每天比计划多修80米,则可以提早2天完成,且最后1天只需修320米。如果要提早6天完成,每天要比计划多修多少米?(　　)

A. 160　　　　B. 240　　　　C. 320　　　　D. 400

本题实际上有两问:一是计算出"在正常情况下完成该工程的时间t";二是计算出"提前6天完成的工作效率",即在"$t-6$"工作时间下,每天要修多少米的路。

本题设定条件有两个:一是"每天修路560米,恰好可按期完成任务",假设完成工程的时间是t,那么总工程量就是$560t$;二是"每天比计划多修80米,则可以提早2天完成,且最后1天只需修320米"。根据语义,其实是提前了两天多完成,且倒数第三天的工作量是320米,因此我们将时间设定为$(t-3)$,那么总工程量就是$(560+80)\times(t-3)+320$。

根据题意列方程:$560t=(560+80)\times(t-3)+320$,解得$t=20$(天)。

总工程量为:$560\times20=11200$(米)。若提前6天完成,即需"$20-6=14$"天,则每天需修路"$11200\div14=800$"米,比原计划每天多修"$800-560=240$"米。

本题选B。

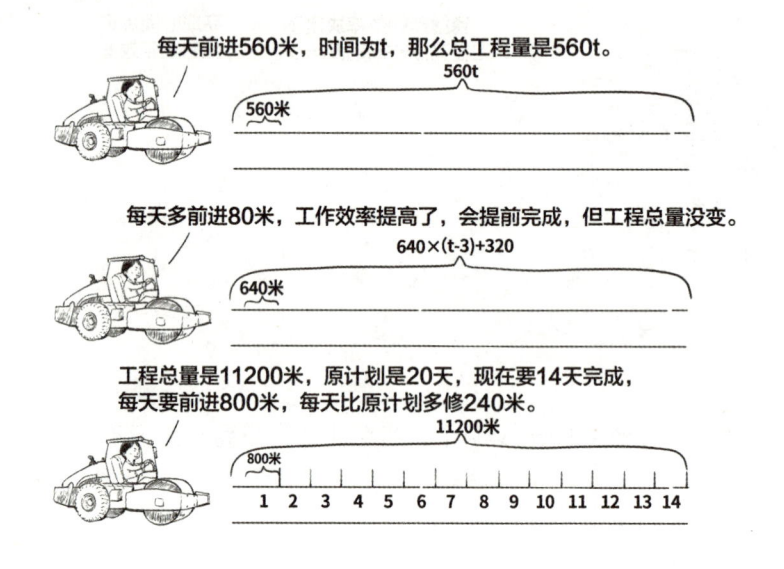

此外,本题还可以列另外一个算式。根据第二个设定条件"每天比计划多修80米,则可以提早2天完成,且最后1天只需修320米"看出,320米是"$560+80=640$"米的一

半，也就是说最后一天其实是做了半天的工，实际上是提前2.5天完成了全部的工程量，得出公式：$560t=640×(t-2.5)$，得出$t=20$（天）。

以上就是工程问题最基本的题型，题目给出最少两个要素，然后让考生求解。但有的时候，题目只给出各主体完工的时间，然后让考生求解。

例2 有一项工程，甲、乙、丙分别用10天、15天、12天可独自完成。现三人合作，在合作过程中，乙休息了5天，丙休息了2天，甲一直坚持工作到工程结束，则最后完成的天数是（　）。

A. 6　　　　　　B. 9　　　　　　C. 7　　　　　　D. 8

在这道题中，只给出了各主体工作的时间，看似无从下手，但工程总量是不变的，咱们假定工程量是"1"，那么甲、乙、丙的工作效率就分别是$\frac{1}{10}$、$\frac{1}{15}$、$\frac{1}{12}$。这里有个比较麻烦的事，那就是分数会增加运算量，所以，一般而言，咱们把工程总量设定为题目中工作时间的最小公倍数。有没有小伙伴忘记计算最小公倍数的方法了？

求最小公倍数的方法有很多，这里咱们只讲两个最常用的，能有效应对行测考试。以这道题中10、15、12这三个数字为例：

```
5│10  15  12          10=2×5
 3│ 2   3  12         15=3×5
  2│ 2   1   4        12=3×2×2=3×2²
     1   1   2
```

　　第一种　　　　　　**第二种**

用第一种方法拆解后得出5、3、2、2等四个质数，依次相乘得出最小公倍数60。用第二种方法拆解后得出2、3、5等三个质数，取每个数字的最大次方相乘，即$2^2×3×5$，得出最小公倍数60。

我们假设工程总量是60，然后用工程总量60分别除以甲、乙、丙完成工程需要的时间10天、15天、12天，得出三个人的工作效率分别为：甲＝6，乙＝4，丙＝5。

设总时间为 x，根据题目提供的信息可知，甲工作了 x 天，乙工作了 $x-5$ 天，丙工作了 $x-2$ 天。

根据题意列方程：$6x+4(x-5)+5(x-2)=60$，解得 $x=6$（天）。

本题选 A。

$60=6×6+4×1+5×4$
　　　　↑　　↑　　↑
　　　　X　 X-5　 X-2

例 3 某项工程，甲、乙、丙三个工程队如单独施工分别需要 12 小时、10 小时和 8 小时完成。现按"甲—乙—丙—甲……"的顺序让三个工程队轮班，每队施工 1 小时后换班，问该工程完成时，甲工程队的施工时间共计（　　）。

A. 2 小时 54 分　　　B. 3 小时　　　C. 3 小时 54 分　　　D. 4 小时

这道题只告诉了甲、乙、丙三个工程队单独施工的完工时间，但由于总工程量是一定的，咱们将其设为三个时间的最小公倍数 120。据此，得出三个主体各自的工作效率：甲＝10，乙＝12，丙＝15。

题目有两个设定条件：一是"甲、乙、丙三个工程队如单独施工分别需要 12 小时、10 小时和 8 小时"，咱们已经据此推算出了各个工程队的工作效率；二是"按'甲—乙—丙—甲……'的顺序让三个工程队轮班，每队施工 1 小时后换班"，可以将（甲＋乙＋丙）作为一个周期来处理。

在一个周期内，甲、乙、丙三个工程队各干一小时，合计完成工作量 37；循环三次后完成了工作量 111，此时剩余工作量 9，正好轮到甲工程队施工，还需工作 $\frac{9}{10}$ 个小时，即

54 分钟。所以，甲工程队施工时间共计 3 小时 54 分钟。

本题选 C。

有些题目会给出各主体工作效率之间的比例关系，然后让考生求解。

例 4 A 工程队的效率是 B 工程队的 2 倍，某工程交给两队共同完成需要 6 天。如果两队的工作效率均提高一倍，且 B 队中途休息了 1 天，要保证工程按原来的时间完成，A 队中途最多可以休息几天？（　　）

A. 4　　　　　　　B. 3　　　　　　　C. 2　　　　　　　D. 1

题目告诉了我们 A、B 两个工程队的工作效率和工作总时间；由于工程总量是不变的，可以通过给 A、B 工程队的效率赋值推出工程总量。

这道题有两个设定条件：一是"A 工程队的效率是 B 工程队的 2 倍，工程交给两队共同完成需要 6 天"，据此，设定 B 工程队的工作效率为 1，那么 A 工程队的工作效率就是 2，工程总量 =（1+2）×6=18；二是"两队的工作效率均提高一倍，且 B 队中途休息了 1 天，工程还是 6 天结束"，据此，A 工程队的效率变为 4，B 工程队的效率变为 2，B 工程队休息了一天，干了"（6-1）×2=10"个工作量，剩余 8 个工作量。

设 A 中途可以休息 x 天，但必须完成 8 个工作量，据此列方程：$4×(6-x)=8$，解得 $x=4$（天）。

本题选 A。

此外，因为本题的问法是"A 队中途最多可以休息几天"，那么可以用代入排除法，将选项的数值按照从大到小的顺序逐一验证，也可迅速确定选项 A 是答案。

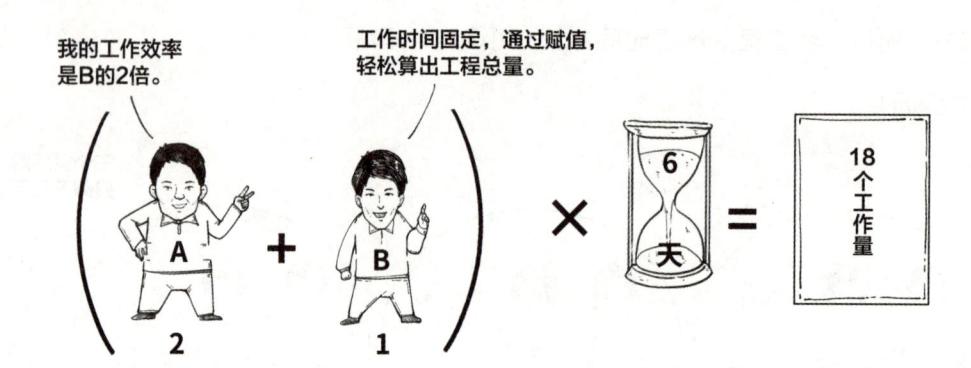

二、行程问题

公考中，行程问题考查频率很高。这类问题的公式很明确，但是因为题目设定的条件变化形式太多，没有办法"一招鲜，吃遍天"，难度稍大。

（一）常规问题

☆**核心公式：**

路程＝速度×时间（$s=vt$）。

根据该公式，可以明确路程、时间和速度的基本比例关系：

时间相同，速度和路程成正比；

速度相同，路程和时间成正比；

路程相同，速度和时间成反比。

☆单位换算：1米/秒＝3.6千米/时。

☆等距离平均速度公式：$\bar{v}=\dfrac{2v_1v_2}{v_1+v_2}$。

当题目中出现两个速度且行驶路程相同时（如去程和返程，上坡和下坡等），求平均速度可直接套用该公式。

例 1 小张开车经高速公路从甲地前往乙地。该高速公路限速为 120 千米/时。返程时发现有 $\frac{1}{3}$ 的路段正在维修，且维修路段限速降为 60 千米/时。已知小张全程均按最高限速行驶，且返程用时比去程用时多 30 分钟，则甲、乙两地距离为多少千米？（ ）

A. 150　　　　B. 160　　　　C. 180　　　　D. 200

本题设定条件有三个：一是"去时行驶速度为 120 千米/时"；二是"返程时，$\frac{1}{3}$ 的路段在维修且限速为 60 千米/时"；三是"返程时比去时多用时 30 分钟"。

设去时全程用时为 t，根据设定条件一可以得出全程为 $120t$。

认真观察设定条件二和三不难看出：返程时间多出来的半小时全部发生在修路地段，因为小张在其他路段是按照 120 千米/时的速度行驶的，只在修路地段降低了速度，多花的时间全耽误在了这里，紧紧围绕着这 $\frac{1}{3}$ 的维修路段列方程就对了。

维修路段占全程的 $\frac{1}{3}$，即 $\frac{1}{3} \times 120t = 40t$。

如果不修路，小张行驶 $\frac{1}{3}$ 路程的时间就是 $\frac{t}{3}$ 小时；因为修路，小张多花了半小时，那么小张在修路路段总用时为：$\frac{t}{3} + \frac{1}{2}$（时）。

已知小张在维修路段的时速为 60 千米/时，根据上述信息列方程式：

$40t = \left(\frac{t}{3} + \frac{1}{2}\right) \times 60$。

解得 $t = 1.5$，那么两地之间的距离为：$1.5 \times 120 = 180$（千米）。

本题选 C。

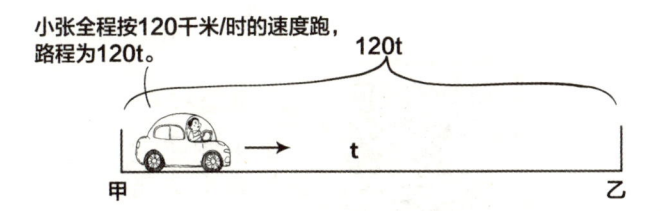

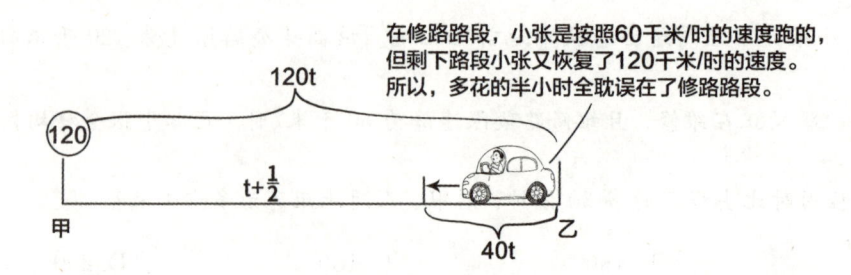

在修路路段，小张是按照60千米/时的速度跑的，但剩下路段小张又恢复了120千米/时的速度。所以，多花的半小时全耽误在了修路路段。

已知在路程相同的情况下，速度和时间成反比，咱们可以利用这一点解题。

上边咱们已经知道了小张多花的时间全部耽误在了维修路段，那就看发生在这个路段的速度比和时间比。

去时的速度和返回的速度比：$v_去:v_返=120:60=2:1$。

因为路程相同，速度和时间成反比，则$t_去:t_返=1:2$。

也就是说，在这$\frac{1}{3}$的维修路段上，返回的时间比去时的时间多用了一份，这一份就是半小时，返回的总时间是两份，共计：$\frac{1}{2}×2=1$（时）。那么这$\frac{1}{3}$的路段的长度就是：$60×1=60$（千米）。

那么，总路程为：$60×3=180$（千米）。

通过比例算"份数"，再算出一个"份数"的值，妥了。

例 2　一辆汽车从甲地开往乙地，先以 40 千米/时的速度匀速行驶一半的路程，然后均匀加速；行驶完剩下路程的一半时，速度达到 80 千米/时；此后均匀减速，到达乙地时的速度正好降到 0 千米/时。其全程的平均速度在以下哪个范围内？（　　）

A. 不到 44 千米/时　　　　　　B. 44 千米/时～45 千米/时

C. 45 千米/时～46 千米/时　　　D. 超过 46 千米/时

本题设定条件有三个：一是"以 40 千米/时的速度匀速行驶一半路程"；二是"匀加速行驶 $\frac{1}{4}$ 的路程并将速度由 40 千米/时提升至 80 千米/时"；三是"匀减速行驶 $\frac{1}{4}$ 的路程并将速度由 80 千米/时降为 0 千米/时"。

观察三个设定条件发现，这辆汽车其实是做了两次等距离运动，直接套用等距离平均速度公式：$\bar{v}=\dfrac{2v_1v_2}{v_1+v_2}$。

根据第二个设定条件，第二阶段是匀加速，那么平均速度 $v_1=\dfrac{40+80}{2}=60$ 千米/时；根据第三个设定条件，第三阶段是匀减速，那么平均速度 $v_2=\dfrac{80+0}{2}=40$ 千米/时。那么，第二阶段和第三阶段的平均速度 $\bar{v}=\dfrac{2\times40\times60}{40+60}=48$ 千米/时。

第二阶段和第三阶段的路程和是总路程的一半，正好跟设定条件一的距离相等，再次直接套用等距离平均速度公式。已知第一阶段平均速度为 40 千米/时，第二、三阶段的平均速度为 48 千米/时，那么 $\bar{v}=\dfrac{2\times40\times48}{40+48}=43.6$ 千米/时。

本题选 A。

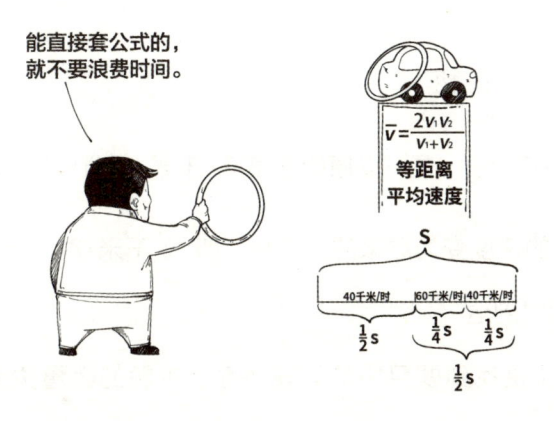

（二）追及问题

这类题的本质就是让速度快的追上速度慢的。

☆**核心公式：**

追击路程＝速度差（大速度－小速度）×追击时间

直线运动比较简单，完全可以直接使用上述公式，但在环形运动中，追及问题要考虑两种情况：一是两个主体在同一位置出发，那么，追上 N 次就代表超过了 N 圈，追及距离为 N 个环形周长，即人们在跑步中常说的"套圈"；二是两个主体从不同位置出发，那么，从第一次追上开始算起，以后每追上一次即意味着成功"套圈"一次，也就意味着速度快的一方又多跑了一个环形周长。

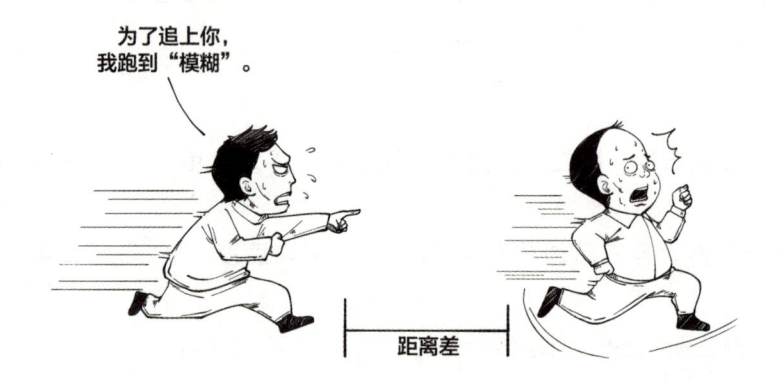

例 1 甲公司的马经理从本公司坐车去乙公司洽谈，以 30 千米/时的速度出发 20 分钟后，马经理发现文件忘带了，便让司机以原来 1.5 倍的速度回甲公司拿，而他自己则以 5 千米/时的速度步行去乙公司。结果司机和马经理同时到达乙公司。甲乙两公司的距离是多少千米？（　　）

A. 12.5　　　　　　B. 13　　　　　　C. 13.5　　　　　　D. 14

本题的设定条件有三个：一是"以原始速度 30 千米/时行驶了 20 分（$\frac{1}{3}$时），即行驶了 10 千米"；二是"汽车的速度变为原来的 1.5 倍，即 45 千米/时，步行速度是 5 千米/时"；三是"司机和马经理同时到达"。

列方程式的关键就是找到题目中的等量关系，本题的等量关系就是马经理和司机到

达乙公司的时间 t。

根据题意，把司机开始往回跑的那个地方定义为 A，A 和甲公司之间的距离为 30 千米/时 $\times \frac{1}{3}$ 时＝10 千米，和乙公司之间的距离为未知数 s。

那么，马经理步行至乙公司所用的时间 $t = \frac{s}{5}$。

司机先跑回甲公司，再跑到 A 点，跑了一个来回 20 千米，再从 A 点跑到乙公司，又跑了 s 千米，累计跑了"$20+s$"千米。

那么，司机开车至乙公司所有的时间 $t = \frac{20+s}{45}$。

将两个等量的 t 联系起来得到方程式：$\frac{s}{5} = \frac{20+s}{45}$；解得 $s = 2.5$（千米）。

A 点到乙公司的距离是 2.5 千米，再加上 A 点到甲公司的距离 10 千米，甲和乙公司之间的距离就是 12.5 千米。

本题选 A。

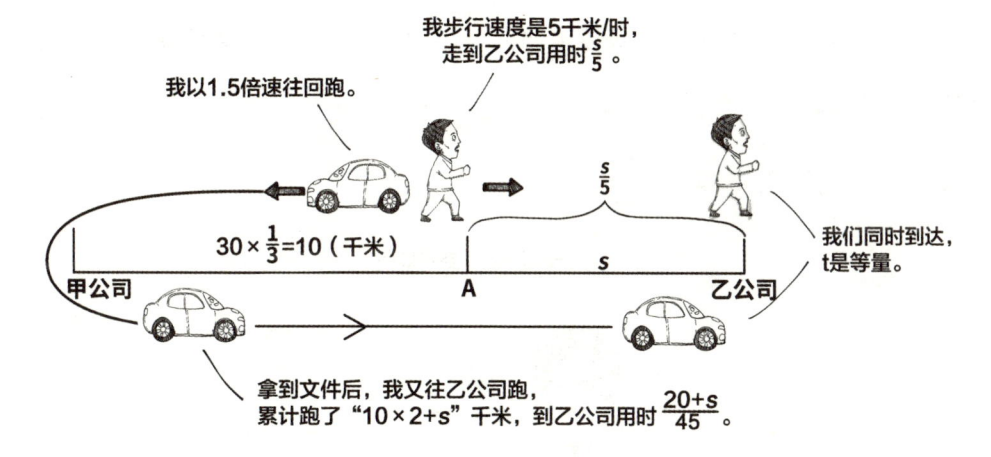

还可以利用比例关系来解决这个问题：

已知马经理和司机的速度之比是固定的，即 $\frac{v_马}{v_{司机}} = \frac{5}{45} = \frac{1}{9}$。

因为两人到达乙公司的时间是一样的，所以速度比等于路程比。

甲公司到司机开始掉头的地点 A 的距离是 10 千米，设甲乙公司之间的距离为 s，那么马经理步行到乙公司的距离就是"$s-10$"，司机开车到达乙公司的距离就是"$s+10$"

（司机在甲公司与 A 点之间开了一个来回，比全程多跑了 10 千米）。

根据以上信息得出方程式：$\dfrac{v_马}{v_{司机}}=\dfrac{s-10}{s+10}=\dfrac{1}{9}$，解得 $s=12.5$。

此外，本题还有一种解法。

已知司机的速度是 45 千米/时，马经理的速度是 5 千米/时，那么速度差 $\Delta v=40$ 千米/时。

设马经理到乙公司走了 s 千米，而司机到乙公司则走了"$20+s$"千米，那么路程差 $\Delta s=20$ 千米。

那么时间 $t=\dfrac{\Delta s}{\Delta v}=\dfrac{20}{40}=\dfrac{1}{2}$（时），马经理的路程 $s=5\times\dfrac{1}{2}=2.5$（千米）。

甲乙公司之间的距离为：$10+2.5=12.5$（千米）。

在这里解释一下：为什么时间等于路程差除以速度差？全是公式推出来的。

时间 $=\dfrac{路程}{速度}$，同时到达即时间相同。

长路程＝大速度×时间；

短路程＝小速度×时间；

路程差＝长路程－短路程＝大速度×时间－小速度×时间＝（大速度－小速度）×时间＝速度差×时间。

所以，时间 $=\dfrac{路程差}{速度差}$，即 $t=\dfrac{\Delta s}{\Delta v}$。

> 一题三解，岂不妙哉。

例 2 一条圆形跑道长 500 米，甲、乙两人从不同起点同时出发，均沿逆时针方向匀速跑步。已知甲跑了 600 米后第一次追上乙，此后甲加速 20% 继续前进，又跑了 1200 米

后第二次追上乙。甲出发后多少米第一次到达乙的出发点？（　　）

A. 180　　　　　　B. 150　　　　　　C. 120　　　　　　D. 100

本题的设定条件有三个：一是"跑道长 500 米，两个人的出发点不同，两个人匀速跑步"；二是"甲在跑了 600 米后第一次追上乙"；三是"甲提速 20%，并在 1200 米后第二次追上乙"。

第一个设定条件告诉我们的有效信息是跑道长 500 米且甲、乙匀速奔跑，即当甲、乙两人在一个地点同时出发时，甲追上乙一次就意味着"套圈"一次，甲比乙多跑 500 米；但是，两人在不同点出发且彼此的距离未知，导致设定条件二"毫无价值"，因为甲第一次追上乙并不是一次完整的"套圈"，还包括起跑时他们的距离差。

甲第一次追上乙后，继续加速跑后又追上乙一次，这一次"套圈"是完整的，因为甲和乙是在同一个地点出发的。在这次追及行动中甲跑了 1200 米，而乙则比甲整整少跑了 500 米，即，$s_甲 : s_乙 = 1200 : (1200 - 500) = 12 : 7$。

在相同时间下，速度比等于路程比，因为甲的速度比原来提升了 20%，而乙的速度没变，那么我们把甲第二次套圈的速度设定为 $1.2\,v_甲$，那么由 $1.2\,v_甲 : v_乙 = s_甲 : s_乙 = 12 : 7$，推得 $v_甲 : v_乙 = 10 : 7$，这是甲第一次追上乙时的速度比。因为甲、乙两人跑步的时间是一样的，那么，他们两人第一次相遇时的路程比也是一样的。已知甲跑了 600 米，设乙跑了 x 米，即 $600 : x = v_甲 : v_乙 = 10 : 7$，推得 $x = 420$（米）。

第一次跑步的时候，甲跑了 600 米，乙跑了 420 米；甲多跑了 180 米才追上乙，180 米就是他们起跑时的距离差。

本题选 A。

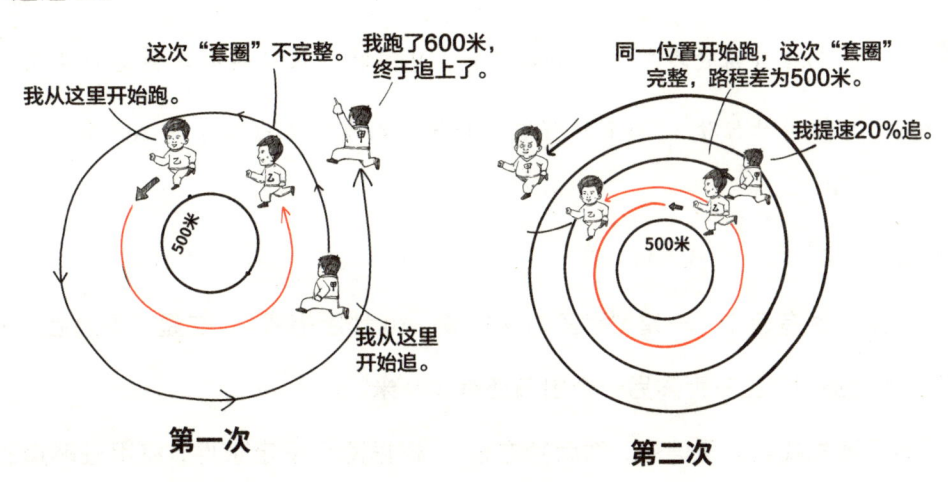

（三）相遇问题

两个主体相向而行，早晚会碰到一起。

☆核心公式：

相遇路程＝速度和×相遇时间

单次相遇比较简单，稍微有点复杂的是多次相遇问题。

在直线运动中，若全程距离是 s，那么第一次相遇两人走的路程和是 $1s$，第二次相遇两人走的路程和是 $3s$，第三次相遇两人走的路程和是 $5s$……总结公式为：第 n 次相遇，两人的路程和为 $(2n-1)s$。

在环形运动中，从同一位置出发后相遇，n 次相遇就是走完 n 圈；如果不是从同一位置出发，那么从第一次相遇起，以后的每次相遇都是走完 1 圈。

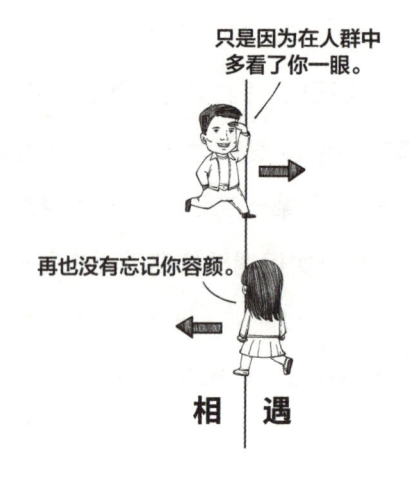

例 1　甲、乙各自驾驶汽车匀速相向行驶，且同时进入双向公路隧道的两端，30 秒后两车相遇。甲车继续行驶 20 秒到达隧道出口时，乙车距离出口还有 200 米。隧道的长度为多少米？（　　）

A. 450　　　　　B. 500　　　　　C. 600　　　　　D. 800

本题设定条件有两个：一是"甲乙匀速行驶，30 秒后相遇"；二是"相遇后，甲车行驶 20 秒到达隧道口，乙车距离另一个出口还有 200 米"。

解析本题要先找到等量信息，然后列方程。根据两个设定条件，将甲进隧道的地点标记为 A，将乙进隧道的地点标记为 B，将甲和乙第一次相遇的地点标记为 C。在整个路程中，甲和乙都经过了 BC 段，乙由隧道口 B 行驶到相遇点 C 用了 30 秒，而甲由相遇点 C 行驶到隧道口 B 只用了 20 秒。在同等距离下，$t_甲:t_乙=2:3$；因距离相同，则速度和时间成反比，$v_甲:v_乙=3:2$。

接下来，咱们再看另一个等量信息：甲和乙行驶的时间是相同的。甲已经跑完了隧道全长，而乙还有 200 米才跑完全程，两个人花费的时间是等量的，那么甲和乙的路程比就等于速度比。

设隧道长为 x；因为乙还有 200 米才能到隧道口，乙行驶的距离为"$x-200$"米。

根据上述条件列方程：$\frac{s_甲}{s_乙}=\frac{v_甲}{v_乙}=\frac{3}{2}=\frac{x}{x-200}$；解得 $x=600$（米）。

本题选 C。

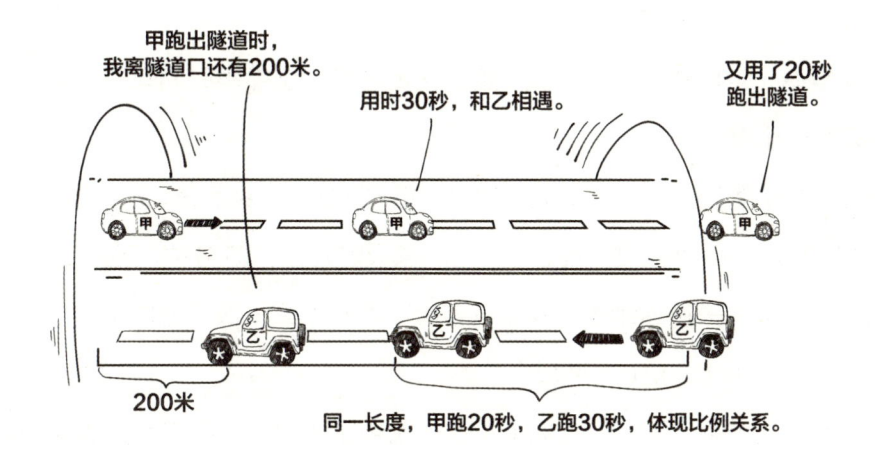

此外，本题还有另外一种解法更快，但需要大家换个角度看问题。

咱们以甲为视角，以相遇点 C 为界，甲相遇前后分别跑了 30 秒和 20 秒，那么这两段路程的比例就是 3:2，即 $\frac{AC}{CB}=\frac{3}{2}$。

又因为 AC 是甲跑的，CB 是乙跑的，也就是相遇时甲和乙的路程比是 3:2。

只要甲和乙的速度保持不变，那么这个比例就会一直持续下去，至甲到达出口 B 时，$s_甲:s_乙=3:2=s:\frac{2}{3}s$，也就是说，甲最后跑完了全程，乙跑完了全程的 $\frac{2}{3}$。

乙再跑 200 米就跑了一个完整的 s，列方程：$\frac{2}{3}s+200=s$，解得 $s=600$（米）。

> 换个角度看问题。

例 2 王大妈与李大妈两人分别从小区外围环形道路上 A、B 两点出发相向而行。走了 5 分钟两人第一次相遇，接着走了 4 分钟后，李大妈经过 A 点继续前行，又过了 26 分钟两人第二次相遇。李大妈沿小区外围道路走一圈需要几分钟？（ ）

A.54　　　　　B.59　　　　　C.60　　　　　D.63

本题看似复杂，实则是"纸老虎"。题目设定的条件全部跟时间有关，最后求的也是时间，其实只有一个量，好办。

本题设定条件有两个：一是"王大妈和李大妈相向而行 5 分钟后第一次相遇，然后李大妈又走了 4 分钟后到达 A 点"；二是"经过 A 点后，李大妈又走了 26 分钟，两人二次相遇"。

咱们把解这道题的关键继续放到找相同量上；将两人第一次相遇的点设定为 C，第一次相遇时的路程被分为 BC 和 CA 两段。

根据第一个设定条件，李大妈走完 CA 这一段用了 4 分钟，而王大妈走完 AC 则用了 5 分钟（第一次相遇所用的时间就是王大妈走完 AC 的时间）。同样走完 AC 段，李大妈和王大妈的时间比为 4 : 5。

根据第二个设定条件，第一次相遇后李大妈共走了"4+26=30"分钟，然后第二次相遇。其实，第二次相遇时，王大妈走的时间跟李大妈是一样的，也是 30 分钟，也就是说她们两个人相向走了 30 分钟后相遇了。

结合第一次相遇时的情况，同样的距离，李大妈走完所花费的时间更少，那么将王大妈在第二次相遇时走的路程换成李大妈去走，需要花费多少时间呢？

因为 $\frac{t_{李}}{t_{王}}=\frac{4}{5}$，即 $t_{李}=\frac{4}{5}t_{王}=0.8\times30=24$（分）。所以，王大妈需要走 30 分钟才能

走完的路程，李大妈24分钟就能走完。

由此推得，李大妈走一圈的时间为：30+24=54（分）。

本题选 A。

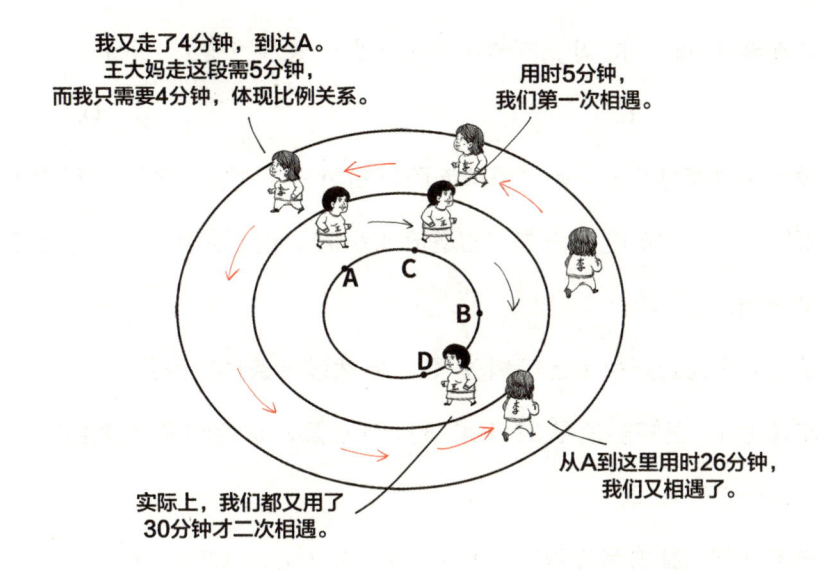

（四）流水问题

这是典型的求相对速度题型，如船速和水速相互作用，顺水速度是船速和水速的"速度和"，逆水速度是船速和水速的"速度差"。该题型永远离不开速度，抓好船速和水速的关系即可。

☆**核心公式：**

顺水速度＝船速＋水速；

逆水速度＝船速－水速。

例 有A、B两家工厂分别建在河流的上游和下游，甲、乙两船分别从A、B港口出发前往两地中间的C港口。C港与A厂的距离比其与B厂的距离远10千米。乙船出发后经过4小时到达C港，甲船在乙船出发后1小时出发，正好与乙船同时到达。已知两船在静水中的速度都是32千米/时，河水流速是多少千米/时？（　　）

A. 4　　　　　B. 5　　　　　C. 6　　　　　D. 7

本题的设定条件有四个：一是"甲顺流而行由A驶向C，乙逆流而行由B驶向C"；二是"$AC-CB=10$（千米）"；三是"乙逆流4小时到达C，甲顺流3小时到达C"；四是"船速是32千米/时"。

还是老思路，先找到题目中的等量关系。显然设定条件二满足。

设河水流速为x，已知船速是32千米/时，那么顺水速度和逆水速度分别为"$32+x$"千米/时和"$32-x$"千米/时。

根据设定条件三，算出两段距离：$AC=3\times(32+x)$，$CB=4\times(32-x)$。

根据设定条件二列方程式，$AC-CB=3\times(32+x)-4\times(32-x)=10$。解得：$x=6$（千米/时）。

本题选C。

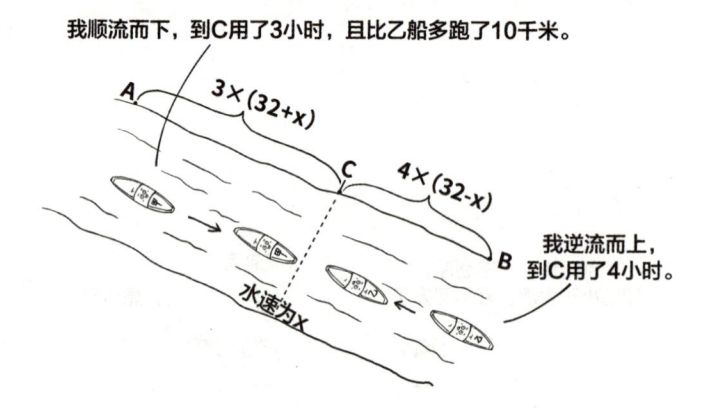

三、利润问题

主要考查进价（成本）、售价、利润之间的关系以及折扣、利润率等相关概念。

☆**核心公式：**

售价＝成本（进价）＋利润；

利润率＝$\frac{利润}{成本}$＝$\frac{售价－成本}{成本}$＝$\frac{售价}{成本}$－1；

折扣＝$\frac{售价}{定价}$。

比如商品原价是 100 元，打六折后的价格就是：100×60%＝60（元）。

折扣率＝$\frac{减让价格}{定价}$。

比如商品原价是 100 元，折扣率是 40%，那么商品售价就是：100×（1－40%）＝60（元）。折扣和折扣率是相反的两个概念。

总成本＝单个成本×数量；

总利润＝单个利润×数量；

总销售额＝单个售价×数量。

解决此类问题首选方程法，条件合适的可以使用赋值法，个别情况需要用到枚举法。

在分批销售这类题型中，只要抓住销售收入这个关键点列方程，大多数问题可以迎刃而解。题目问什么就设什么为未知数。

关键方程：总销售收入＝第一部分销售收入＋第二部分销售收入＋……。

例 1 某商品成本为 200 元，售价为 292 元，公司根据市场情况调整了销售方案，将售价调整为 268 元，预计日销量将上涨 15%。现欲通过改进生产线降低成本，以保持降价前的单日利润，则单件产品的生产成本至少需要降低（　　）。

A. 4%　　　　　　B. 5%　　　　　　C. 6%　　　　　　D. 8%

本题设定条件有三个：一是"商品成本是 200 元，售价是 292 元"；二是"售价 268 元，日销量提高 15%"；三是"降低生产成本，保持单日利润"。

在列方程之前，先找到题目中的等量关系，单日利润相同。

单日利润＝单件利润×销售量。

根据设定条件一，推出商品单件利润是 92 元；设在生产线上降低的成本为 x 元，成本降低了意味着利润提高了，根据设定条件二，推得调价后的利润为"$68+x$"元。

至此，方程式的基本框架已经有了，还少日销量；因为日销量未知，咱们可以通过赋值法简化计算。假设原来的日销量是 100 件，那么根据设定条件二，调整后的日销量为 115 件。

根据上述信息列出方程式：$92×100＝115×(68+x)$，解得 $x=12$（元）。

用 12 除以成本 200，得出比例 6%。

本题选 C。

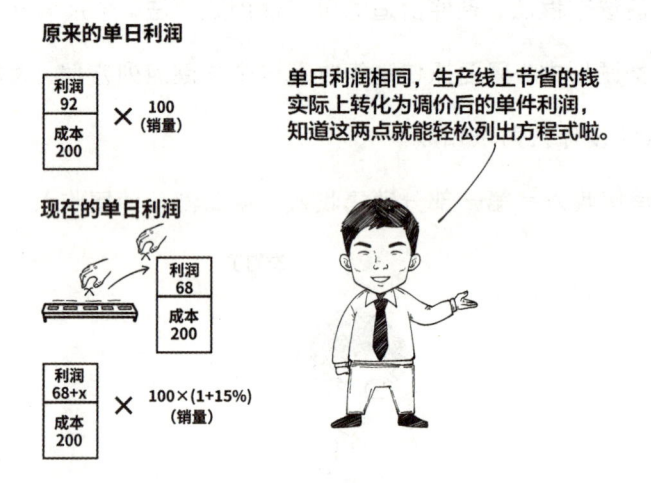

例 2 某种商品第一天原价销售，第二天开始每天的销售价格比前一天下降原价的 10%。在最后一天前，每天的销量比前一天提高 100%。最后一天的销量与第三天相同。总共 6 天全部卖完。如果这种商品的成本为原价的 60%，销售这种商品的总利润是总成本的（　　）。

A. 不到 10%　　B. 10%－10%　　C. 20%－30%　　D. 30% 以上

这道题有一个巨大无比的坑，那就是第一句话，"销售价格比前一天下降原价的 10%"，很多马虎的同学理解成了"每天比前一天下降10%",若忽视了"原价"一词将极大地增加计算难度。所以,审题务必认真,每一个字都不能放过,否则就会产生"灾难性"的后果。

本题的设定条件有五个:一是"第一天原价销售,从第二天开始每天的销售价格比前一天下降原价的10%";二是"在最后一天前,每天的销量比前一天提高100%";三是"最后一天的销量与第三天相同";四是"6天卖完";五是"成品的成本是原价的60%"。

题目未告诉我们售价和销量,计算难度很大;我们可以通过赋值法直接设定一个合适的售价和销量,无论赋什么值都不影响最后的比例关系。

设定条件四"6天卖完",通过枚举法可以把答案算出来。

假设售价为100元,根据设定条件一,推出后面五天的售价分别为90元、80元、70元、60元和50元。根据设定条件五,求出商品成本为60元。

假设第一天的销量是1,根据设定条件二和三,后边五天的销量分别是2、4、8、16、4,总销量就是35。

售价(元)	100	90	80	70	60	50
销量(个)	1	2	4	8	16	4

根据上述信息,得出这些商品的总成本:$35 \times 60 = 2100$(元)。

那么,销售这些商品所得净利润=销量×(售价-成本)=1×(100-60)+2×(90-60)+4×(80-60)+8×(70-60)+16×(60-60)+4×(50-60)=40+60+80+80+0-40=220(元)。

最终比例=$\frac{220}{2100} = \frac{11}{105} \approx 0.1048$。

本题选B。

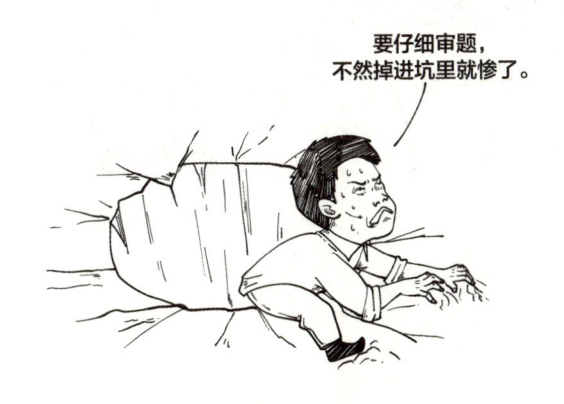

例 3　商场以每件 80 元的价格购进了某品牌衬衫 500 件,并以每件 120 元的价格销售了 400 件,要达到盈利 45% 的预期目标,剩下的衬衫最多可以降价（　　）。

A. 15 元　　　　　　B. 16 元　　　　　　C. 18 元　　　　　　D. 20 元

这道题是典型的分批销售问题,咱们就牵住"总销售收入等于各批次销售收入之和"这个"牛鼻子"就可以了。

本题设定条件有三个:一是"衬衫总共 500 件,成本是 80 元";二是"以 120 元每件的价格卖了 400 件";三是"总盈利 45%"。

根据设定条件二,我们计算出第一批次的收入:120×400＝48000（元）。

根据设定条件一,我们计算出还剩余 100 件衬衫等待降价出售。设最终可降价 x 元,那么降价后的价格为"120－x"元。据此,我们计算出第二批次的收入为:（120－x）×100＝12000－100x。

两个批次的收入已经知道了,那么总收入是多少呢? 根据设定条件三,利润率是 45%,那么所有产品的平均价格为:80×（1＋45%）＝116（元）;卖了 500 件,那么最后的总收入应为:80×（1＋45%）×500＝116×500＝58000（元）。

根据上述信息列方程式:48000＋12000－100x＝58000,解得 x＝20（元）。

本题选 D。

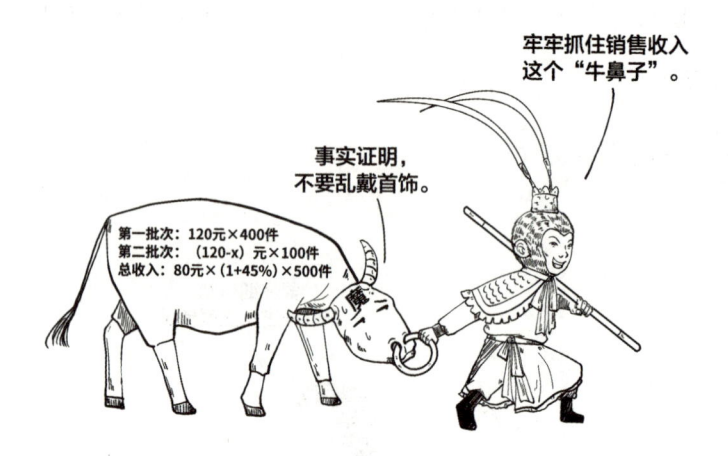

四、溶液问题

☆**核心公式：**

溶液＝溶质＋溶剂；

浓度＝$\dfrac{溶质}{溶液}\times 100\%$；

溶质＝浓度×溶液。

☆**核心理念：**

溶质相对稳定。可抓住"溶质不变"这个关键进行解题，有时候可以把溶质设定为一个特殊值。

例 1 调酒师配鸡尾酒，先在调酒杯中倒入 120 毫升柠檬汁，再用伏特加补满，摇匀后倒出 80 毫升混合液备用，再往杯中加满番茄汁并摇匀，一杯鸡尾酒就调好了。若此时鸡尾酒中伏特加的比例是 24%，调酒杯的容量是多少毫升？（ ）

A. 160　　　　　B. 180　　　　　C. 200　　　　　D. 220

相对于伏特加，本题中的柠檬汁、番茄汁等统统理解为溶剂，因为它们无论怎么变化都不影响伏特加的量。

本题的设定条件有三个：一是"往调酒杯中倒入 120 毫升柠檬汁，再用伏特加补满杯子剩余的空间"；二是"用番茄汁补满倒出的 80 毫升混合液的空间"；三是"鸡尾酒中伏特加的比例是 24%"。

假设调酒杯的容量是 x 毫升，根据设定条件一得出杯中伏特加的容量是"$x-120$"毫升，据此得出伏特加浓度为 $\frac{x-120}{x}$。

根据设定条件二，倒入番茄汁后，杯中伏特加混合液的容量是"$x-80$"，此时杯中伏特加的容量为 $\frac{x-120}{x} \times (x-80)$。

最后，根据设定条件三，得出方程式：$\frac{\frac{x-120}{x} \times (x-80)}{x} = 24\%$。

在考场上，如果列出这么个方程式，估计大家都得疯：数很大，计算难度高；即使最后算出来了，看似赢了的背后"输"得一塌糊涂，因为考场上耽误不起时间。

怎么办呢？

咱们看看设定条件三是怎么说的，"最后鸡尾酒中伏特加的比例是 24%"，也就是说，$\frac{伏特加}{混合溶液} = 24\% = \frac{24}{100} = \frac{6}{25}$；根据数字特性，混合溶液的量是 25 的倍数，即调酒杯容量是 25 的倍数，对照四个选项，只有 200 符合条件。

本题选 C。

例 2 实验室有 A、B、C 三个实验试管，分别装有 10 克、15 克、20 克的水，小明把含有一定浓度的 10 克药水倒进 A 试管中，混合后取出 10 克倒入 B 试管中，再次混合后，从 B 试管中取出 10 克倒入 C 试管中，最后用化学仪器检测出 C 试管中药水浓度为 2%。试计算刚开始倒入 A 试管中药水的浓度。（　　）

A. 10%　　　　B. 20%　　　　C. 30%　　　　D. 40%

本题其实就是一个不断稀释药水的过程。

本题设定条件有三个：一是"A、B、C 三个试管中分别有水 10 克、15 克、20 克"；二是"第一次将 10 克药水倒入 A 后，分别取混合溶液 10 克依次倒入 B 试管和 C 试管"；三是"最终药水浓度是 2%"。

设最开始 A 试管中的药水浓度是 x，第一次倒入 A 试管后，溶液变成了 20 克，那么药水浓度变成了 $\dfrac{10 \times x}{10+10} = \dfrac{x}{2}$。

第二次取浓度为 $\dfrac{x}{2}$ 的 10 克药水倒入 B 试管后，溶液变成了 25 克，那么药水浓度变成了 $\dfrac{10 \times \dfrac{x}{2}}{10+15} = \dfrac{x}{5}$。

第三次将浓度为 $\dfrac{x}{5}$ 的 10 克药水倒入 C 试管后，溶液变成了 30 克，那么药水浓度变成了 $\dfrac{10 \times \dfrac{x}{5}}{10+20} = \dfrac{x}{15} = 2\%$。解得 $x = 30\%$。

本题选 C。

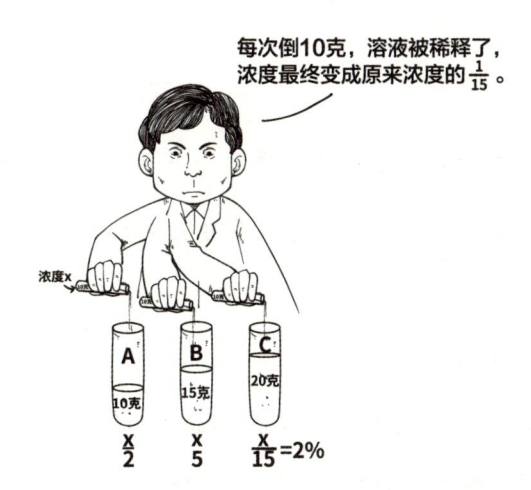

十字交叉法：

使用十字交叉法可跳过解题过程，直接解方程，本质上是一个解题模型，务必熟练掌握。

该方法适用于所有能用"$A = \dfrac{C}{B}$"表示的比例关系，遇到这类比例关系，都可以参照"浓度 $= \dfrac{溶质}{溶液}$"的思路理解。

☆ **核心公式：**

$$\begin{matrix} \text{溶液 A 的浓度 } a \\ \\ \text{溶液 B 的浓度 } b \end{matrix} \quad \text{混合溶液的浓度 } x \begin{matrix} x-b\,(\text{大数}-\text{小数}) \\ \\ a-x\,(\text{大数}-\text{小数}) \end{matrix} = \dfrac{\text{溶液 A 的质量}}{\text{溶液 B 的质量}}$$

这里要注意，利用十字交叉求出的比例关系一定是分母之比，比如在上边这个公式中，最开始的原始公式是"浓度 = $\dfrac{\text{溶质}}{\text{溶液}}$"，用浓度做十字交叉，最后得出的比例就是分母（溶液）的比例关系。这就启示我们，在做题时，题目让求"什么"的比例关系就把"什么"放在分母上。这里，可以把"溶液"放在"分母"上，最后轻松算出最终的溶液质量比。

例 3 某高校艺术学院分音乐系和美术系两个系别，已知学员男生人数占总人数的 30%，且音乐系男女生人数之比为 1∶3，美术系男女生人数之比为 2∶3，音乐系和美术系的总人数之比为（   ）。

A. 5∶2   B. 5∶1   C. 3∶1   D. 2∶1

本题设定条件有三个：一是"学院男生人数占总人数的 30%"；二是"音乐系男女生人数之比为 1∶3"；三是"美术系男女生人数之比为 2∶3"。三个设定条件全是比例关系，最后也是求比例，且三组比例关系中既有混合比例，也有各自的比例，直接用十字交叉法解题，但是要注意根据设定条件进行转化。

以音乐系和美术系总人数为"分母"，以两个系的男生数为"分子"，咱们就以男生在各系所占比例为代入的内容，即"男生在系里所占比例 = $\dfrac{\text{男生数}}{\text{各系总人数}}$"。

根据设定条件一，得出学院男生比例为 $\frac{3}{10}$；根据设定条件二，音乐系男女生比例为 1∶3，那么男生占了 $\frac{1}{4}$；根据设定条件三，美术系男女生比例为 2∶3，那么男生占了 $\frac{2}{5}$。

结合上述信息，代入十字交叉的公式：

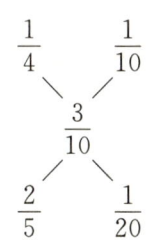

$$\begin{array}{ccc} \frac{1}{4} & & \frac{1}{10} \\ & \searrow \nearrow & \\ & \frac{3}{10} & \\ & \nearrow \searrow & \\ \frac{2}{5} & & \frac{1}{20} \end{array}$$

即，音乐系和美术系总人数之比是 $\frac{1}{10}:\frac{1}{20}=2:1$。

本题选 D。

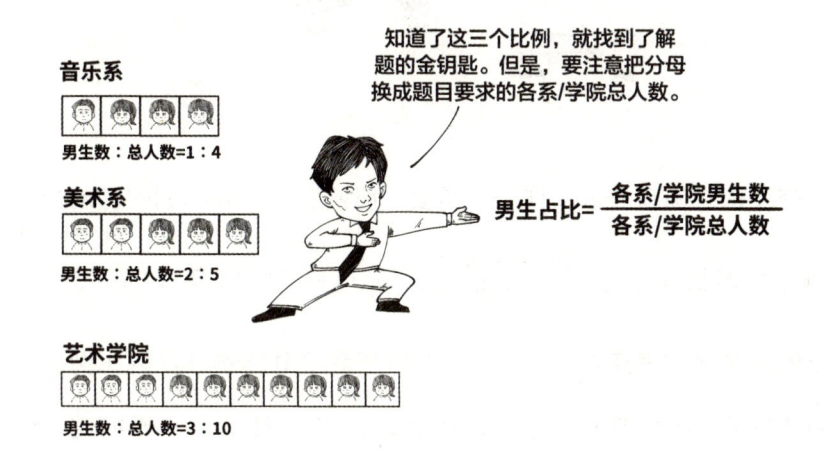

例 4 由于改良了种植技术，农场 2017 年种植的 A 和 B 两种作物产量分别增加了 10% 和 25%。已知 2017 年两种作物总产量增加了 18%，那么 2017 年 A 和 B 两种作物的产量比为（　　）。

A. 7∶8　　　　　B. 8∶7　　　　　C. 176∶175　　　　　D. 77∶100

本题设定条件有三个：一是"A 作物在 2017 年的产量增加了 10%"；二是"B 作物在 2017 年的产量增加了 25%"；三是"两种作物在 2017 年的总产量增加了 18%"。

看到这几个比例关系后，肯定有考生欣喜若狂，心想"这题不是白送分的吗"，然后，就直接带入公式：

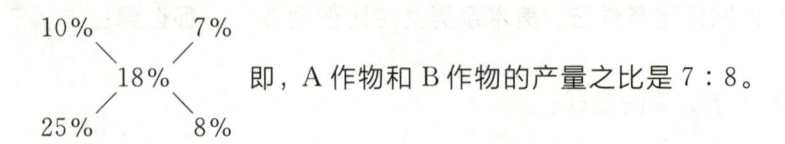

$$\begin{matrix} 10\% & & 7\% \\ & 18\% & \\ 25\% & & 8\% \end{matrix}$$
即，A 作物和 B 作物的产量之比是 7∶8。

很多考生算完后得意扬扬地选了 A，然后就被"背刺"了。

在用十字交叉法之前有一项工作非常重要，那就是先找到比例的基础公式。

2017 年作物的增长率 = $\dfrac{新增产量}{2016 年作物产量}$，分母是"2016 年作物产量"，也就是说，咱们最后求出的那个比例其实是 2016 年 A 作物产量和 B 作物产量的比例。

要求得最终答案，还得加一道运算，算出 2017 年两种作物产量的比，其实就是 7×（1+10%）∶8×（1+25%）＝7.7∶10＝77∶100。

本题选 D。

五、排列组合与概率问题

如果考生没有学过排列组合，或者学得不太好，那么可以酌情放弃本板块，因为这类题目很"烧脑"且需要投入大量精力，最后可能还是一脸蒙的状态。考场上遇到这类题，简单的就上手试试，感觉太复杂的就不要勉强自己，可迅速跳过，不要浪费答题时间。

要不，我放弃吧？

排列：从 n 个不同元素中取出 m（$m \leq n$）个元素，并按照一定的顺序排成一列。

☆ **核心公式**：

$$A_n^m = P_n^m = \frac{n!}{(n-m)!} = n(n-1)(n-2)\cdots(n-m+1)。$$

① 从 n 个数中选出前 m 个依次相乘；

② 该公式跟顺序有关。

例如，从五个人中选三个人站队，可能的站队方式共有：$A_5^3 = 5 \times 4 \times 3 = 60$（个）。

组合：从 n 个不同元素中取出 m（$m \leq n$）个元素。

☆ **核心公式**：

$$C_n^m = C_n^{n-m} = \frac{n!}{(n-m)!\,m!} = \frac{n(n-1)(n-2)\cdots(n-m+1)}{m(m-1)(m-2)\cdots 2 \times 1} = \frac{A_n^m}{A_m^m}。$$

① 从 n 个数中选 m 个组合；

② 该公式跟顺序无关。

例如，从五个人中随便选三个人去参加活动，可能的选取方式共有：$C_5^3 = C_5^2 = \frac{5 \times 4}{2 \times 1} = 10$（个）。

也就是说，从五个人里选两个人和选三个人的结果是一样的。

怎么判断什么时候需要排列，什么时候需要组合呢？有个小窍门：任选两个元素交换位置，根据题意判断交换后是否有区别，有区别的话就说明跟顺序有关，该题考查排列；没有区别的话就说明跟顺序无关，该题考查组合。

☆ **常用方法**

1. 分类用加法

若解决某问题可以通过不同的途径完成，每种途径又有若干种解决方法，那么解决该问题的方法总数就是每种途径的方法数之和。

例如，完成某任务有两种方法，第一种方法有五种人员选择，第二种方法有三种人员选择，那么完成这个任务就有 5＋3＝8 种选择。

2. 分步用乘法

若完成某任务需要几个步骤，而每个步骤里边又有不同的方法，那么完成该任务的方法总数就是把每个步骤里的方法数相乘。

例如，完成某任务需要三个步骤，第一个步骤有 3 种人员选择，第二个步骤有 5 种人员选择，第三个步骤有 2 种人员选择，那么完成该任务就有"$3×5×2＝30$"种选择。

有时候，正面情况比较复杂时，可以采用逆向思维，用全部情况减去不符合题意的情况，得出答案。一般在这类问题题干中会出现"最多""最少""不少于"等字眼。

例 1 某农科院准备挑选 2 男 2 女共 4 名科技人员分别去市郊的甲、乙、丙、丁 4 个乡参加科技支农工作，在报名的人员中有 3 男 4 女符合要求，在 4 名女性中有 1 位是农科院的副院长，考虑到工作的具体需要，这名副院长不去甲乡，且去丁乡的是女性。符合条件的选法有（　　）种。

A. 198　　　　　B. 216　　　　　C. 378　　　　　D. 432

本题的设定条件有三个：一是"从 3 男 4 女中选 2 男 2 女去甲、乙、丙、丁 4 个乡参加科技支农工作"；二是"1 名女副院长不去甲"；三是"去丁乡的是女性"。

如果按照题目描述的信息"正"着解这道题，那么就太复杂了，在考试限定的时间内很难解出来。问题的关键就是这位副院长不仅不一定能被选上，而且被选上了还不能去甲，需要考虑的情况太多了。遇到这种情况，咱们不妨"逆"着想：把不考虑这位副院长特殊要求的情况全部算出来，再减去满足"这位副院长被选上了且去了甲"这一特例的情况不就行了吗?

根据第一个设定条件和第三个设定条件,咱们先从 4 名女性中选出 1 名去丁,得出"C_4^1";再从 3 名男性中选出 2 名去剩下 3 个乡镇中的 2 个,得出"C_3^2";最后从剩下 3 名女性中选出 1 名去剩下的最后 1 个乡镇,得出"C_3^1"。

以上只是把人选了出来,还得把他们安排到具体的乡。除了去丁的人是固定的外,剩下 3 人的顺序是不确定的,需要排序,得出"A_3^3"。比如,一个人去了甲,那么剩下两个人就只能在剩下的两个乡中选;如果这个人没有去甲,而是去了乙,那么又是另一种顺序了。

根据上述分析,算出不考虑这位副院长特殊要求的全部情况:$C_4^1 C_3^2 C_3^1 A_3^3 = 216$(种)。

根据第二个设定条件,咱们把"这位女副院长去了甲"的特殊情况算出来。女副院长去甲,这个"坑"被占了,那么只能再从剩下的 3 名女性中选出一个去丁,得出"C_3^1";再从 3 名男性中选出 2 名去剩下的乙丙两乡,得出"C_3^2"。

以上也只是把人选了出来,还得把他们安排到具体的乡。因为甲、丁两乡的位置是固定的了,只有乙、丙两乡的男性需要排序,得出"A_2^2"。这比较好理解,一名男性去了乙,另一个只能去丙,反过来也一样,总共只有这两种情况。

根据以上分析,算出这位副院长去了甲的特殊情况:$C_3^1 C_3^2 A_2^2 = 18$(种)。

最后结果为:$C_4^1 C_3^2 C_3^1 A_3^3 - C_3^1 C_3^2 A_2^2 = 216 - 18 = 198$(种)。

本题选 A。

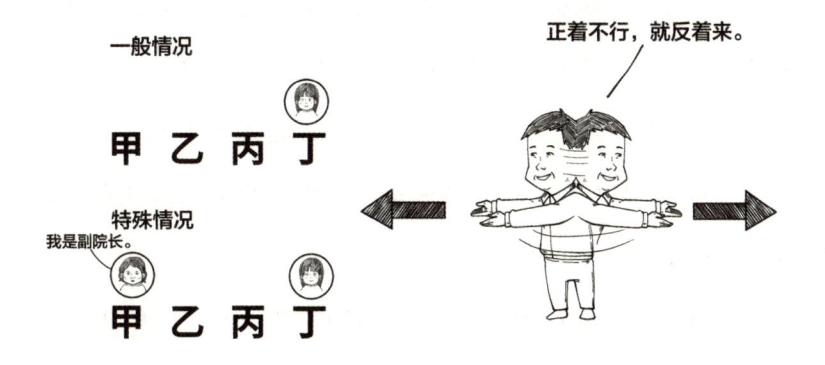

例 2 某企业从 10 名高级管理人员中选出 3 人参加国际会议。在 10 名高级管理人员中,有一线生产经验的 6 人,有研发经验的 5 人,另有 2 人既无一线生产经验也无研发经验。如果要求选出的人中,具备一线生产经验的人和具备研发经验的人都必须有,有多少种不同的选择方式?(　　)

A. 96　　　　　B. 100　　　　　C. 106　　　　　D. 112

本题的设定条件有三个:一是"从 10 人中选 3 人参加会议";二是"10 人中,6 人有一线生产经验,5 人有研发经验,2 人既无一线生产经验也无研发经验";三是"选出的 3 人中,至少 1 人有一线生产经验,至少 1 人有研发经验"。

根据第二个设定条件,我们不难发现,有人既有一线生产经验,也有研发经验。设同时有这两种经验的有 x 人,可以得出等式:$6+5=10-2+x$,解得 $x=3$(人)。

这道题要求选 3 个人去参加同一个会议的选择方式,所以只需要把人选出来,而不需要排序。根据上述分析,我们得出以下内容:同时有两种经验的有 3 人,只有一线生产经验的 3 人,只有研发经验的 2 人,什么经验也没有的 2 人。

接下来,咱们分类讨论:

先从"3 人同时有两种经验"这一情况着手:从 3 人中任选 1 人满足设定条件三,再从剩下 7 人中任选 2 人满足设定条件一,得出"$C_3^1 C_7^2$";从 3 人中选 2 人,再从剩下 7 人中任选 1 人满足设定条件一和二,得出"$C_3^2 C_7^1$";直接选这 3 个人肯定满足所有条件,得出"C_3^3"。

再从"3 人只有一线生产经验,2 人只有研发经验"这一情况着手:从 3 个只有一线生产经验的人中选 1 人,从 2 个只有研发经验的人中选 1 人,再从 2 个什么经验也没有的人中选 1 人,得出"$C_3^1 C_2^1 C_2^1$";从 3 个只有一线生产经验的人中选 2 人,从 2 个只有研发经验的人中选 1 人,得出"$C_3^2 C_2^1$";从 3 个只有一线生产经验的人中选 1 人,从 2 个只有研发经验的人中选 2 人,得出"$C_3^1 C_2^2$"。

至此所有情况分类完毕,依次相加:$C_3^1 C_7^2 + C_3^2 C_7^1 + C_3^3 + C_3^1 C_2^1 C_2^1 + C_3^2 C_2^1 + C_3^1 C_2^2 = 106$(种)。

本题选 C。

画个图就"一目了然"了。

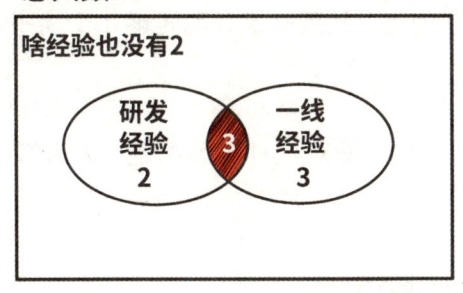

总人数10
啥经验也没有2
研发经验 2 — 3 — 一线经验 3

这么算太费劲了,咱们再"逆"着想一下。

先不管第三个设定条件,直接随便选3个人,得出"C_{10}^3"。

接下来,找特殊情况:一是"选的3个人全没有一线生产经验",没有一线生产经验的人共有4人,得出"C_4^3";二是"选的3个人全没有研发经验",没有研发经验的人共有5人,得出"C_5^3"。因为两种经验都没有的只有2人,凑不够3人,该情况无用。

依据以上分析,得出符合题目要求的情况:$C_{10}^3 - C_4^3 - C_5^3 = 106$(种)。

例3 小赵从家出发去单位上班要经过多条街道(如图),假如他只能向西或向南行走,则他上班有多少种不同的走法?(   )

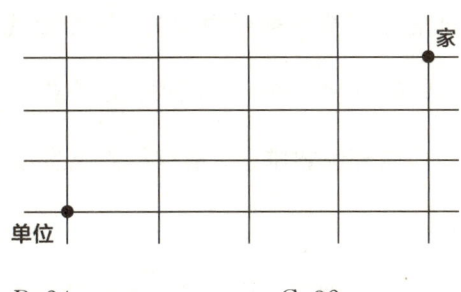

A. 6　　　　B. 24　　　　C. 32　　　　D. 35

本题设定条件有两个:一是"只能向西或者向南行走";二是从图中可以看出,"从家到单位,向西需要走4格,向南需要走3格,共7格"。

初看这道题,大家可能有点蒙,怎么办?咱们要透过现象看本质,通过仔细观察这幅图不难发现,小赵要想从家走到单位必须走满7个格子,且往西必须走满3格,往南也必须走满4格，不然无法到达目的地。试想，如果小赵往西走了2格，是不是就卡在半路了呢？或者小赵往南走了4格，那是不是又超过单位了呢？

至此，咱们就分析明白了：先以这7个格子为底，然后确保往西走够4个格子，往南走够3个格子就行了。

综上，推算出不同走法为：$A_7^4 = A_7^3 = 35$（种）。面对这种类型的题，大家可以直接套用这个思路。

3. 用捆绑法解决"相邻问题"

将相邻的元素捆绑为一个元素，再与其他元素一起排列。

这里要注意两点：一是将相邻元素捆绑后，元素总数变小；二是被捆绑的元素内部也要排序。比如，有A、B、C、D、E五个元素做排列，要求A和B要靠着，那么可以把A和B捆绑后重新参与排序，此时，元素总数就由原来的5个变成了4个，且A和B内部也要排序。最终排列情况为：$A_4^4 A_2^2 = 48$（种）。同理，如果要求A、B、C靠在一起，那么元素总数就变为了3，A、B、C内部也要排序，最终结果就变成了：$A_3^3 A_3^3 = 36$（种）。

例 某场科技论坛有5G、人工智能、区块链、大数据和云计算5个主题，每个主题有2位发言嘉宾。如果要求每个主题的嘉宾发言次序必须相邻，共有多少种不同的发言次序？（　　）

A. 120　　　　B. 240　　　　C. 1200　　　　D. 3840

本题设定条件就一个，"有5个主题，同主题的2位发言嘉宾要靠着"。

咱们将每个主题的2位发言嘉宾捆绑到一起放到5个主题中进行排序，然后再在同一主题的2位发言嘉宾的内部进行排序。

至此，得出不同的发言次序共有：$A_5^5 A_2^2 A_2^2 A_2^2 A_2^2 A_2^2 = 120 \times 2 \times 2 \times 2 \times 2 \times 2 = 3840$（种）。

本题选 D。

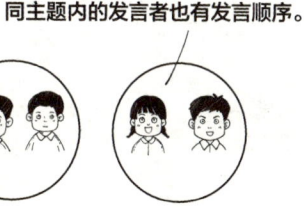

4. 用插空法解决"不相邻问题"

先将有具体位置的元素排好，这些元素排好后会产生间隙；再将那些没有具体位置的元素插到这些间隙中，两端也包含在这些间隙中。

例 1 扶贫干部某日需要走访村内6个贫困户甲、乙、丙、丁、戊和己。已知甲和乙的走访次序要相邻，丙要在丁之前走访，戊要在丙之前走访，己只能在第一个或最后一个走访。走访顺序有多少种不同的安排方式？（　　）

A. 24　　　　B. 16　　　　C. 48　　　　D. 32

本题设定条件有四个：一是"扶贫干部走访甲、乙、丙、丁、戊和己"；二是"甲和乙相邻"；三是"丙要在丁之前走访，戊要在丙之前走访"；四是"己只能在第一个或最后一个走访"。

根据第二个设定条件，将"甲"和"乙"捆绑为1个元素，这个元素内部要进行排序，得出"A_2^2"；根据第三个设定条件，将三户的顺序确定为"戊、丙、丁"，这三个已经确定的元素产生了4个间隙，将"甲乙"这个组合随机插到这四个间隙中，得出"C_4^1"；根据第四个设定条件，"己"只能出现在开头或结尾，得出"A_2^2"。

根据上述分析，得出不同的安排方式为：$C_4^1 A_2^2 A_2^2 = 16$（种）。

本题选 B。

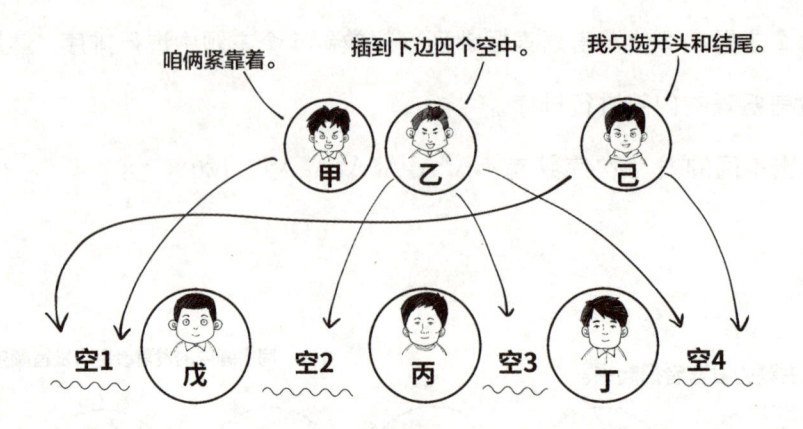

在上述情况中，所有元素都可以随便调整位置；还存在一种情况就是要素不能随便调整位置。

例 2 小区内空着一排相邻的 8 个车位，现有 4 辆车随机停进车位，恰好没有连续空位的停车方式共有多少种？（　　）

A. 48　　　　　　B. 120　　　　　　C. 360　　　　　　D. 1440

本题设定条件有两个：一是"4 辆车停进 8 个车位"；二是"没有连续空位"。

这里要明确一点，车能随便换位置，但是车位是固定不动的，只能选好位置后，车再调位置。

根据第二个设定条件，要实现"没有连续空位"的目标，只能是按照"一车一空位"的顺序往下排，最终形成"四车四空位"的格局。基于此，咱们以这四个不能动的车位为参照物。这四个车位形成了五个空隙，把四辆车插进这五个空隙中，结果就是"C_5^4"。因为车是可以随便调位置的，也就是说这四辆车内部也有顺序，得出"A_4^4"。根据上述分析，得出不同的停车方式：$C_5^4 A_4^4 = 120$（种）。

本题还可以换个角度计算：第一辆车从五个空隙中选一个，得出"C_5^1"；第二辆车从剩下四个空隙中选一个，得出"C_4^1"；第三辆车再从剩下三个空隙中选一个，得出"C_3^1"；第四辆车最后从剩下两个空隙中选一个，得出"C_2^1"。最终结果为：$C_5^1 C_4^1 C_3^1 C_2^1 = 120$（种）。

本题选 B。

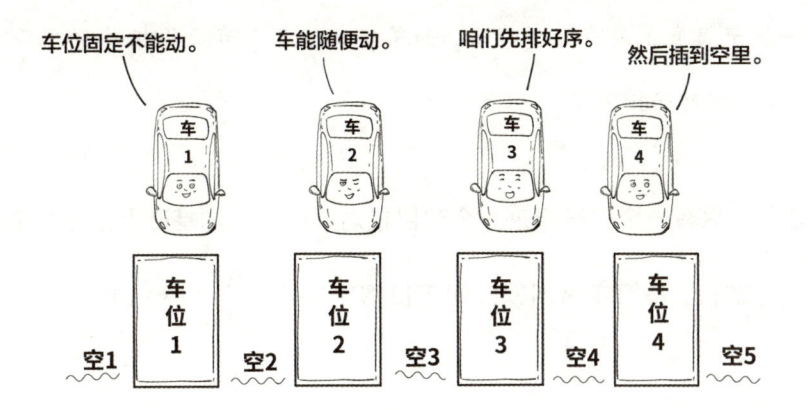

车位固定不能动。　　车能随便动。　　咱们先排好序。　　然后插到空里。

空1　车位1　空2　车位2　空3　车位3　空4　车位4　空5

5. 用公式 "$\dfrac{A_m^m}{A_n^n}$" 解决定序问题

对 m 个元素进行排列，但当其中有 n 个元素的顺序是确定的或者有 n 个元素是一样的无需排列时，对这 n 个元素的排列就没有意义了，用 m 的全排列除去 n 的全排列就可以了，直接套公式。

这背后的原理是什么呢？举个例子：假设 4 个人排队，其中 B 必须在 C 前边，请问有多少种排法？按照公式直接就可以得出：12 种。

假如 B 和 C 之间没有定序，那么 B 和 C 的排列有 "A_2^2" 种情况；B 和 C 排列后产生了三个空隙，A 可以插进去，得出 "C_3^1"；A、B、C 排列后产生了四个空隙，D 可以插进去，得出 "C_4^1"。最后的排列就是 $A_2^2 C_3^1 C_4^1 = 1 \times 2 \times 3 \times 4 = A_4^4$，这其实就是不考虑 B 和 C 特殊位置的全排列。

例子中的 B 和 C 是定序的，我们需要把它们两个正常情况下的排序剔除，剔除后仅剩余 "$C_3^1 C_4^1$"。根据上面的分析得出，$C_3^1 C_4^1 = \dfrac{A_4^4}{A_2^2} = 12$（种）。

除了上述情况外，咱们还得考虑部分要素完全相同的情况。再举个例子：某人有 8 个不同颜色的球，其中红球有 3 个，黄球有 3 个，绿球有 2 个，如果将这 8 个球进行排列，总共有多少种不同的情况？

因为每种颜色的球是完全相同的，他们内部的排序是没有意义的；如果单纯地计算全排列会产生很多重复的情况，此时，应该剔除同种颜色的球的排列情况。根据公式，可能的排列情况为：$\dfrac{A_8^8}{A_2^2 A_3^3 A_3^3} = 560$（种）。

例1 一张节目表上原有3个节目,如果保持这3个节目的相对顺序不变,再添进去2个新节目,有多少种安排方法?(　　)

A. 20　　　　　B. 12　　　　　C. 6　　　　　D. 4

本题设定条件只有一个:"在原来3个节目相对顺序不变的基础上塞进2个新节目"。

结合前文的解析,按照定序问题公式直接得出答案:$\frac{A_5^5}{A_3^3}=20$(种)。

本题选 A。

再详细分析一下:

原来的3个节目不变,产生了4个空隙,咱们要做的就是把新添加的2个节目插进这4个空隙中。这两个新添加进来的节目的排列有两种情况:一是两个节目紧靠着,此时它们内部有"A_2^2"种排列方式,然后把它们随机插到这4个空隙中,得出"$C_4^1 A_2^2$";二是这两个节目分开,先从4个空隙中选1个插进一个节目,有"C_4^1"种选择,再从剩下的3个空隙中选1个插进剩下的那个节目,有"C_3^1"种选择,得出"$C_4^1 C_3^1$"。最后,有"$C_4^1 A_2^2 + C_4^1 C_3^1 = 20$"种方法。

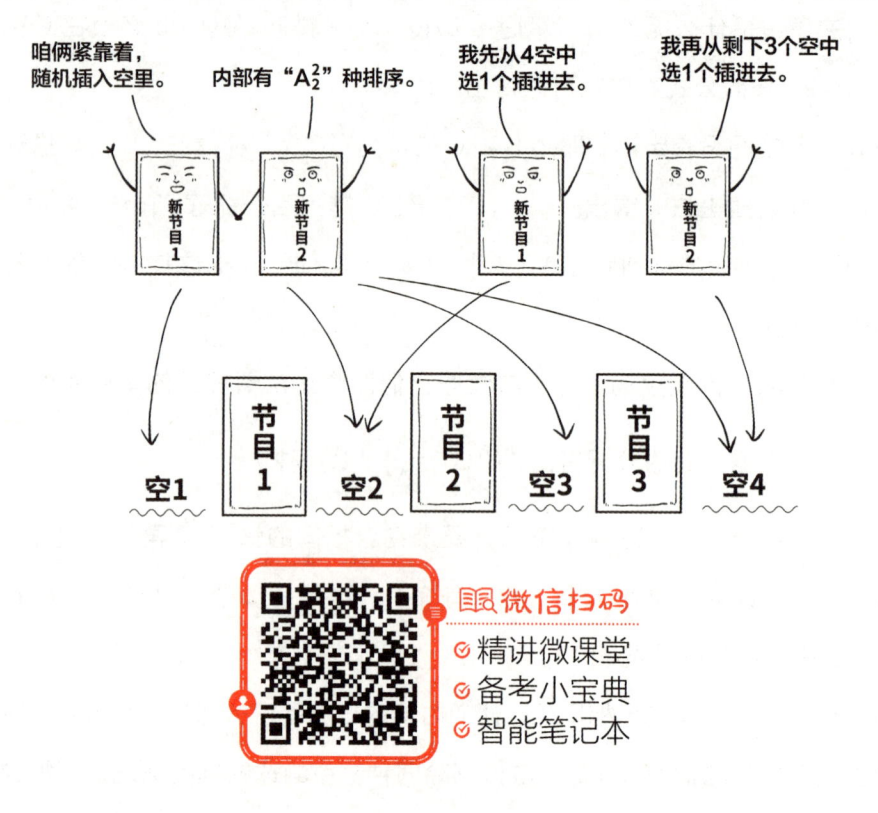

这里，咱们再"老题新解"。

例 2 扶贫干部某日需要走访村内 6 个贫困户甲、乙、丙、丁、戊和己。已知甲和乙的走访次序要相邻，丙要在丁之前走访，戊要在丙之前走访，己只能在第一个或最后一个走访。走访顺序有多少种不同的安排方式？（ ）

A. 24　　　　　B. 16　　　　　C. 48　　　　　D. 32

在本题中，戊、丙、丁三人的相对顺序是固定的，如果他们之间没有顺序，那么有"A_3^3"种排列方法。

因为己只能出现在开头或结尾，有"A_2^2"种排列方法，再考虑剩下的 5 个要素。因为甲和乙相邻，将他们捆绑后合并成一个要素，那么还剩下 4 个要素，有"A_4^4"种排列方法。甲乙捆绑后，内部有"A_2^2"种排列方法。综上，不考虑戊、丙、丁顺序的全排列方式有"$A_4^4 A_2^2 A_2^2$"种。

用全排列剔除戊、丙、丁三人的排列就是最终的排列方式：$\dfrac{A_4^4 A_2^2 A_2^2}{A_3^3} = 16$（种）。

6. 用"隔板法"解决相同元素分配问题

把 m 个相同元素分给 n 个主体，要求每个主体最少有 1 个，则用公式"C_{m-1}^{n-1}"直接解题。怎么理解呢？m 个相同元素形成了"$m-1$"个空隙（掐头去尾），然后把"$n-1$"个板子随机插在这些相同的元素中，把这些相同元素随机地分配给每个人。

比如，把 5 个相同的糖果分给 3 个小朋友，每人至少 1 个，问有几种分配方法？5 个相同的糖果会产生 4 个间隙（掐头去尾），将 2 个隔板随机插入这 4 个间隙中且它们不能同时插进同一个间隙中，这样才能保证每个小朋友都有糖果吃。因为如果 2 个隔板插到了同一个空隙中，那么 2 个隔板中间就产生数值"0"了，即有的小朋友就分不到糖果了。理解了这层关系，就能轻松算得 $C_4^2 = 6$。

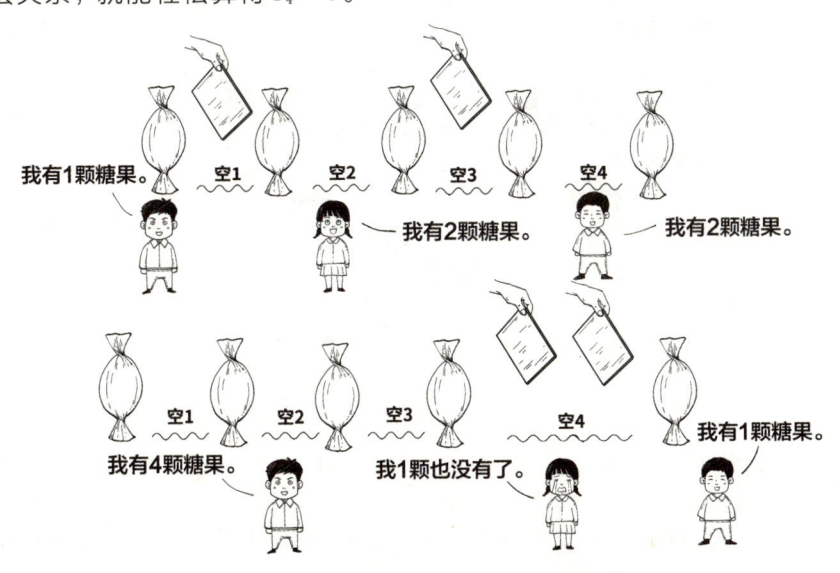

在使用这个方法时必须满足两个条件：一是待分配的元素必须相同；二是每个主体最少能得到1个元素。

有时候，咱们可以根据题目要求创造条件使其满足上述第二个条件，从而运用公式轻松解题。

例1 某单位共有10个进修的名额分到下属科室，每个科室至少一个名额，若有36种不同的分配方案，该单位最多有多少个科室？（　　）

A.7　　　　B.8　　　　C.9　　　　D.10

这道题的设定条件完全符合"隔板法"所需的条件，直接套用公式就行；但是，这道题做了一点改动，给出了最终结果让求科室数。换汤不换药，解题时直接套公式，设科室数为 n，10个名额产生了9个间隙（掐头去尾），得出方程式 $C_9^{n-1}=36$（种）。

接下来，将四个选项逐一代入公式验证，选项 C 和 D 明显不合适，重点验证选项 A 和 B，不难发现，$C_9^7=C_9^2=36$。很多同学做到这一步高兴坏了，直接选 A，却掉进了陷阱。因为，我们设定的公式是 $C_9^{n-1}=C_9^7$，$n-1=7$，解得 $n=8$（个）。

本题选 B。

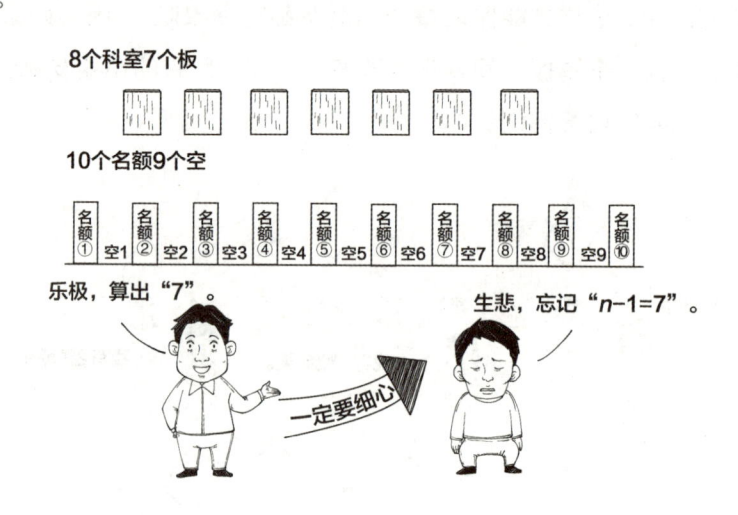

8个科室7个板

10个名额9个空

名额①空1名额②空2名额③空3名额④空4名额⑤空5名额⑥空6名额⑦空7名额⑧空8名额⑨空9名额⑩

乐极，算出"7"。

生悲，忘记"$n-1=7$"。

一定要细心

例2 某办公室接到15份公文的处理任务，分配给甲、乙、丙三名工作人员处理。假如每名工作人员处理的公文份数不得少于3份，也不得多于10份，则共有几种分配方

式？（　　）

  A. 15   B. 18   C. 21   D. 28

  本题设定条件有两个：一是"15份公文分配给三个人处理"；二是"每名工作人员不得少于3份，也不得多于10份"。

  根据第二个设定条件，甲、乙、丙三人每人领取到最低任务量3份后，还剩下"15－3×3＝6"份公文，把这6份全部给一人，此人手中的文件总数最多也就9份，所以设定条件"不得多于10份"无用，可直接忽视。

  这道题要求每人最低要处理3份，好像没有办法使用"隔板法"，怎么办呢？创造条件使之符合条件。咱们先给每人分配2份文件，此时剩余文件数是"15－3×2＝9"份。此时每人手中有2份了，距离题目要求的最低3份还有1份的差距。到这里大家是不是发现题目就变成了"剩余9份文件分配给甲、乙、丙三名工作人员处理，每名工作人员最少要分到1份"。

  至此，新的题目就符合"隔板法"的两个前置条件了：要素相同且每个主体最少拿到1份。直接套公式 $C_{m-1}^{n-1} = C_8^2 = 28$（种）。

  本题选D。

没有条件，创造条件也要上。

  由本题延伸一下，如果要将这15份文件分配给甲、乙、丙三名工作人员处理，且他们三个人每人最低不能少于2份、3份和4份，那么又该怎么处理呢？

  别慌，咱们还是先给他们分配到剩余1份的量，即甲、乙、丙三名工作人员每人先分配1份、2份和3份，此时还剩余9份没处理。经过这么处理后，是不是题目又变成了符合"隔板法"要求的题目了呢？9份文件生成8个空，把2个板插到空里，$C_{m-1}^{n-1}=C_8^2=28$（种）。

再由本题延伸第二下，如果把5个包子分配给3个人，有多少种分法呢？如果直接开始分类解，那费老鼻子劲了，咱们这么处理：先借3个包子给每人发1个，这样他们就符合"每人最少一个包子"的条件了，此时包子总数变为8个，原题变为"把8个包子分给3人，每人最少分1个"，直接套公式$C_{m-1}^{n-1}=C_7^2=21$（种）。

再由本题延伸第三下，如果把10个包子分配给甲、乙、丙3个人，要求甲最少分1个，乙最少分3个，丙没要求，有多少种分法呢？甲符合"隔板法"要求，乙和丙不符合，怎么办呢？直接创造条件解决问题：先给乙2个包子，此时乙符合"隔板法"要求了，包子总数变为8；再借一个包子给丙，此时丙也符合"隔板法"要求了，包子总数变为9。至此，经过改造，题目设定的条件全部符合"隔板法"的要求了，原题变为"把9个包子分配给甲、乙、丙3个人且每人最少可分得1个"，直接套公式$C_{m-1}^{n-1}=C_8^2=28$（种）。

7.通过熟记几个数据解决错位排列问题

所谓错位排列是指完全避开原来的顺序进行排列。比如，"A、B"原来对应着"a、b"，现在要求"A、B"错开原来的顺序重新排列，在此要求下，原来的顺序就变成了"A、B"对应"b、a"，只有这一种情况。因为这种递归类型的排列组合比较复杂，行测考试通常不会考那么深，咱们只需要记住1、2、3、4、5、6个元素进行错位排列的话，分别对应0、1、2、9、44、265种情形。

其实如果大家仔细观察就会发现"2=（0+1）×2；9=（1+2）×3；44=（2+9）×4；265=（9+44）×5"……依此类推。总之，太复杂了，记住这几个数能应付考试就可以了。

例 某单位从下属5个科室中各抽调了一名工作人员，交流到其他科室，如每个科室只能接收一人的话，有多少种不同的人员安排方式？（ ）

A.120　　　　　B.78　　　　　C.44　　　　　D.24

因为只能去其他科室，5个人进行错位排序，直接选C。

太难了，只能死记硬背了。

8. 通过公式法解决平均分堆问题

解决平均分堆问题就看两种情况。一种情况是将一堆东西平均分为几堆，只是单纯地分堆，没有其他后续工作；不管怎么分，最后都要除以A_n^n（n为均分的组数），以避免重复计数。比如，把4本书平均分成两堆，这是单纯的分堆问题，最后结果要除以A_2^2，$\dfrac{C_4^2 C_2^2}{A_2^2}=$ 3（种）。另一种情况是分完堆之后再分配顺序；此时，就不用再除以"A_n^n"了。比如，把4本书分为两组，小黑2本，小白2本，最后结果就不用除以A_2^2了，$C_4^2 C_2^2=6$（种）。为什么呢？先分书，把4本书分为两堆，得出"$\dfrac{C_4^2 C_2^2}{A_2^2}$"；再分人，分给小黑和小白各1堆，谁分到哪一堆是不确定的，内部有顺序，得出"A_2^2"，两者相乘，$\dfrac{C_4^2 C_2^2}{A_2^2} \times A_2^2 = C_4^2 C_2^2$。

为什么单纯分堆要除以A_n^n（n为均分的组数）呢？咱们通过第一个案例一起推导一下。咱们把四本相同的书依次命名为A、B、C、D，分为两堆的方法有$C_4^2 C_2^2$种；但是在这个过程中会产生重复组合。按照"$C_4^2 C_2^2$"这个式子，咱们先任意选出两本（AB、AC、AD、BC、BD、CD），剩下的两本自然地形成另一堆，可以依次提取出"AB，CD""AC，BD""AD，BC""BC，AD""BD，AC""CD，AB"6种不同的组合。但是仔细观察发现，出现了三种重复的组合，单纯从分堆的角度看，它们是同一种情况，也就是说这种计算方式会人为增加一组顺序，比如"AB，CD"和"CD，AB"是一样的，其实就是先选谁出来的问题：是先把"AB"选出来，还是先把"CD"选出来？所以，咱们应该把重复的情况剔除出去，最终结果除以"A_2^2"。

如果，把6本书分成3组，那么最后的结果就要除以"A_3^3"，为什么呢？因为随着分组数量的增加，重复的组合也会随之增加，有兴趣的小伙伴可以自己推演一下"$C_6^2 C_4^2 C_2^2$"这个组合。如果觉得太麻烦了，大家记住这个公式就可以了。

面对平均分堆问题，直接用公式"盘"它。

例1 将10名运动员平均分成2组进行对抗赛，有多少种不同的分法？（　　）

A. 120　　　B. 126　　　C. 240　　　D. 252

本题的设定条件比较简单，就是把10个人均分2组，且没有后续的排序要求，直接套用公式，将10人均分成2组。先从10人中选5人编成一组，得"C_{10}^5"；再将剩下的5人编为一组，然后除以"A_2^2"剔除重复的情况，共有"$\dfrac{C_{10}^5 C_5^5}{A_2^2}=126$"种不同的分法。

本题选 B。

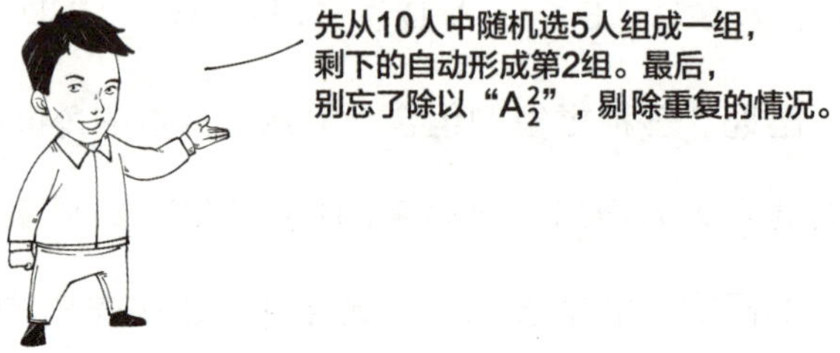

$$\dfrac{C_{10}^5 \ C_5^5}{A_2^2}$$

先从10人中随机选5人组成一组，剩下的自动形成第2组。最后，别忘了除以"A_2^2"，剔除重复的情况。

例 2 某公司销售部拟派 3 名销售主管和 6 名销售人员前往 3 座城市进行市场调研，每座城市派销售主管 1 名，销售人员 2 名。那么，不同的人员派遣方案有（　　）。

A. 540 种　　　　B. 1080 种　　　　C. 1620 种　　　　D. 3240 种

本题的设定条件有两个：一是"将 9 人均分为有规律的三组，每组含销售主管 1 名、销售人员 2 名"；二是"分别派往 3 座城市"。根据上述设定条件，不仅有平均分堆，还在分堆后加了排序，直接按照公式求。从 6 名销售人员中选 2 人，从 3 名销售主管中选 1 人，得 "$C_6^2 C_3^1$"；再从剩下 4 名销售人员中选 2 人，最后从剩下 2 名销售主管中选 1 人，得 "$C_4^2 C_2^1$"；最后从剩下 2 名销售人员中选 2 人，从剩下 1 名销售主管中选 1 人，得 "$C_2^2 C_1^1$"；共有 "$C_6^2 C_3^1 C_4^2 C_2^1 C_2^2 C_1^1 = 540$" 种派遣方案。

本题选 A。

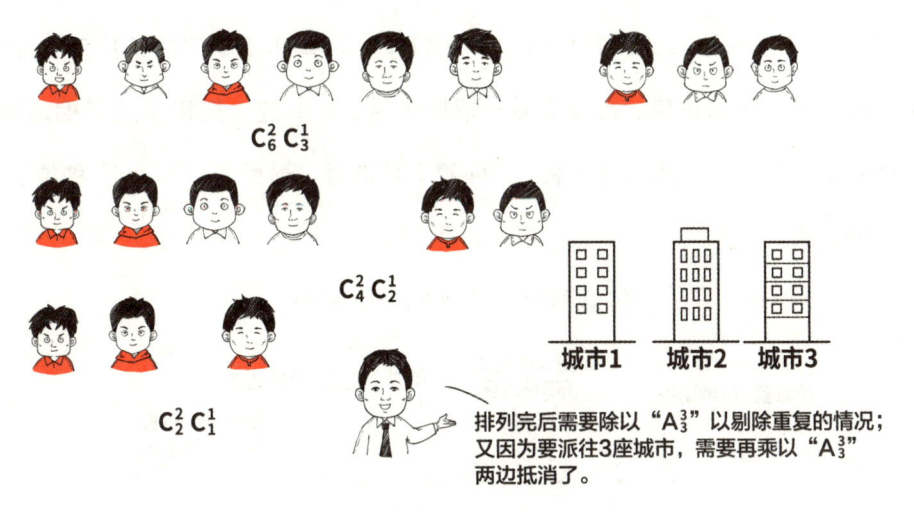

$C_6^2 C_3^1$

$C_4^2 C_2^1$

$C_2^2 C_1^1$

城市1　城市2　城市3

排列完后需要除以 "A_3^3" 以剔除重复的情况；又因为要派往 3 座城市，需要再乘以 "A_3^3"，两边抵消了。

咱们再深入剖析一下这个平均分堆问题。

若将 5 个苹果分成 "2，2，1" 三组，有多少种情况呢？先从 5 个苹果中选出 2 个，得 "C_5^2"；再从剩下 3 个苹果中选 2 个，得 "C_3^2"；最终从剩下 1 个苹果中选 1 个，得 "C_1^1"。因为要分成 "2，2，1" 三组，只有 "2" 和 "2" 是均分的，那么我们最终只需要除以 "A_2^2"，所以共有 "$\dfrac{C_5^2 C_3^2 C_1^1}{A_2^2} = 15$" 种情况。如果再将这三组苹果分配给 3 个小朋友，那么最终就有 "$\dfrac{C_5^2 C_3^2 C_1^1}{A_2^2} A_3^3 = 90$" 种情况。

若将 6 个人分成 "2，2，1，1" 四组，有多少种情况呢？先从 6 人中选出 2 人，得

"C_6^2";从剩下 4 人中选出 2 人,得"C_4^2";从剩下 2 人中选出 1 人,得"C_2^1";最后 1 人选 1 人,得"C_1^1"。因为"2"和"2"是均分,"1"和"1"是均分的,那么最后要除以两次"A_2^2",所以总共有"$\dfrac{C_6^2 C_4^2 C_2^1 C_1^1}{A_2^2 A_2^2}=45$"种情况。如果再把这四组人分配到四个不同的部门的话,那么最终就有"$\dfrac{C_6^2 C_4^2 C_2^1 C_1^1}{A_2^2 A_2^2}A_4^4=1080$"种情况。

9.通过公式"A_{n-1}^{n-1}"解决环形排列问题

在线性排列中,从第一个位置开始就有 n 种不同的情况可以选择,然后逐次往下递减。比如,咱们给 4 把椅子在直线上排顺序,从第一个位置开始到第四个位置,依次有 4 种、3 种、2 种和 1 种选择,最后有"$A_4^4=24$"种情况。环形是可以转动的,因此环形排列中的第一个位置是不确定的,只有当一个人坐下后,剩下的人才有了对标物,产生相对顺序。这就类似于在一个转动的环上钉上一个钉子,只有环不动了才能排序。比如,咱们给这 4 把椅子进行环形排列,当放下第一把椅子后,剩下的 3 把椅子有了相对顺序,从第二个位置到第四个位置,依次有 3 种、2 种和 1 种选择,最后有"$A_3^3=6$"种情况。

总结起来就是,不考虑特殊情况,直线排列用公式"A_n^n"计算排列结果,环形排列用公式"A_{n-1}^{n-1}"计算排列结果,记住这两个公式就能轻松解题。

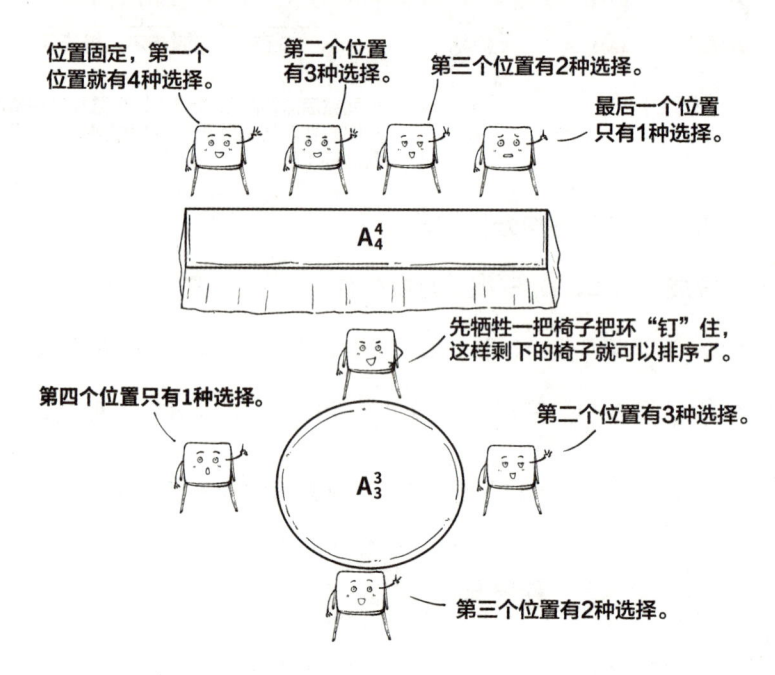

位置固定,第一个位置就有4种选择。
第二个位置有3种选择。
第三个位置有2种选择。
最后一个位置只有1种选择。
A_4^4

先牺牲一把椅子把环"钉"住,这样剩下的椅子就可以排序了。
第四个位置只有1种选择。
第二个位置有3种选择。
A_3^3
第三个位置有2种选择。

例 6个小朋友围成一圈做游戏，甲和乙需要挨在一起，有多少种安排方法？（　　）

A. 48　　　　　　B. 120　　　　　　C. 96　　　　　　D. 240

本题设定条件有两个：一是"6个小朋友围成一圈"；二是"甲和乙挨在一起"。

根据第二个设定条件，把甲和乙捆绑在一起，他们内部有顺序，记为"A_2^2"；甲和乙捆绑到一起后，第一个设定条件其实就变成了5个元素做环形排列，直接套用环形排列公式，得出"$A_{n-1}^{n-1}=A_4^4$"。

根据上述分析，得出不同的安排方法有"$A_4^4 A_2^2=48$"种。

本题选 A。

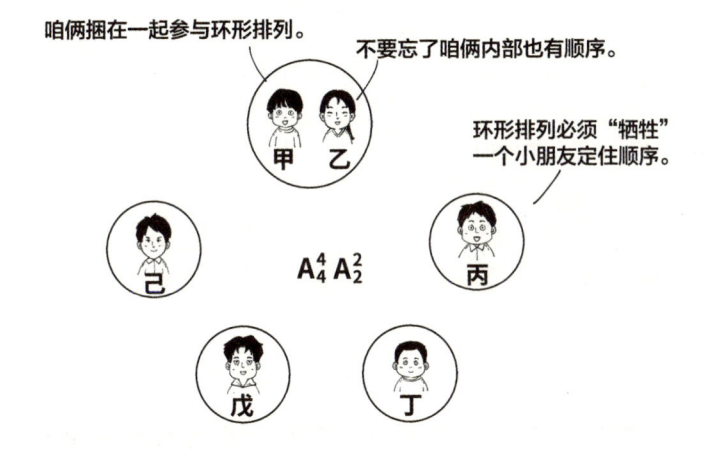

10. 通过公式"n^m"解决重复排列问题

有 n 个不同元素，可重复取用 m 次；说白了，就是同一个元素，不同的主体可以反复用。

例 某小学组织6个年级的学生外出参观包括A科技馆在内的6个科技馆，每个年级任选一个科技馆参观，则有且只有两个年级选择A科技馆的方案有（　　）。

A. 1800 种　　　　B. 18750 种　　　　C. 3800 种　　　　D. 9375 种

本题设定条件有两个：一是"6个年级的学生外出参观6个科技馆"；二是"有且只有两个年级选A科技馆"。

根据第二个设定条件，从6个班级中选出2个参观A科技馆，得出"C_6^2"；此时，剩下的4个年级不能再选A科技馆了，只能从剩下的5个科技馆中选择，每个年级都能从这5个科技馆中选1个，允许重复；也就是说，这4个年级可以有"$5×5×5×5=5^4$"种选择。

结合上述分析，得出最终有"$C_6^2×5^4=9375$"种选择。

本题选D。

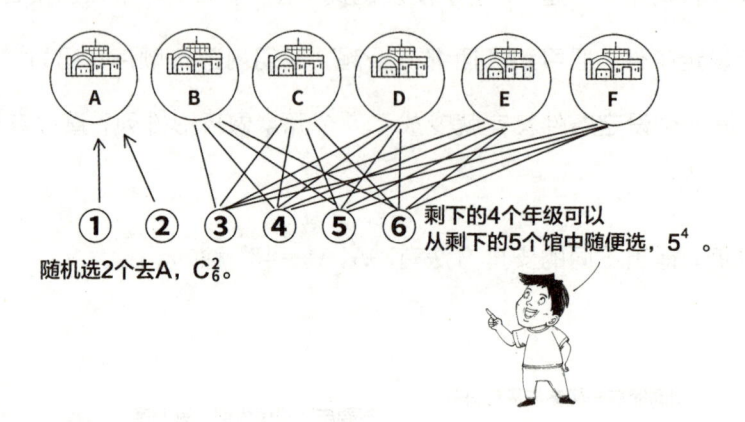

11. 解决概率问题

概率是指随机事件发生的可能性。

☆**核心公式：**

$$p=\frac{满足条件的情况数}{总情况数}$$

例1 小陈上班要经过3个交通路口，在每个交通路口遇到红灯的概率分别为30%、40%、50%，则他上班最多遇到1个红灯的概率为（　　）。

A. 35%　　　　B. 56%　　　　C. 65%　　　　D. 79%

本题设定条件有两个：一是"遇到红灯的概率分别为30%、40%、50%"；二是"最多遇到1个红灯"。

根据第一个设定条件，咱们可以得出3个路口遇不到红灯的概率分别是70%、60%和50%。根据第二个设定条件，可以推出几种情况：一是没遇到红灯，概率是"70%×60%×50%=21%"；二是第一个路口的灯是红灯，其余路口不是红灯，概率是"30%×60%×50%=9%"；三是第二个路口的灯是红灯，其余路口不是红灯，概率是"70%×40%×50%=14%"；四是第三个路口的灯是红灯，其余路口不是红灯，概率是"70%×60%×50%=21%"。

符合题目设定条件的类别已经全部分析完了,接下来将这些概率相加就是最后的总概率了。小陈上班最多遇到 1 个红灯的概率为:21%+9%+14%+21%=65%。

本题选 C。

遇到这种需要分类考虑的,一定要穷尽所有可能,然后相加。

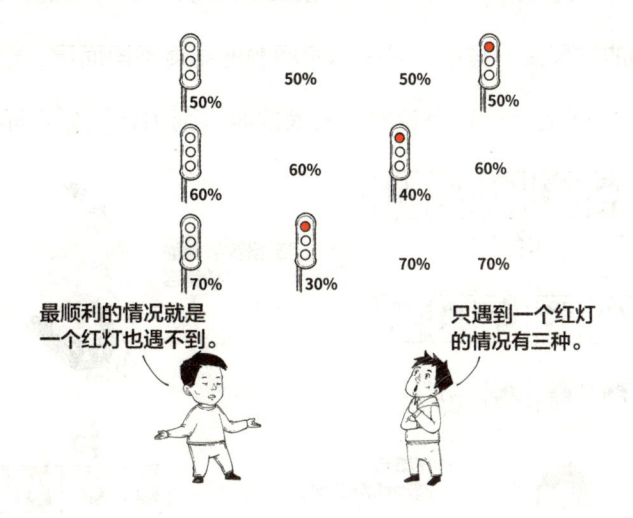

例 2 某单位的一个科室从 10 名职工中随机挑选 2 人去听报告,要求女职工人数不得少于 1 人。已知该科室女职工比男职工多 2 人,小张和小刘都是该科室的女性职工,则她们同时被选上的概率在以下哪个范围内?( )

A. 3%到 5%之间　　　　B. 小于 2%　　　　C. 2%到 3%之间　　　　D. 大于 5%

本题设定条件有三个:一是"从 10 名职工中随机挑选 2 人听报告,女职工不得少于 1 人";二是"女职工比男职工多 2 人";三是"小张和小刘被同时选上"。

根据第二个设定条件,咱们假设单位男职工有 x 人,那么女职工有 $x+2$ 人;因为科室总共有 10 人,得出方程式:$2x+2=10$,解得 $x=4$(人)。由此得出,男职工有 4 人,女职工有 6 人。

根据第一个设定条件,满足"女职工不少于 1 人"的情况有两种:一是挑选出的 2 人全是女职工,得出"C_6^2";二是挑选出的 2 人中 1 人是女职工,1 人是男职工,得出"$C_6^1 C_4^1$",那么总共有"$C_6^2 + C_6^1 C_4^1 = 39$"种情况。

根据第三个设定条件,小张和小刘都被选上,共种"C_2^2"种情况。

结合上述分析,小张和小刘被同时选上的概率就是"$p = \dfrac{C_2^2}{C_6^2 + C_6^1 C_4^1} = \dfrac{1}{39} \approx 2.56\%$"。

本题选 C。

其实根据第一个设定条件，还有一个解析方式。咱们逆向思考一下："女职工不少于 1 人"不就等于"全部情况减去选中 2 人全是男职工"的情况吗？从 10 个人中选 2 人，得出"C_{10}^2"，从 4 个男职工中选 2 人，得出"C_4^2"，那么满足设定条件一的情况就是"$C_{10}^2 - C_4^2 = 39$"种。最后，算出的结果是一样的，只是思考问题的角度不同而已。

多数概率题是跟排列组合一起考查的，大家按照排列组合题分析即可。

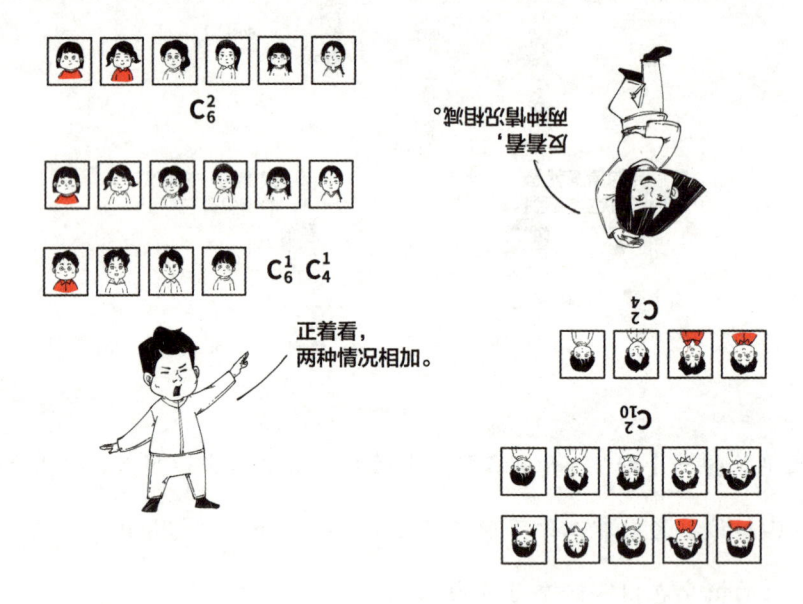

例 3 某次圆桌会议共设 8 个座位，有 4 个部门参加，每个部门 2 人，排座位时，要求同一部门的两人相邻，若小李和小王代表不同部门参加会议，则他们座位相邻的概率是（　　）。

A. $\dfrac{1}{48}$　　　　B. $\dfrac{1}{24}$　　　　C. $\dfrac{1}{12}$　　　　D. $\dfrac{1}{6}$

本题设定条件有两个：一是"共 8 个座位，4 个部门参加，每个部门 2 人，同部门的两人相邻而坐"；二是"小李和小王来自不同部门，但是要靠在一起"。

因为每个部门两人必须在一起，咱们把同一部门的 2 个人捆绑在一起，那么内部就有"A_2^2"种排法；与此同时，本题实际上就变成了 4 个部门的环形排列问题，得出"A_3^3"。最后，总的排列情况就有"$A_3^3 A_2^2 = 12$"种。

根据第二个设定条件，咱们先把小李所在的部门固定住；此时只需要把小王所在的部门安排在小李一旁就行了。因为小王所在的部门也有 2 人，把该部门安排在小李旁边且保证小李和小王一定坐在一起，有"A_2^2"种排法。

根据上述分析，小李和小王座位相邻的概率就是"$\dfrac{A_2^2}{A_3^3 A_2^2}=\dfrac{1}{6}$"。

本题选 D。

但是，这道题还有一个更简单的思路，就是两人相邻问题。

这是个圆桌，咱们假设小李坐下了，还剩下 7 个座位，此时小李身边有两个空位置，只要小王坐到他身边就行了，好像概率就是 $\dfrac{2}{7}$；但是，别忘了小李还得跟同科室的同事在一起，那么这两个座位又被小李同科室的同事占去了一个，还剩下 6 个空位。此时，小王把剩下那个靠着小李的座位占下就行了，等于是从剩下的 6 个空位中挑了靠着小李的那个，概率就是 $\dfrac{1}{6}$。

总结一下该方法：两个人相邻，咱们不用管第一个人的情况，只要保证第二个人挨着他就行。说白了就是，第一个人的位置定下了，另一个人只需要从剩余的位置中挑出与第一个人相邻的位置坐过去就行了。

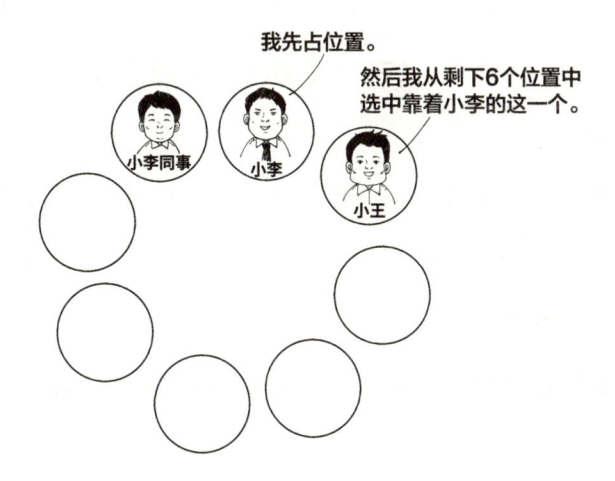

六、最值问题

这是较常考查的题型，也是比较容易拿分的题型。

解答最不利情况题适合用"**抽屉原理**"。"抽屉原理"是指将多于 n 个的物体放到 n

个抽屉里,则至少有一个抽屉里的东西不少于 2 件。比如,咱们把 5 个苹果放进 4 个抽屉里,则最少有一个抽屉里的苹果是 2 个。为什么呢?咱们把最不利的情况算出来,即先在每个抽屉里放进 1 个苹果,外边还剩 1 个苹果;此时,无论把这个苹果放进哪个抽屉,该抽屉中的苹果一定是 2 个。

所以,此类题的解题思路就是列出"最不利情形",然后"加 1"即可。

> 把最不利情形都列出来,此时,最少有一个抽屉里有 2 个苹果。

例 1 某放映厅有 80 名观众观看电影,已知有 5 名未成年人,观众年龄最大的 69 岁,至少有多少名观众同龄人?（   ）

A. 23　　　　　B. 24　　　　　C. 25　　　　　D. 26

本题设定条件有三个:一是"总共有 80 名观众看电影";二是"有 5 名未成年人";三是"年龄最大的 69 岁"。

其实这道题最大的难点是理解"至少有多少名观众有同龄人"的意思。这句话的意思就是经过一定安排后,"至少有两人的年龄是一样的",这句话中有"至少"二字,咱们就按照最极端的情况进行分析。

根据第一个设定条件和第二个设定条件,可知共有 75 名成年人,75 人的年龄从 18 岁开始计算。

根据第三个设定条件,18 岁到 69 岁的成年人共有"69－18＋1＝52"名。

结合上述分析,可以列出最不利情况,那就是 52 名成年人年龄各不相同,那 5 名未成年人的年龄也各不相同。此时,还剩下"80－52－5＝23"名成年人未分配。如果将这 23

个人分散到不同的年龄上,那么同龄人就无法达到"至少"的条件。比如,将这 23 个人平均分散下去,每个年龄 1 人,再加上原来分配的那个人同龄人就会变成 46(23×2)人。

怎么才能保证同龄人最少呢? 答案就是,这 23 人都是同龄人。比如,他们都是 40 岁,此时就有 23 名同龄人了。这时,很多小伙伴直接选了 A,掉进陷阱了。为什么呢?考生忽视了"抽屉原理",原来那 52 人中也至少有 1 名 40 岁的,应该加上这个人,最后的同龄人的数量就是:23+1=24(人)。

本题选 B。

例 2 从某物流园区开出 6 辆货车,这 6 辆货车的平均装货量为 62 吨。已知每辆货车载重各不相同且均为整数,最重的装载了 71 吨,最轻的装载了 54 吨。这 6 辆货车中装货第三重的卡车最少要装多少吨? (　　)

A. 59　　　　　　B. 60　　　　　　C. 61　　　　　　D. 62

这道题的设定条件有三个:一是"6 辆货车的平均装货量为 62 吨";二是"每辆货车载重各不相同且均为整数,最重的装载了 71 吨,最轻的装载了 54 吨";三是"求第三重的卡车最少装多少吨"。

既然题目问第三重的货车最少装多少吨,那么其他车辆就得尽可能多地装。

根据第一个设定条件,求出货车的总装载量是"62×6=372"吨。根据第二个设定条件,已知最重的装载了 71 吨,最轻的装载了 54 吨。

要想第三重的货车装得最少,那么剩余的 3 辆车就要尽可能多地装。因为货车的载重量不同且为整数,那么第二重的就是"71-1=70"吨。设第三重的货车装了 x 吨,那么第四重、第五重的货车就只能比它少 1 吨和 2 吨，分别为"$x-1$""$x-2$"吨。

根据上述条件列方程式：$71+70+x+(x-1)+(x-2)+54=372$；解得 $x=60$（吨）。

本题选 B。

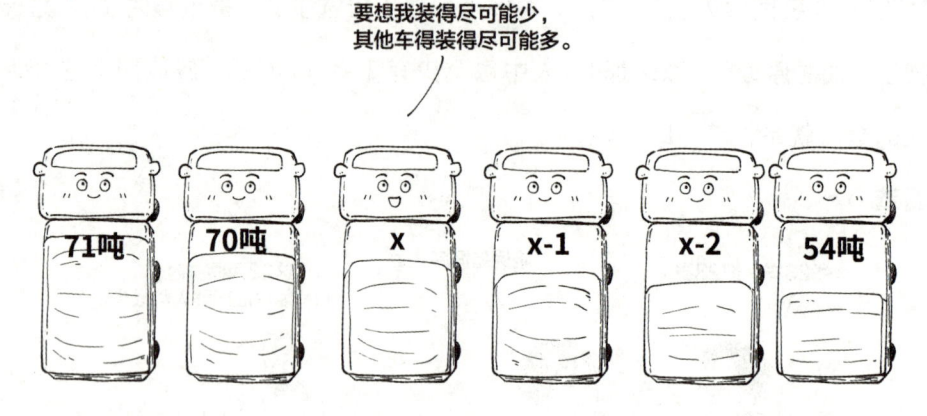

> 要想我装得尽可能少，其他车得装得尽可能多。

| 71吨 | 70吨 | x | x-1 | x-2 | 54吨 |

当几个元素的和固定，求某一个元素的极值时，因为和是一定的，要让某元素尽量大，那么其他元素就要尽量小；要让某元素要尽量小，其他元素就要尽量大。在此基础上设要求的元素为 x，除已经确定数值的元素外，其余元素均与 x 建立联系，然后列方程即可，左侧为各元素相加，右侧为总和。

大体可以列如下方程：$x+(x\pm1)+(x\pm2)+\cdots\cdots=$总和。具体情况要根据题目提供的信息确定。

当题目要求各个元素的数值都不同时，解法就如上一道题；如果题目没有这个限定的话，则是另一种解法了。咱们把上道题改一下：

从某物流园区开出 6 辆货车，这 6 辆货车的平均装货量为 62 吨。已知每辆货车载重为整数，最重的装载了 71 吨，最轻的装载了 54 吨。这 6 辆货车中装货第三重的卡车最少要装多少吨？（　　）

A. 59　　　　　　B. 60　　　　　　C. 61　　　　　　D. 62

这道新题删掉了"货车的载重量不同"这一限定条件，结果就不同了。有两辆车的载重情况是已知的：最重的装载了 71 吨，最轻的装载了 54 吨。题目求第三重最少装多少，那么第二重的就是 70 吨；此时，设第三重的卡车装了 x 吨，并且第三、四、五重的货车装载了同样重量的货物，满足条件。

根据上述分析，完成方程式：$71+70+3x+54=372$，解得 $x=59$（吨），选 A。

所以，当题目不要求各元素数值不相同时，咱们可以充分考虑相关要素是同一个数值的情况。

例3 某地10户贫困农户共申请扶贫小额信贷25万元。已知每人申请金额都是1000元的整数倍，申请金额最高的农户申请的金额不超过申请金额最低的2倍，且任意2户农户的申请金额都不相同。申请金额最低的农户最少可能申请多少万元信贷？（　　）

A. 1.5　　　　B. 1.6　　　　C. 1.7　　　　D. 1.8

本题设定条件有两个：一是"10户农户共申请信贷25万元"；二是"每人申请金额都是1000元的整数倍"；三是"农户申请的最高金额不超过最低金额的2倍，且申请金额都不相同"。

根据第三个设定条件，设最低金额为 x，那么最高金额就是 $2x$。既然题目问的是农户最少可以申请多少万元信贷，那么咱们就让其他农户申请的信贷金额尽可能大。结合设定条件一和二，直接列方程：$2x+(2x-0.1)+(2x-0.2)+\cdots+x=25$。等式左边前九项是等差数列，咱找到中位数 $(2x-0.4)$，这样前九项总和就是 $9\times(2x-0.4)=18x-3.6$。最后，等式变为 $19x-3.6=25$，解得 $x\approx1.505$（万元）。

答案与四个选项不符，怎么办呢？这里需要记住一个口诀："求最小值向上取值，求最大值向下取值。"根据该口诀，咱们把 1.505 向上取值，得 1.6。

本题选 B。

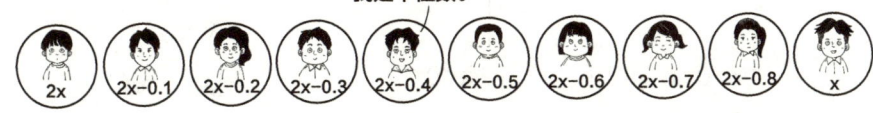

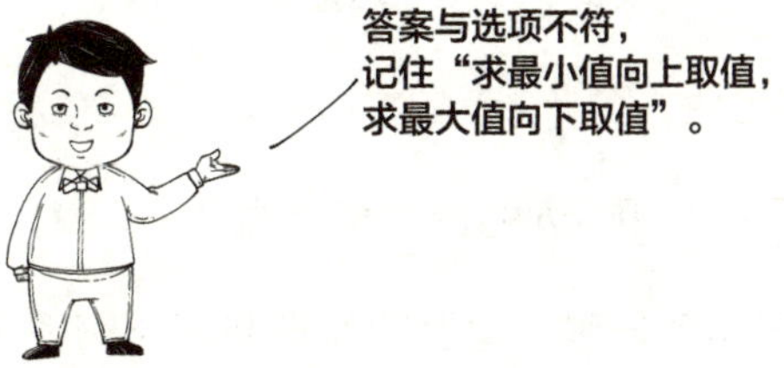

例 4 某商品的进货单价为 80 元，销售单价为 100 元，每天可销售 120 件。已知销售单价每降低 1 元，每天可多售出 20 件。若要实现该商品的销售利润最大化，则销售单价应降低的金额是（   ）。

A. 5 元　　　　　B. 6 元　　　　　C. 7 元　　　　　D. 8 元

本题设定条件有两个：一是"商品进货单价为 80 元，销售单价为 100 元，每天可销售 120 件"；二是"销售单价每降低 1 元，每天可多售出 20 件"。

商品利润为"100－80＝20"元，商品每降低 1 元，利润也相应地降低 1 元。

设商品利润为 y，共降了 x 次价，那么商品利润为"$20-1\times x$"，销售量为"$120+20x$"，据此直接列方程：$y=(20-x)(120+20x)=-20x^2+280x+2400$。

面对函数求最值时，直接取 $x=-\frac{b}{2a}=7$，y 是最大值。也就是降价 7 次后，利润取最大值。一次降 1 元，降了 7 次就是 7 元。

本题选 C。

针对函数"$y=ax^2+bx+c$"求最值，当 $x=-\frac{b}{2a}$ 时，y 取最值；如果 $a>0$，那么 y 有最小值；如果 $a<0$，那么 y 有最大值。

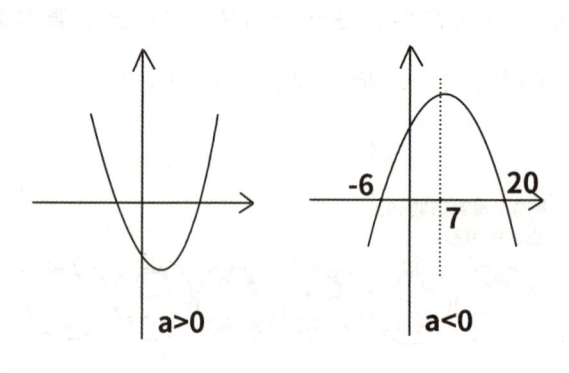

此外，大家还可以记住这个原理用于解题：

若 $a+b$ 为定值，则当 $a=b$ 时，ab 最大。

比如，$a+b=8$，则 ab 的最大值就是 $4\times4=16$。

这些公式记牢就好啦，背后的原理我们不必深究。

七、容斥问题

容斥问题考查的其实就是计数，把多余的、被重复计算过的数剔除就行了。一般来说，题目会给出很多元素，这些元素中有一些参加了题目设定的活动，还有部分重复参加了其他一些活动。此时，我们要确保把重复参加的元素剔除后，得出的是参加活动的总元素数。

总结一个基础公式就是：

元素总数－未参加活动元素数＝参加活动元素数＝参加任意活动的总元素数－重复计数元素。

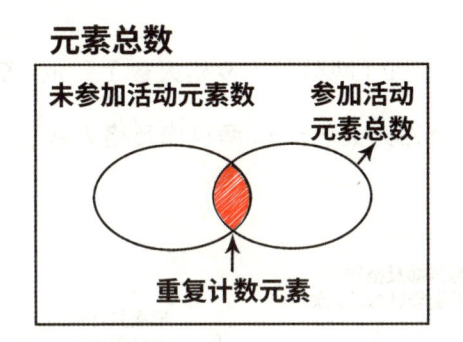

例 1 某班级对70多名学生进行数学和英语科目摸底测验，有12%的学生两个科目均不及格。已知有$\frac{2}{3}$的学生英语及格，数学及格的学生比英语及格的多10人，那两科均及格的学生有多少人？（　　）

A. 31　　　　　B. 37　　　　　C. 41　　　　　D. 44

本题设定条件有两个：一是"70多名学生参加数学和英语科目摸底测验，有12%的学生两个科目均不及格"；二是"有$\frac{2}{3}$的学生英语及格，数学及格的学生比英语及格的多10人"。

根据第一个设定条件，有12%的学生两个科目都不及格，即有$12\%=\frac{3}{25}$的学生两个都不及格，根据数字特性，可知总人数应该是25的倍数；又因为"共有70多名学生参加两科测验"，那么满足条件的数只能是75，即总人数是75人，则有"$75\times\frac{3}{25}=9$"人两科

都不及格。

根据第二个设定条件，求得英语及格的有"$75 \times \frac{2}{3} = 50$"人，数学及格的有"$50 + 10 = 60$"人。

已知参加两科考试的总人数是 75 人，两科都不及格的有 9 人，那么共有 66 人至少有一科是及格的。统计及格人数，因为有的学生英语和数学都及格了，那么这部分同学会被重复计数。具体点说就是，英语 50 人及格，数学 60 人及格，两数相加明显大于 66，原因就在于两科都及格的人被重复计数了 2 次，要剔除 1 次；题目恰好问的就是两科都及格的人有多少，咱们直接将其设为 x。

结合上述分析，直接套用公式，75（总人数）－9（两科都不及格人数）＝66（至少一科及格人数）＝50（英语及格人数）＋60（数学及格人数）－x（两科均及格人数，即被重复计数的部分）；解得 $x = 44$（人）。

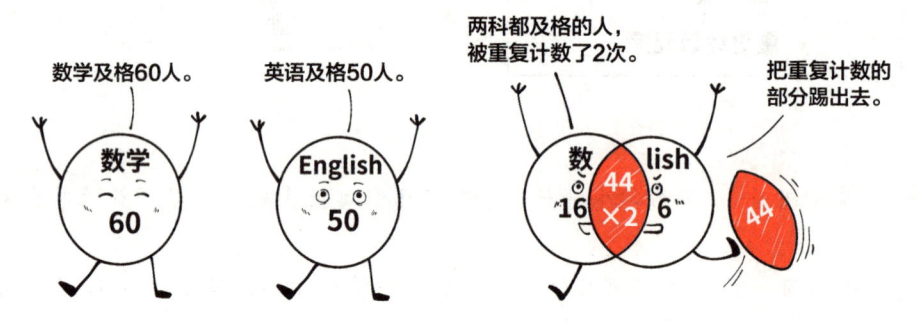

以上是两个集合的情况，如果是三个集合甚至更多集合重复计数呢？很简单，三个集合除了被重复计数两次的元素外，还有被重复计数三次的元素，把它们都剔除即可，即将被重复计数两次的减去一次，将被重复计数三次的减去两次。其他更多个数集合的，依次类推即可。核心理念就是：被重复计数的只计算一次。

例 2 某班参加学科竞赛人数 40 人，其中参加数学竞赛的有 22 人，参加物理竞赛的有 27 人，参加化学竞赛的有 25 人，只参加两科竞赛的有 24 人，参加三科竞赛的有多少人？（　　）

A. 2　　　　B. 3　　　　C. 5　　　　D. 7

本题设定条件有三个：一是"参加竞赛人数是 40"；二是"参加数学竞赛的有 22 人，参加物理竞赛的有 27 人，参加化学竞赛的有 25 人"；三是"只参加两科竞赛的有 24 人"。

根据上述设定条件，将参加三科竞赛的人数设定为 x，直接列方程式：

40（总人数）＝22（数学）＋27（物理）＋25（化学）－24（参加两科，被重复计数 1 次）－2x（参加三科，被重复计数 2 次）；解得 $x=5$（人）。

本题选 C。

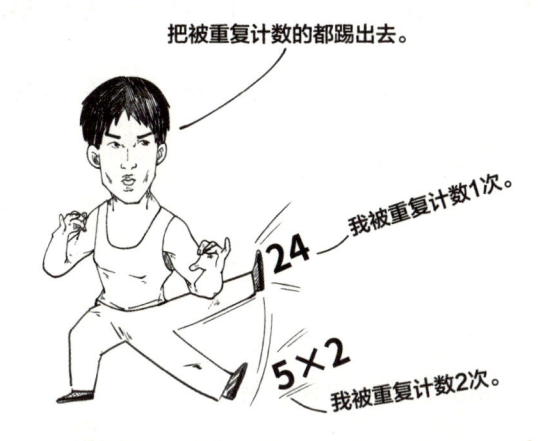

有时候，题目并不直接告诉我们具体的数值，而是通过比例或者未知数等交代相关信息，作答时可以通过画图来降低难度。

例3 从 100 人中调查对 A、B 两种治理污水方案的意见，结果对 A 方案满意的人数占 60%；对 B 方案满意的人数比 A 方案多 6 人；对两个方案都不满意的人数比对两个方案都满意的人数的 $\frac{1}{5}$ 多 2 人。请问，对两个方案都不满意的人数有多少？（　　）

A. 8 人　　　　　B. 9 人　　　　　C. 30 人　　　　　D. 35 人

本题设定条件有两个：一是"100 人中，60% 对 A 方案满意；对 B 方案满意的人数比 A 方案多 6 人"；二是"对两个方案都不满意的人数比对两个方案都满意的人数的 $\frac{1}{5}$ 多 2 人"。

根据上述设定条件，设对两个方案都满意的人数为 x，对两个方案都不满意的人数为 $\frac{x}{5}+2$。直接画图求解。

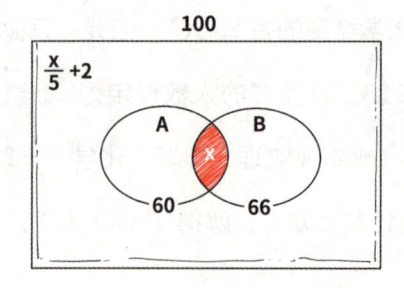

根据上图列方程：100（总人数）−（$\frac{x}{5}$+2）（对两个方案都不满意人数）＝60（对A满意的人数）＋66（对B满意的人数）−x（对两个方案都满意的人数，被重复计数1次）；解得 $x=35$（人）。$\frac{x}{5}+2=9$（人）。

本题选 B。

八、几何问题

先把初高中的几何公式和解题理念回顾一遍：

（一）平面几何问题

☆ 常用周长公式

$C_{正方形}=4a$（a 是边长）；

$C_{长方形}=2(a+b)$（a 是长，b 是宽）；

$C_{圆形}=2\pi r$（r 是半径）。

☆ 常用面积公式

$S_{正方形}=a^2$（a 是边长）；

$S_{长方形}=ab$（a 是长，b 是宽）；

$S_{三角形} = \frac{1}{2}ah$（a 是底，h 是高）；

$S_{平行四边形} = ah$（a 是底，h 是高）；

$S_{梯形} = \frac{a+b}{2}h$（a 是上底，b 是下底，h 是高）；

$S_{菱形} = \frac{1}{2}ab$（a 是长对角线的长，b 是短对角线的长）；

$S_{圆形} = \pi r^2$（r 是半径）；

$S_{扇形} = \frac{Lr}{2} = \frac{n}{360}\pi r^2$（$L$ 是弧长，r 是半径，n 是度数）。

例 在一块正方形土地中，画一条经过某个顶点的规划线，将其分割为三角形和梯形两块土地，且梯形土地的面积正好是三角形土地的 2 倍。三角形和梯形土地的周长之比是多少？（ ）

A. 1∶2　　B. 5∶7　　C.（5+$\sqrt{13}$）∶（7+$\sqrt{13}$）　　D.（1+$\sqrt{5}$）∶（2+$\sqrt{5}$）

这道题的设定条件只有一个：梯形面积是三角形面积的 2 倍，也就是说正方形面积是三角形面积的 3 倍，因为没有具体数值，咱们直接采用赋值法然后画个图求解。

设正方形边长为3，利用面积公式和勾股定理求BE和AE的长。

把边长赋值为 3，先根据面积公式求 BE 的长，$3S_{三角形} = S_{正方形} = 3 \times \frac{1}{2} \times BE \times 3 = 3 \times 3 = 9$，解得 $BE = 2$；再根据勾股定理，解得 $AE = \sqrt{AB^2 + BE^2} = \sqrt{3^2 + 2^2} = \sqrt{13}$。由此得出 $C_{三角形} = AB + BE + AE = 5 + \sqrt{13}$，$C_{梯形} = AD + DC + CE + AE = 7 + \sqrt{13}$。

本题选 C。

这里提醒一下各位小伙伴，常用的勾股数有"3，4，5"及它们的倍数，"5，12，13"及它们的倍数，"7，24，25"和"8，15，17"等。这些数字大家记熟就行，只要考勾股定理，一般就考这几组数字。

（二）立体几何问题

☆ **表面积公式**

$S_{正方体}=6a^2$（a是边长）；$S_{长方体}=2\times(ab+bc+ac)$（$a,b,c$分别是长、宽、高）；

$S_{球}=4\pi r^2=\pi D^2$（r是半径，D是直径）；$S_{圆柱体侧}=2\pi rl$（r是底面半径，l是母线长）；

$S_{圆柱体底}=2\pi r^2$（r是底面半径）；$S_{圆柱体}=2\pi r^2+2\pi rl$（r是底面半径，l是母线长）。

☆ **体积公式**

$V_{正方体}=a^3=sh$（a是边长，s是底面积，h是高）；

$V_{长方体}=abc=sh$（a,b,c分别是长、宽、高，s是底面积，h是高）；

$V_{球}=\dfrac{4}{3}\pi R^3=\dfrac{1}{6}\pi D^3$（$R$是球半径，$D$是球直径）；

$V_{圆柱体}=\pi r^2 h=sh$（r是底面半径，s是底面积，h是高）；

$V_{圆锥体}=\dfrac{1}{3}\pi r^2 h$（$r$是底面半径，$h$是高）。

例 一个圆柱体零件的高为1，其圆形底面上的内接正方形边长正好也为1。现将该圆柱体零件切割4次，得到棱长为1的正方体，则切去部分的总面积为（　　）。

A. $(\sqrt{2}+1)\pi+2$　　　　　　　　　B. $\sqrt{2}(\pi+2)$

C. $2\sqrt{2}(\pi-2)$　　　　　　　　　D. $2\sqrt{2}\pi-2$

本题设定条件有两个：一是"圆柱高为1，内接正方形边长为1"；二是"切割四次，正方体棱长为1"。

为了更直观地解题，咱们先画张图：

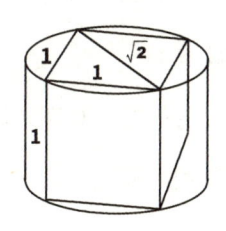

> 本质是考查圆柱体表面积公式 "$2\pi r^2 + 2\pi rl$",但要把减去的部分和多出来的部分算清楚。

从示意图不难看出,这个圆柱被挖走了上下两个正方形的面积,也就是被减去了"2";同时呢,内部这个被挖出来的正方体又多出了 4 个面,也就是增加了"4"。最终面积增加了"2"。本题可以直接选 A,因为只有 A 有"+2"。

正常的计算过程是怎样的呢? 根据设定条件,可以求出正方体的对角线长度是$\sqrt{2}$,因为正方形内接于圆柱的底,"$\sqrt{2}$"其实就是底面直径,底面半径$r=\frac{\sqrt{2}}{2}$。

直接套入公式,圆柱体的表面积 $=2\pi r^2+2\pi rh=2\pi\left(\frac{\sqrt{2}}{2}\right)^2+2\pi\times\frac{\sqrt{2}}{2}\times 1=\pi+\sqrt{2}\pi=(\sqrt{2}+1)\pi$,再加上多出来的两个面的面积"2",最终结果就是"$(\sqrt{2}+1)\pi+2$"。

本题选 A。

1. 通过做辅助线可以有效解决几何问题

很多时候,单纯根据几何图形解题有难度,而画辅助线可以让解题过程更简单。所以,咱们要善于根据题目要求画辅助线。

例 某市规划建设的 4 个小区分别位于直角梯形 ABCD 的 4 个顶点处(如图),AD=4 千米,CD=BC=12 千米。现欲在 CD 上选一个点 S 建幼儿园,使其与 4 个小区的直线距离之和为最小,则 S 与 C 的距离是(   )。

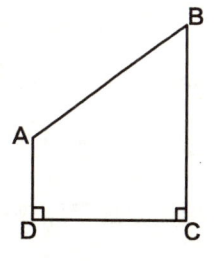

A. 3 千米　　　　B. 4 千米　　　　C. 6 千米　　　　D. 9 千米

本题设定条件有一个："$AD=4$，$CD=BC=12$"。在 DC 上选择一点 S 建幼儿园，使其与 A、B、C、D 之间的距离最短，解题原理就是"两点之间线段最短"。因为 S 点在线段 CD 上，无论 S 在哪个位置，其到 C 和 D 的距离之和都是一定的。所以，只需要确定 S 在 CD 上的具体位置，使其到 A 和 B 的距离之和最短。

只看该图形很难解题，怎么办呢？咱们画几条辅助线：先以 CD 为轴将 A 投射到 CD 下方的 E 点，再连接 BE，BE 与 CD 的交点就是咱们要求的 S。

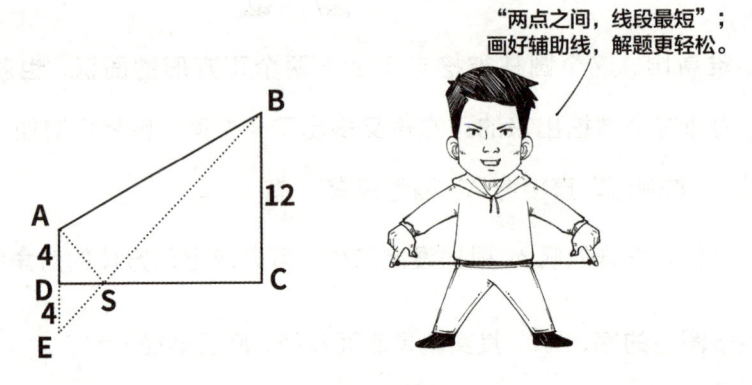

根据上图，AE 垂直于 DC 且 $AD=DE$，得出 $AS=ES$；此时，$AS+SB=ES+SB=BE$，S 满足了"两点之间，线段最短"这一条件。

$\triangle_{DSE}$ 与 $\triangle_{CSB}$ 是平行相似三角形，那么 $\dfrac{DE}{BC}=\dfrac{DS}{SC}=\dfrac{4}{12}=\dfrac{1}{3}$，即 $SC=3SD$。

又因为 $CD=CS+SD$ 且 $CD=12$，解得 $SD=3$（千米），$SC=9$（千米）。

本题选 D。

2.用"等比例放缩"轻松解题

在几何图形中，若边长或半径变为原来的 n 倍，那么周长就变为原来的 n 倍，面积变为原来的 n^2 倍，体积变为原来的 n^3 倍。

例如：边长为1的正方形，其周长和面积分别是4和1；边长为1的正方体，它的体积是1。若边长变为原来的2倍，即2，那么正方形的周长和面积分别变为8和4，正方体的体积变为8。正方形的边长变成了原来的 n（$n=2$）倍，与它有关的周长、面积和体积则变成了原来的 n（$n=2$）倍、n^2（$n^2=2^2=4$）倍和 n^3（$n^3=2^3=8$）倍。

例 用边长为 0.2 m 的正三角形地砖铺满一块边长为 1 m 的正六边形地面，需要多少块地砖？（　　）

A. 30　　　　　　B. 60　　　　　　C. 150　　　　　　D. 180

本题设定条件只有一个："用边长为 0.2 m 的正三角形地砖铺满一块边长为 1 m 的正六边形地面"，如果按照常规的算法，得算出这个正六边形地面的面积，然后除以一块正三角形地砖的面积，所得结果就是地砖的数量。

咱们先按照这个思路走一遍：已知正六边形的面积公式为：$S_{正六边形} = \dfrac{3}{2}\sqrt{3}a^2$。公式怎么得出来的？ 正六边形是由六个一模一样的正三角形组成的，$S_{正六边形} = 6 \times S_{正三角形} = 6 \times \dfrac{底 \times 高}{2} = 6 \times \dfrac{a \times \dfrac{\sqrt{3}}{2}a}{2} = \dfrac{3}{2}\sqrt{3}a^2$。

因为正六边形边长为 1，得出：$S_{正六边形} = \dfrac{3}{2}\sqrt{3}$（m²）。

地砖的面积：$S_{正三角形} = \dfrac{0.2 \times \dfrac{\sqrt{3}}{10}}{2} = \dfrac{\sqrt{3}}{100}$（m²）。

两者相除，解得"150"。

本题选 C。

咱们虽然求出了答案，但过程太烦琐了，而直接用"等比例放缩"会简单到"爆"。

边长为 1 m 的正六边形可以看成由六个边长 1 m 的正三角形组成。大三角形边长是小三角形的 5 倍，大三角形的面积即为小三角形的 25 倍，则组成正六边形需要 "25 × 6 = 150" 块小三角形地砖。

怎么样，用"等比例放缩"是不是更简单呢？

根据设定条件，用"等比例放缩"更简单。

3. 几何最值问题

周长一定时，图形形状越接近圆，面积越大；面积一定时，图形形状越接近圆，周长越小。

表面积一定时，立方体形状越接近球体，体积越大；体积一定时，立方体形状越接近球体，表面积越小。

例 村民陶某承包一块长方形种植地，他将地分割成如图所示的 4 个小长方形，在 A、B、C、D 四块长方形土地上分别种植西瓜、花生、地瓜、水稻。其中长方形 A、B、C 的周长分别是 20 米、24 米、28 米，那么长方形 D 的最大面积是（　　）。

A	C
B	D

A. 42 平方米　　　B. 49 平方米　　　C. 64 平方米　　　D. 81 平方米

本题设定条件只有一个："A、B、C 的周长分别是 20 米、24 米、28 米"。

设 A 的短边为 x 米，因为 A 的周长是 20 米，则 A 的长边为"$10-x$"米；因为 B 的周长是 24 米，推出 B 的另一边长为"$12-(10-x)=x+2$"米；又因为 C 的周长是 28，推出 C 的长边为"$14-x$"米。如果感觉迷糊，请看下图。

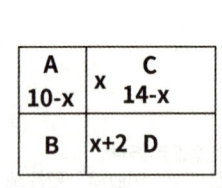

至此，咱们知道了 D 的两个边长分别为"$x+2$""$14-x$"。D 的周长是一定的，此时如果想让 D 的面积最大，那么 D 要无限接近于圆，也就是要成为正方形。正方形边长相等，即 $x+2=14-x$，解得 $x=6$（米）。

$S_D=(x+2)(14-x)=8\times8=64$（平方米）。

本题选 C。

当然，这道题也可以通过函数解。$S_D=(x+2)(14-x)=-x^2+12x+28$，当 $x=-\dfrac{b}{2a}=6$ 时，D 的面积取最大值。

4.一笔画问题

当图形中有 0 或者 2 个奇点时，可以一笔画成；特别是有 0 个奇点时，一笔画完后可以回到原点。所谓奇点是指能延伸出奇数条线段的点。

例 某社区道路如下图所示，社区民警早上 9 点整从 A 处的办公室出发，以每分钟 50 米的速度对社区内每一条道路进行巡查（要求完整走过整个社区内的每一段道路），他最早什么时候能完成任务返回办公室？（　　）

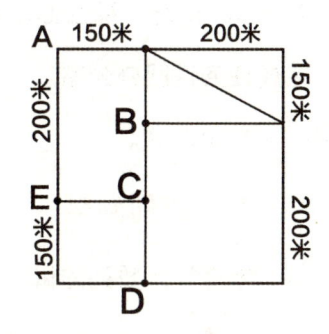

A. 9：54　　　　B. 9：50

C. 9：47　　　　D. 10：00

本题设定条件只有一个："从 A 点出发，以 50 米/分的速度巡查完所有道路后回到办公室"。

除了图形中的斜边，其余线段的长度是已知的，咱们先根据勾股定理求出斜边的长度为"$\sqrt{150^2+200^2}=250$"米。

按照常理，民警走完图形中所有线段（共计 2350 米）就可以了。但是，因为图形中有 4 个奇点，他没有办法一趟走完，必然要走重复路段。怎么办呢？咱们可以通过增加线段的方法把图形中的奇点改为 0 或 2 个。又因为，该民警从 A 点出发后最后又返回了 A 点，那么图形中的奇点数必须为 0。一两句话说不清楚，直接上图：

图形中有 B、C、D、E 四个奇点，额外加两条线把它们消掉就可以了。

如图所示，咱们在 B 和 D 这两个奇点之间额外增加一条线段，那么 B 和 D 点往外延伸的线段就变成了 4 条，消掉了 2 个奇点；同理，在 E 和 C 这两个奇点之间也额外增加一条线段，又消掉了 2 个奇点。至此，奇点全部没有了，该民警可以顺利地巡查完一遍再回到 A 点了。

按照上述思路，该民警额外多走了 BD 段和 EC 段，共计 350 米。为了实现从 A 出发巡查并最终回到 A，该民警最终走的路程总和是"2350＋350＝2700"米。该民警的速度是 50 米/分，那么他走完这些路程共花费了"2700÷50＝54"分。民警 9 点出发，9:54 完成任务返回办公室。

本题选 A。

九、数列问题

考查等比数列的概率非常小，重点是考查等差数列。

☆ 核心公式

等差数列通项公式：$a_n = a_1 + (n-1)d$。

等差数列求和公式：$S_n = \dfrac{n(a_1 + a_n)}{2}$。

等差数列对称公式：若 $m+n=i+j$，则 $a_m + a_n = a_i + a_j$。

比如，10 个数字呈等差数列，7＋3＝1＋9，则 $a_7 + a_3 = a_1 + a_9$。

等比数列通项公式：$a_n = a_1 \times q^{n-1}$。

等比数列求和公式：$S_n = \dfrac{a_1(1-q^n)}{1-q}$。

等比数列对称公式：若 $m+n=i+j$，则 $a_m \cdot a_n = a_i \cdot a_j$。

注意：在做等差数列题的时候，一定要善于利用"等差中项"这一特殊要素。

如果是奇数项等差数列，则平均数＝等差中项，$S_n = n \times$ 等差中项。

如果是偶数项等差数列，则平均数是中间两项的平均数，$S_n = n \times \dfrac{中间两项之和}{2}$。

等差数列的平均数 $= \dfrac{a_1 + a_n}{2}$。

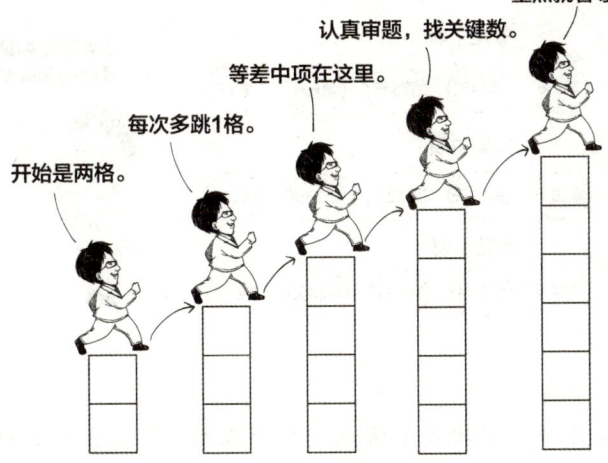

例 1 工厂从某周第一天开始生产某种零件,每周生产 7 天,从第二天开始每天都比前一天多生产 200 件,已知工厂第三周的产量是第一周的 2 倍,第几天其日产量第一次达到 1 万件?( )

A. 37　　　　B. 38　　　　C. 39　　　　D. 40

本题设定条件有两个:一是"工厂从某周第一天开始生产某种零件,每周生产 7 天,从第二天开始每天都比前一天多生产 200 件";二是"第三周的产量是第一周的 2 倍"。

这道题是典型的等差数列题,差是固定的 200,设第一天的产量为 a,第 n 天的产量为 $a_n = a + (n-1) \times 200$;根据第二个设定条件,咱可以得出一个等式,因此,需要先求出第一周的产量和第三周的产量。

第一周的等差中项是第四天的产量,"$a_4 = a + 3 \times 200 = a + 600$"件,则第一周的产量为"$7a_4 = 7 \times (a + 600)$"件;第三周(第 15、16、17、18、19、20、21 天)产量的等差中项是第 18 天的产量,"$a_{18} = a + 17 \times 200 = a + 3400$"件,则第三周的产量为"$7a_{18} = 7 \times (a + 3400)$"件。

根据第二个设定条件列方程式:$2 \times 7 \times (a + 600) = 7 \times (a + 3400)$。解得 $a = 2200$(件)。

第一天的产量知道了,那么多少天后单日产量达到 1 万呢?直接套用等差数列通项公式:$a_1 + (n-1)d = 10000$。即 $2200 + (n-1) \times 200 = 10000$,解得 $n = 40$(天)。

本题选 D。

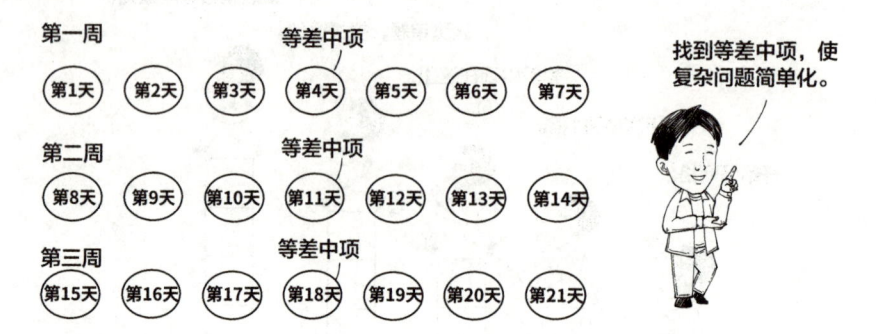

```
            第一周              等差中项
         第1天 第2天 第3天 第4天 第5天 第6天 第7天
            第二周              等差中项
         第8天 第9天 第10天 第11天 第12天 第13天 第14天
            第三周              等差中项
         第15天 第16天 第17天 第18天 第19天 第20天 第21天
```

找到等差中项，使复杂问题简单化。

例 2 红星中学高二年级在本次期末考试中竞争激烈，年级前七名的三科（语文、数学、英语）平均成绩构成公差为 1 的等差数列，第七、八、九名的平均成绩既构成等差数列，也构成等比数列，张龙位列第十，与第九名相差 1 分，张龙的英语成绩为 121 分，但老师误登记为 112 分。那么，张龙的名次本该是（　　）。

A. 第四　　　　B. 第五　　　　C. 第七　　　　D. 第八

本题设定条件有四个：一是"前七名三科平均成绩构成公差为 1 的等差数列"；二是"第七、八、九名的平均成绩既构成等差数列，也构成等比数列"；三是"张龙是第十，比第九少 1 分"；四是"张龙的英语成绩是 121 分，但被误记为 112 分"。

设第一名的平均成绩为 a，根据第一个设定条件，前七名的平均成绩为"a, $a-1$, $a-2$, $a-3$, $a-4$, $a-5$, $a-6$"。

根据第二个设定条件，第七、八、九名的平均成绩只能是同分，即全部是"$a-6$"。为什么呢？咱们根据等比数列通项公式验证一下。第七名成绩是"$a-6$"，第八名是"$(a-6)q$"，第九名是"$(a-6)q^2$"；第八名的平均成绩 $=\dfrac{\text{第七名的平均成绩}+\text{第九名的平均成绩}}{2}$，即"$2\times(a-6)q=(a-6)+(a-6)q^2$"，整理为：$q^2-2q+1=0$。解得 $q=1$，即三人同分。

根据第三个设定条件，得出张龙错误的分数是"$a-7$"。

根据第四个设定条件，张龙被少记了 9 分，平均到 3 科，平均分被少记了 3 分。加上 3 分后，张龙的真实分数就成了"$a-4$"分。"$a-4$"排在第五位，张龙加入后就变成了并列第五。

本题选 B。

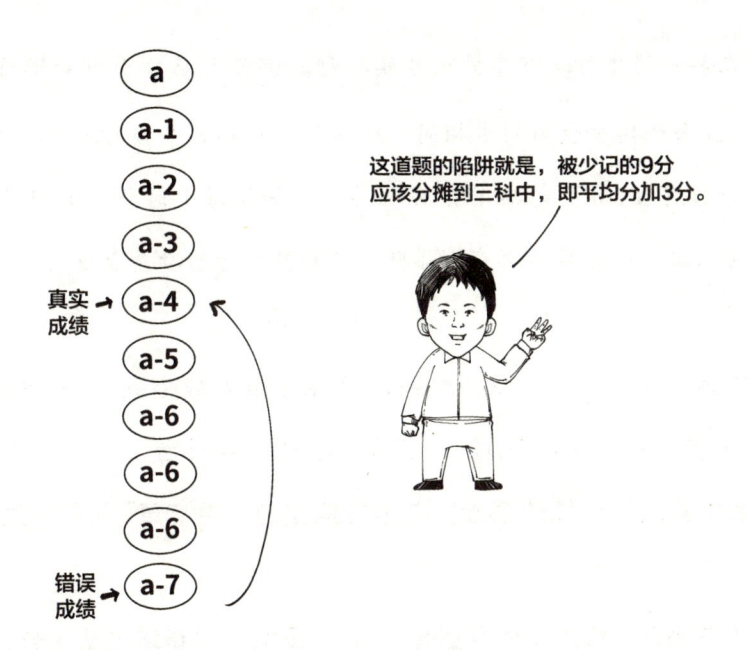

真实成绩 → a-4

错误成绩 → a-7

（a, a-1, a-2, a-3, a-4, a-5, a-6, a-6, a-6, a-7）

> 这道题的陷阱就是，被少记的9分应该分摊到三科中，即平均分加3分。

十、牛吃草问题

牛吃草问题也叫消长问题，是牛顿提出来的。最经典的表述是：几头牛吃草，它们一边吃，草一边长，形成"此消彼长"的一种状态。在这种状态下，草的存量是随着时间不断变化的。

题型可演变为多个主体一起用一段时间把一件总量不断变化的事干完，如排队买票、窗口办理业务、采砂挖矿、植被开采等。

☆ **核心公式**

$y = (N - x) \times T$

其中，"y"代表现有存量，如"原有草量"；"N"代表减少存量的变数，如"几头牛"；"x"代表新增存量，如"草的生长速度"；"T"代表全部存量消失的时间。

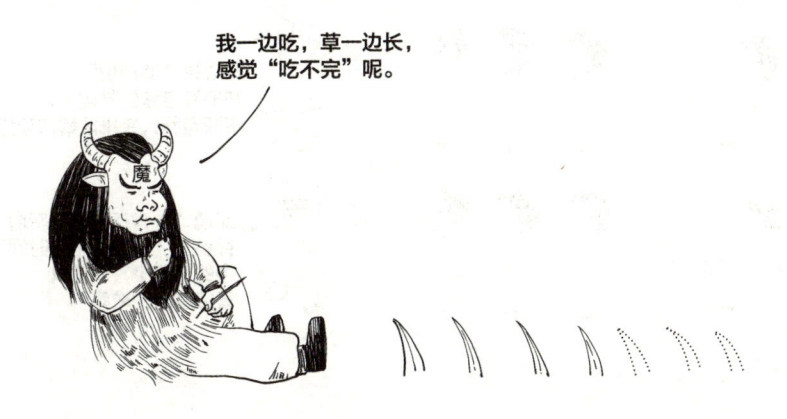

> 我一边吃，草一边长，感觉"吃不完"呢。

例 市民正在某疫苗接种点有序排队等候接种。假设之后每小时新增前来接种疫苗的市民人数相同,且每个接种台的效率相同,经测算:若开 8 个接种台,6 小时后不再有人排队;若开 12 个接种台,3 小时后不再有人排队。如果每小时新增的市民人数比假设的多 25%,那么为保证 2 小时后不再有人排队,需开接种台的数量至少为( )。

A.14 个   B.15 个   C.16 个   D.17 个

本题设定条件有三个:一是"每小时新增接种疫苗人数相同,每个接种台效率相同";二是"开 8 个接种台,6 小时清场";三是"开 12 个接种台,3 小时清场"。

第一个设定条件奠定了计算的基础,本题是典型的"牛吃草"问题,直接套用公式即可。

设原来有 y 人在排队,即原来的存量是"y";设每小时新增排队人数为 x,即新增存量是"x"。根据第二个设定条件直接列方程:$y=(8-x)\times 6$。根据第三个设定条件直接列方程:$y=(12-x)\times 3$。解得 $x=4$(人),$y=24$(人)。

每小时新增排队人员为 4 人,原来总共有 24 人排队。

如果每小时新增的市民人数比假设的多 25%,即变为 $4\times(1+25\%)=5$(人)。如果要 2 小时内清场,则需要 N 个接种台;直接列方程:$24=(N-5)\times 2$,解得 $N=17$(台)。

本题选 D。

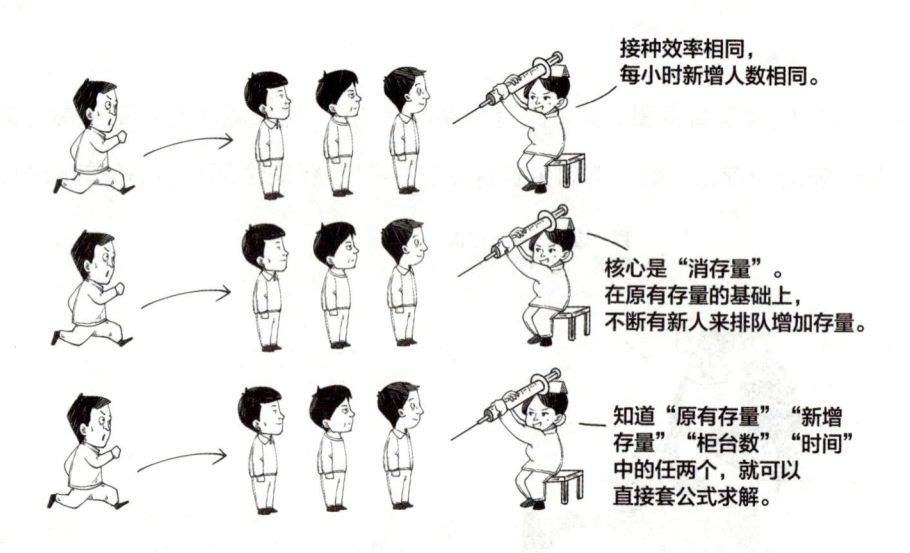

虽然，咱们按照公式解出了答案，但是很多小伙伴在考试时可能会蒙，接下来再介绍一种可以按照步骤直接套公式解题的思路。

假设每个柜台每小时可以接种的人数是 x。根据第二个设定条件，总接种人数就是 $8x \times 6 = 48x$；根据第三个设定条件，总接种人数就是 $12x \times 3 = 36x$。

通过观察这两个结果可以发现：两数相乘后的结果之间有差值"$48x - 36x = 12x$"，而这个差恰恰是消除"新增存量"的结果，即用"$6 - 3 = 3$"个小时清理完这个 $12x$ 的差值。再说明白点就是，在开始工作的那一个瞬间，"原来存量"就被锁住了，这两个设定条件都消掉了"原有存量"和"新增存量"。第二个设定条件消掉了"原有存量＋6小时新增存量"，第三个设定条件消掉了"原有存量＋3小时新增存量"，两者相减剩余"3小时新增存量"。用"3小时新增存量"除以"时间差"就可以算出每小时的"新增存量"。

每小时新增存量 $= \dfrac{8x \times 6 - 12x \times 3}{6 - 3} = \dfrac{12x}{3} = 4x$，即每小时新增 $4x$ 人排队。

据此总结出第一步的公式：

单位时间新增存量 $= \dfrac{\text{设定条件乘积之差}}{\text{设定条件时间之差}}$。

接下来进行第二步：计算"原有存量"。

在第二个设定条件中，8个接种台干了6小时，总接种人数 $= 8x \times 6 = 48x$，新增存量 $= 4x \times 6 = 24x$；因为"总接种人数＝原有存量＋新增存量"，得出"$8x \times 6 =$ 原有存量 $+ 4x \times 6$"，解得"原有存量 $= 8x \times 6 - 4x \times 6 = (8x - 4x) \times 6 = 24x$"。

根据第三个设定条件，咱们也能得出同样的结果。12个接种台干了3小时，总接种人数 $= 12x \times 3 = 36x$，新增存量 $= 4x \times 3 = 12x$；因为"总接种人数＝原有存量＋新增存量"，得出"$12x \times 3 =$ 原有存量 $+ 4x \times 3$"，解得"原有存量 $= 12x \times 3 - 4x \times 3 = (12x - 4x) \times 3 = 24x$"。

据此总结出第二步的公式：

原有存量＝（单位时间总消耗量－单位时间新增存量）×时间。

第三步：题目问啥，咱们解啥。

每小时新增市民人数比假设的多 25%，即新的每小时新增存量 $= 4x \times (1 + 25\%) = 5x$。

先计算用 2 小时消掉"原有存量 $24x$"所需接种台的数量，所需接种台的数量＝$\dfrac{原有存量}{时间 \times 每小时接种数}=\dfrac{24x}{2x}=12$（台）。

再计算用 2 小时消掉"新增存量"所需接种台的数量。新增存量＝新的每小时新增存量 $\times$ 时间＝$5x \times 2 = 10x$。所需接种台的数量＝$\dfrac{新增存量}{时间 \times 每小时接种数}=\dfrac{10x}{2x}=5$（台）。

最终所需接种台数量就是把"原有存量"和"新增存量"都消耗完所需接种台的数量为：$12+5=17$（台）。

最后，可以发现未知数 x 对最终结果没影响，只是辅助推演，所有结果均是通过合理使用题目中的数字得出的。这三步推演起来比较麻烦，但是在实际做题中却十分省事儿，因为避免了可能产生的思维混乱，并减少了大量思考的时间。考场上只要发现题目是"牛吃草"问题，直接套这三步就行；只需要把题目中的数字套进去就可以得出答案，请记住：

第一步，单位时间新增存量＝$\dfrac{设定条件乘积之差}{设定条件时间之差}$；

第二步，原有存量＝（单位时间总消耗量－单位时间新增存量）×时间；

第三步，题目问啥，咱们解啥。

一言以蔽之，在单位时间新增存量小于单位时间总消耗量的情况下，可以"无脑"用材料中的大数减小数，得出结果后，该做除法就做除法，该做乘法就做乘法。若单位时间新增存量大于单位时间总消耗量，差值就会出现负数，意味着"草"就永远吃不完了。

十一、植树问题

☆核心公式

两端不植树：总长＝间隔×（棵树＋1）；

一端不植树（环形植树）：总长＝间隔×棵数；

两端植树：总长＝间隔×（棵数－1）。

"树先生"教你种树。

例 为加强治安防控，现计划在一段 L 形的围墙（如右图）上安装治安摄像头，其中 A 点到 B 点长度为 750 米，B 点到 C 点长度为 1350 米。按要求 A、B、C 三个位置必须各安装一个摄像头，且相邻两个摄像头之间的距离要保持一致，则整段围墙至少需要安装（　　）个摄像头。

A. 14　　　　B. 15　　　　C. 16　　　　D. 17

本题设定条件有两个：一是"AB 长 750 米，BC 长 1350 米"；二是"A、B、C 三个位置必须各安装一个摄像头，且摄像头之间距离相等"。

把 AB 逆时针旋转 90°，使其与 BC 在一条直线上，此时这道题就变成了种树问题，只不过必须在 A、B、C 三个点上种树，等于人为把线段拆成了两个部分。

解决此类问题的办法就是求 AB 和 BC 两条线段的最大公约数，这个公约数就是满足条件的摄像头之间的最大距离。详见下图：

记起来了没?
最大公约数=50×3=150;
最小公倍数=50×3×5×9=6750。

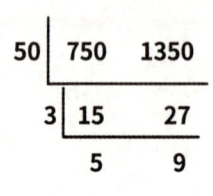

```
50 | 750   1350
 3 |  15    27
       5     9
```

至此,咱们知道了摄像头之间的最大距离为 150 米,即每隔 150 米安装一个摄像头,那么本题就变成了两端种树问题,直接套用公式:需安装的摄像头数 $=\dfrac{总长}{间隔}+1=\dfrac{2100}{150}+1=15$(个)。

本题选 B。

其实,上图的末尾,数字变成了无法被再次约分的 5 和 9 两个数,其实已经告诉我们线段被分成了 14 个等距离的线段;按照两端种树的公式,再加上 1,就是需要安装的摄像头的数量了。

当然这道题也有个取巧的思路,就是 "$\dfrac{AB}{AC}=\dfrac{750}{2100}=\dfrac{5}{14}$",言外之意就是,$AC$ 可以被 14 整除,据此,咱们也可以轻松得出需要安装的摄像头数量了:14+1=15(个)。

十二、方阵问题

☆核心公式

N 排 N 列的实心方阵:

总人数 $=N^2$;

最外层人数 $=4N-4$;

每层人数 $=$ 该层每边人数 $\times 4-4$(4 个点重复计数,减去);

每一内层比外层少 8 个元素,边长少 2 个元素的长度。

M 排 N 列的实心长方阵:

总人数 $=M\times N$;

最外层人数 $=2(M+N)-4$。

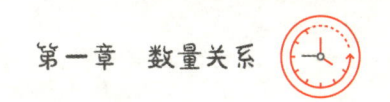

空心方阵：

总人数＝大实心方阵人数－小实心方阵人数＝$\frac{(最外层人数＋最内层人数)×层数}{2}$＝中间层人数×层数；

层数＝$\frac{最外层人数－最内层人数}{8}$＋1；

中间层人数＝$\frac{最外层人数＋最内层人数}{2}$。

如题目无特殊说明，方阵通常指正方形方阵。

用这两个方阵去验证公式吧。

例 某次运动会需组织长宽相等的方阵。组织方安排了一个鲜花方阵和一个彩旗方阵，两个方阵分别入场完毕后又合成一个方阵，鲜花方阵的人恰好组成新方阵的最外圈。已知彩旗方阵比鲜花方阵多28人，则新方阵的总人数为（　　）。

A. 100　　　　B. 144　　　　C. 196　　　　D. 256

本题设定条件有两个：一是"鲜花方阵组成新方阵的最外圈"；二是"彩旗方阵比鲜花方阵多28人"。

设新方阵人数为n^2，则该方阵最外层人数是"$4n-4$"；根据第一个设定条件，求得"鲜花方阵的总人数＝$4n-4$，彩旗方阵的总人数＝$n^2-(4n-4)$"。

根据第二个设定条件，彩旗方阵人数－鲜花方阵人数＝$n^2-(4n-4)-(4n-4)$＝$n^2-8n+8=28$；解得$n_1=-2$（舍去），$n_2=10$；$n^2=100$。

本题选A。

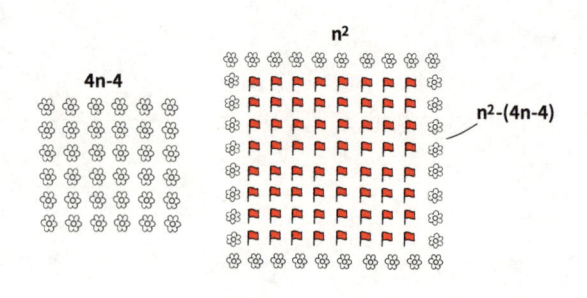

十三、比赛问题

出题方式很灵活，每道题都要"具体问题具体分析"。

☆核心公式

循环赛：

①单循环，每个队伍都要跟其他队伍比赛一次，总场次 $=C_n^2=\dfrac{n\times(n-1)}{2}$。

②双循环，每个队伍都要跟其他队伍比赛两次，总场次 $=A_n^2=n\times(n-1)$。

淘汰赛：

①决出冠亚军需要进行 $(n-1)$ 场比赛；

②决出前四名需要进行 n 场比赛；

③奇数个人打比赛会出现轮空，轮空场次＝其他人比赛的场次。

例 1 小张、小李和小王三人以擂台形式打乒乓球，每局2人对打，输的人下一局轮空。半天下来，小张共打了6局，小王共打了9局，而小李轮空了4局。那么，小李一

共打了多少局？（　　）

A. 5 局　　　　　B. 7 局　　　　　C. 9 局　　　　　D. 11 局

本题设定条件有两个：一是"3 人轮流打擂台，输的人轮空一局"；二是"小张打了 6 局，小王打了 9 局，小李轮空 4 局"。

根据第二个设定条件"小李轮空了 4 局"，可知小张和小王在他轮空的时候打了 4 局；还有一层意思就是，只要小李不轮空，就得跟小张或小王对打。

"小张打了 6 局"，其中有 4 局是在小李轮空时跟小王打的，那么小张跟小李打了 2 局。"小王打了 9 局"，其中有 4 局是在小李轮空时跟小张打的，那么小王跟小李打了 5 局。

综上，小李共打了 7 局。

本题选 B。

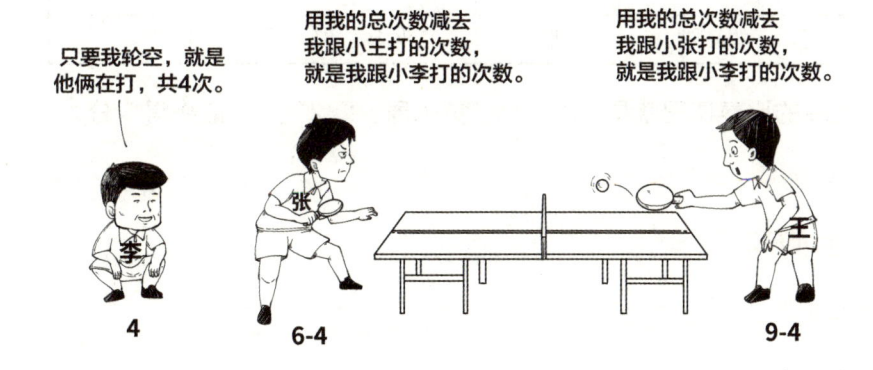

只要我轮空，就是他俩在打，共4次。

用我的总次数减去我跟小王打的次数，就是我跟小李打的次数。

用我的总次数减去我跟小张打的次数，就是我跟小李打的次数。

4　　　　6-4　　　　9-4

例 2　有 5 支足球队进行单循环比赛，每场比赛胜者得 3 分，负者不得分，平局双方各得 1 分。比赛结束后，若 5 支球队的总得分是 25 分，冠军得 12 分，则亚军得（　　）。

A. 5 分　　　　　B. 6 分　　　　　C. 7 分　　　　　D. 8 分

本题设定条件有三个：一是"5 支球队打单循环比赛"；二是"胜者 3 分，负者不得分，平局双方各 1 分"；三是"总得分 25 分，冠军 12 分"。

根据第一个设定条件，5 支足球队共比赛 $C_5^2=10$ 场，每支球队比赛 $n-1=4$ 场。

根据第二个设定条件，每场比赛都有胜负的话共产生 3 分，打平的话共产生 2 分。

根据第三个设定条件，如果所有比赛都能有胜负的话，应该产生 30 分，但实际上却产生了 25 分，那么缺的这 5 分在哪里呢？这 5 分是平局所导致的，每次平局都比胜负局少 1

分；即平局的次数 = $\frac{30（胜负局）-25（实际分数）}{3（胜负局）-2（平局）}$ = 5。10 场比赛中有 5 场是胜负局，5 场是平局。

"冠军得 12 分"，那么该冠军打了 4 场赢了 4 场，亚军也败给冠军 1 场；与此同时，亚军必须拿下剩下的一个胜负局，不然就不可能是亚军了。至此，5 个胜负局已经全部确定了，剩下的都是平局，也就是说亚军剩下的 2 场只能是平局了。

	冠军	亚军	三	四	五
冠军		负	负	负	负
亚军	胜		平	平	负
三	胜	平		平	平
四	胜	平	平		平
五	胜	胜	平	平	

综上，亚军的比赛情况就是"胜 1 局，负 1 局，平 2 局"，最终得 5 分。

本题选 A。

十四、时间问题

☆ **基本常识**

1. 平年与闰年

平年 365 天，闰年 366 天。非世纪年能被 4 整除为闰年，如 1996 年；世纪年（年份末两位为 00 的年份）能被 400 整除为闰年，如 2000 年。

2. 大小月

一三五七八十腊（月），31 天没有差；四六九十一（月）30 天；平年二月有 28 天，闰年二月有 29 天。

3. 周期

日期问题常考查周期，多个要素循环的周期为它们的最小公倍数。

每 N 天和每隔 N 天不同，后者实际上是每 N+1 天。

4.钟表

一天 24 小时,每小时 60 分钟,每分钟 60 秒。

一个表盘共 360°,分为 12 个大格(时)和 60 个小格(分),一个大格 30°,一个小格 6°。

时针每分钟走 0.5°,分钟每分钟走 6°,速度差为 5.5°/分,速度比为 1∶12。

时针和分针每小时垂直 2 次,每昼夜 44 次;每小时重合 1 次,每昼夜 22 次;每小时成 180° 一次,每昼夜 22 次。

考场上常以"求快于或慢于正常时间"出题。

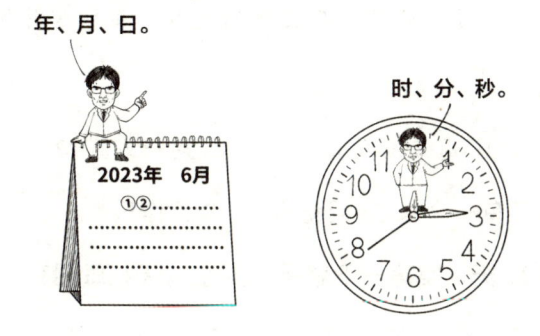

例 1 甲、乙、丙三人均每隔一定时间去一次健身房锻炼。甲每隔 2 天去一次,乙每隔 4 天去一次,丙每隔 7 天去一次。4 月 10 日三人相遇,下一次相遇是哪天?(   )

A.5 月 28 日　　　　B.6 月 5 日　　　　C.7 月 24 日　　　　D.7 月 25 日

本题设定条件有两个:一是"甲每隔 2 天去一次,乙每隔 4 天去一次,丙每隔 7 天去一次";二是"4 月 10 日三人相遇"。

根据第一个设定条件,我们得出甲、乙、丙三人去健身房的周期分别是 3 天、5 天、7 天,那么三人相遇的周期就是其最小公倍数 105。

根据第二个设定条件,三人于 105 天后再次相遇。先用 105 除以 30,得 3 余 15;初步运算三人于 7 月 25 日相遇。然后再修订,因为 5 月有 31 天,需要在此基础上再减去 1 天,最后结果是 7 月 24 日。

本题选 C。

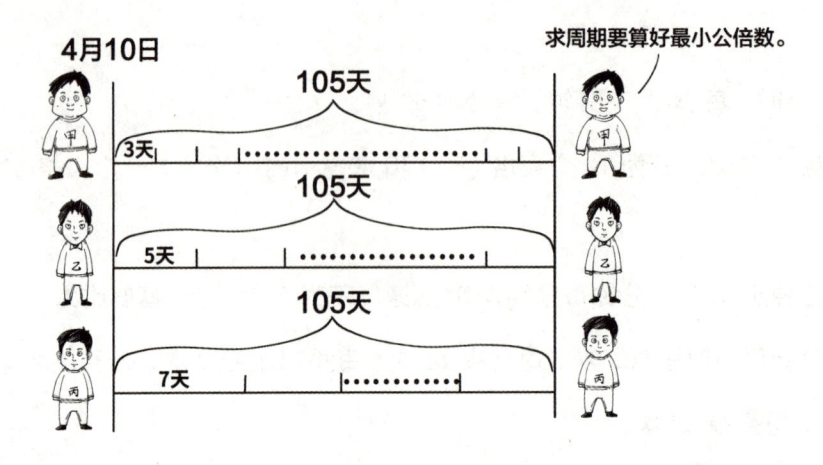

例2 根据国务院办公厅部分节假日安排的通知，某年8月份有22个工作日，那么当年的8月1日可能是（   ）。

A. 周一或周三　　　　B. 周三或周日　　　　C. 周一或周四　　　　D. 周四或周日

这道题的设定条件只有一个："8月份有22个工作日"。

八月份是大月，有31天，换算一下就是4周余3天；每周有5天工作日，4周就是20个工作日。此时，还剩下2个工作日、1个非工作日共计3天没有安排。

根据上述分析，剩余3天中必须有2天工作日才符合题目要求，且这3天必须是连续的。在一周7天中，只有"周四周五周六"和"周日周一周二"这两个组合能满足题目要求。

本题选D。

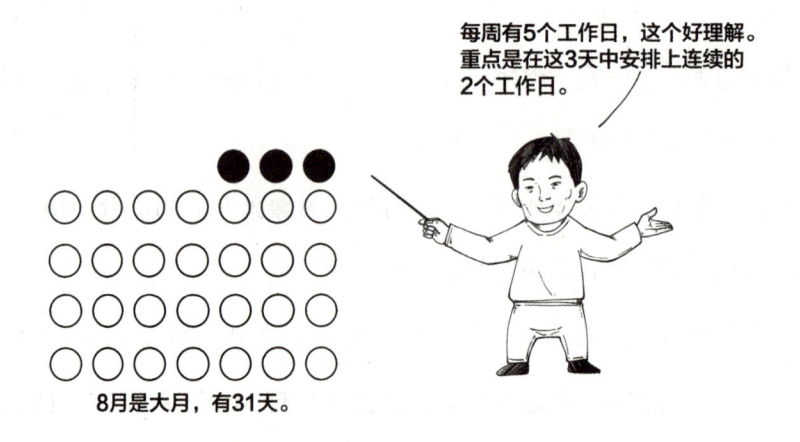

例 3 李主任在早上 8：30 上班后参加了一个会议，会议开始时发现其手表的时针和分针呈 120°，而上午会议结束时发现手表的时针和分针呈 180°。在该会议举行的过程中，李主任的时针与分针呈 90° 的情况最多可能出现几次？（　　）

A. 4　　　　　　B. 5　　　　　　C. 6　　　　　　D. 7

本题给定条件只有一个："早上 8：30 上班后参加会议，会议开始时手表的时针和分针呈 120°，上午会议结束时时针和分针呈 180°"。

时针和分针每小时垂直两次，这是固定的；如果想要时针、分针垂直更多次，那就要求会议时间足够长。基于此，咱们就分两步找：一是找到 8：30 后时针和分针第一次呈 120° 的情况；二是找到最接近 12：00 的时针和分针呈 180° 的情况。

8：30，时针和分针之间有两个半大格子，每个大格 30°，那么此时时针和分针之间的度数是 75°，不符合题目要求；分针继续走，它先跟时针的距离拉近，然后再拉远，产生更大的角度。9：00，时针和分针呈 90°，时针和分针继续往前走，当它们呈 120° 时，时针和分针距离 4 个大格子，此时约为 9：05。

再分析接近 12：00 时，时针和分针呈 180° 的情况。最接近的是 11：00 之后，此时时针在表盘的左半圈，如果分针跟它呈 180°，那么分针在表盘的右半圈，大约是 11：27。

最后，算出 9：05 至 11：27，时针和分针垂直的次数。9：00 到 10：00 之间它们在理论上应该垂直 2 次，但是 9：00 的时候它们就是垂直的，因此垂直的情况只剩下 1 次了。10：00 到 11：00 之间它们垂直了 2 次。11：00 到 11：27 之间它们又垂直了 1 次。因此，时针和分针在上午会议时间尽可能长的情况下最多可以垂直 4 次。

本题选 A。

其实，如果大家有一块机械手表的话，带进考场，按照题目要求拨一拨就能出答案了。

例 4 两只机械手表，一只每天快 18 分钟，一只每天慢 15 分钟。现在将两只手表同时调整到标准时间，则它们再次同时显示标准时间要经过多少天？（　　）

  A. 40   B. 88   C. 178   D. 240

  本题设定条件只有一个："一只表每天快 18 分钟，一只表每天慢 15 分钟"。

  第一只表要想再次显示标准时间，需要比正常时间快上一圈，可以理解为追及问题。钟表 12 小时转一圈，一圈是 60 分钟，第一只表每天只能追上 18 分钟的空，那么最终当它追上正常时间时，它用了 $\frac{12 \times 60}{18}=40$ 天。

  同理，第二只表需要比正常时间再慢上一圈就可以显示正常时间了，当它最终追上正常时间时，用了 $\frac{12 \times 60}{15}=48$ 天。

  想要两只手表同时显示标准时间，那么就要求它们的最小公倍数，40 和 48 的最小公倍数是 240。

  本题选 D。

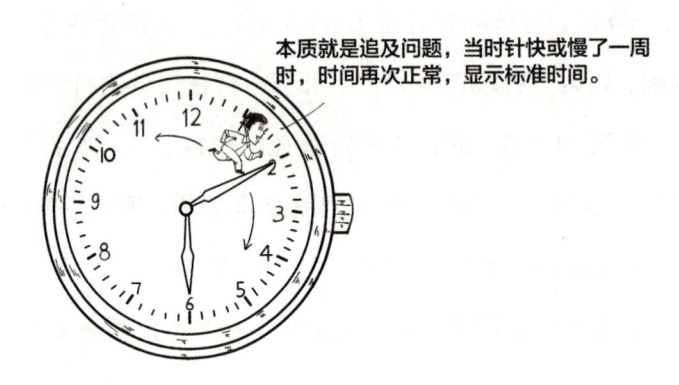

> 本质就是追及问题，当时针快或慢了一周时，时间再次正常，显示标准时间。

例 5 小王的手表出了故障，每小时快 3 分钟。为了第二天早上六点上课不迟到，他在当晚十一点调好了表，第二天小刚按照自己手表上六点的时间准时到达教室，则实际上他提前了多少分钟？（　　）

  A. 19   B. 20   C. 21   D. 22

  本题设定条件有两个：一是"手表每小时快 3 分钟"；二是"晚上十一点调好了表，第二天按照自己手表上六点的时间准时到达教室"。

很多同学上来一看，嚯，这么简单，从 11 点到 6 点总共 7 个小时，每小时快 3 分钟，那不妥妥选 C 吗？

非也！这道题有个巨坑，小王到学校后看的时间是手表上的时间，但手表是坏的，它显示的这个 6 点根本就不对，怎么能简单地做乘法呢？

这道题里边有个不变的量，那就是手表显示的错误时间与正常时间之间的比例，咱们可以利用这个关系解题。这其实就是个追及问题，错误时间追正常时间，在同一个时间段内，速度比等于路程比。手表每小时快 3 分钟，那么 63 就是表显示的速度，正常时间的速度是 60。表走的路程是 "$60 \times 7 = 420$" 分，设从 11 点到小明到达教室时走的路程为 x，那么 $\frac{错误时间}{正常时间} = \frac{63}{60} = \frac{60 \times 7}{x} = \frac{420}{x}$；解得 $x = 400$（分钟）。也就是小王提前到达的时间为："错误时间－正常时间 $= 420 - 400 = 20$"（分）。

本题选 B。

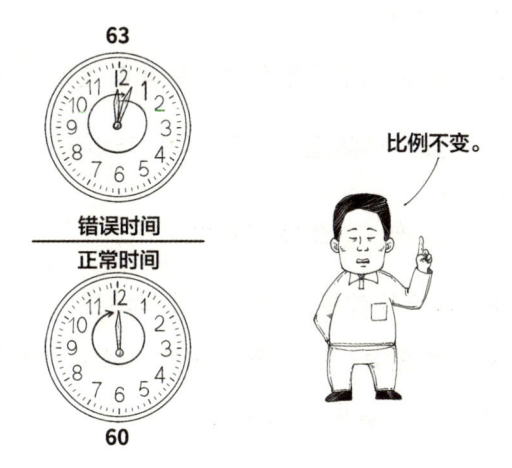

十五、年龄问题

☆ **基本常识**

年龄＝当前年份－出生年份。

人与人之间的年龄差永远不变，随着时间推移，两人之间的年龄倍数不断变小。

属相：鼠、牛、虎、兔、龙、蛇、马、羊、猴、鸡、狗、猪。

如果题目说某人的年龄是平方数，常见的有 64、36、9。

方程法就是此类问题最好的解题方法。

例 2018年父亲年龄是女儿年龄的6倍,是母亲年龄的1.2倍。已知女儿出生当年（按0岁计算）母亲24岁,则哪一年父母年龄之和是女儿的4倍？（　　）

A. 2036 年　　　　B. 2039 年　　　　C. 2042 年　　　　D. 2045 年

本题设定条件有两个：一是"2018年父亲年龄是女儿年龄的6倍,是母亲年龄的1.2倍"；二是"女儿出生当年,母亲24岁"。

根据第二个设定条件,咱们知道了母亲和女儿的年龄差是24岁。

根据第一个设定条件,设父亲年龄是 x,那么女儿年龄就是 $\frac{x}{6}$,母亲年龄就是 $\frac{x}{1.2}$。

因为"母女的年龄差是24岁",直接列方程：$\frac{x}{1.2}-\frac{x}{6}=24$,解得 $x=36$（岁）。2018年,父亲年龄是36岁,母亲年龄是30岁,女儿年龄是6岁。

再设 y 年后,父母年龄之和是女儿的4倍。父亲、母亲、女儿都长了 y 岁,直接列方程：$36+y+30+y=4\times(6+y)$,解得 $y=21$（年）。

从2018年算起,21年后是2039年。

本题选 B。

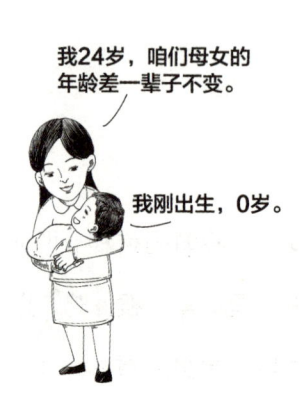

十六、鸡兔同笼问题

☆ **核心公式**

数量（量少的元素）＝ $\dfrac{假设情况－实际情况}{差值}$。

比如，有 100 只鸡和兔子，实际有 380 只脚，那么鸡的数量是多少呢？咱们先假设这 100 只鸡和兔子的极端情况全是兔子，那么理论上应有 400 只脚；但是实际只有 380 只脚，少的这部分是因为鸡只有 2 只脚，每只兔子比鸡多 2 只脚，差值是 2。

鸡的数量＝ $\dfrac{假设情况－实际情况}{差值}=\dfrac{400-380}{4-2}=10$（只）。

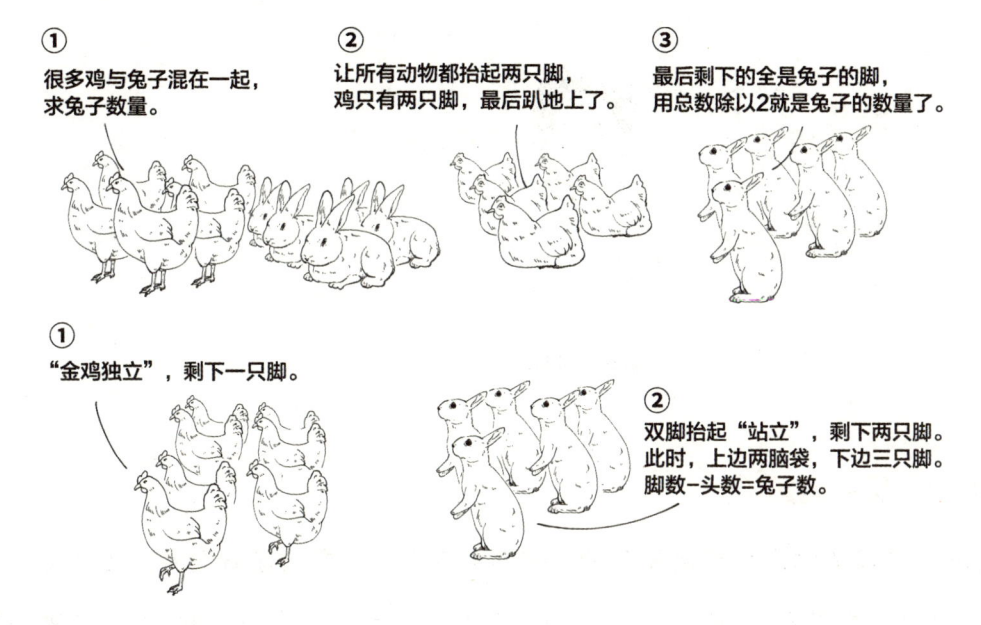

① 很多鸡与兔子混在一起，求兔子数量。

② 让所有动物都抬起两只脚，鸡只有两只脚，最后趴地上了。

③ 最后剩下的全是兔子的脚，用总数除以2就是兔子的数量了。

① "金鸡独立"，剩下一只脚。

② 双脚抬起"站立"，剩下两只脚。此时，上边两脑袋，下边三只脚。脚数-头数=兔子数。

常见题型有求解工资报酬、考试对错得分等。

例 某赛事实行积分赛制，获胜积 5 分，打平积 2 分，失败扣 1 分。已知小辉在 20 场积分赛后积 61 分且有 3 场比赛打平，那么小辉的胜率为（　　）。

A. 48%　　　　B. 55%　　　　C. 60%　　　　D. 75%

本题设定条件有两个：一是"获胜积 5 分，打平积 2 分，失败扣 1 分"；二是"小辉在 20 场积分赛后积 61 分且有 3 场比赛打平"。

解决此类问题的关键在剔除"鸡""兔"外的其他要素。根据第二个设定条件，将 3

场打平的比赛剔除，即剩下 17 场比赛。

假设这 17 场比赛小辉全赢了，那么最终得分是 85 分；但小辉在这 17 场比赛中的实际得分是 $61-3\times 2=55$ 分。

通过观察不难发现，小辉打输的场次更少，因此设小辉打输的场次数量为 x，则 $x=\dfrac{85-55}{5-(-1)}=\dfrac{30}{6}=5$（场）。小辉输了 5 场，赢了 12 场；那么小辉最终的胜率 $=\dfrac{12}{20}=60\%$。

本题选 C。

十七、盈亏问题

把一定数量的物品分给若干对象，按某种标准分，要么刚好分完，要么盈（余出来），要么亏（数不够）；然后再按另一种标准分，还是会出现不同的结果。这就是盈亏问题。

这类题列方程也能轻松解出来，但是如果能记住以下公式，则更省时间。

☆ **核心公式**

数量 $=\dfrac{盈亏差}{两次分配标准的差}$。

什么是盈亏差呢？举个例子：咱们按照不同的标准分苹果，如果一次盈 8 个，一次亏 6 个，那么盈亏差就是 $8+6=14$；如果一次盈 2 个，一次盈 8 个，那么盈亏差就是 $8-2=6$；如果一次亏 8 个，一次亏 2 个，那么盈亏差还是 $8-2=6$。

> 盈也好，亏也罢，关键是找"差"。

例 林先生要将从故乡带回的一包泥土分成小包装送给占其朋友总数30%的老年朋友。在分包过程中他发现，如果每包200克，则少500克；如果每包150克，则多250克。那么，林先生的朋友有多少人？（　　）

A. 15　　　　　B. 30　　　　　C. 50　　　　　D. 100

本题设定条件有三个：一是"林先生的老年朋友占朋友总数的30%"；二是"如果每包200克，少500克"；三是"每包150克，多250克"。

咱们先按照解方程的思路做一遍，设他有老年朋友 x 人，根据第二个设定条件得出方程式：$200x-500=150x+250$，解得 $x=15$（人）。

根据第一个设定条件，朋友总数 $=\dfrac{15}{30\%}=50$（人）。

咱们再按照公式套一遍：盈亏差 $=500+250=750$（克）；两次分配标准的差 $=200-150=50$（克）；老年朋友的数量 $=\dfrac{750}{50}=15$（人）；朋友总数 $=\dfrac{15}{30\%}=50$（人）。

本题选 C。

列方程很快；但相对而言，套公式更快一丢丢。

十八、余数问题

两个数相除得余数。

☆ 核心公式

余同加余： 被除数＝最小公倍数×n＋余数。

比如"一个数除 3 余 2，除 5 余 2，除 6 余 2"，余数都是"2"，那么这个数就是"$30n+2$"，满足条件的最小数是 32。

和同加和： 被除数＝最小公倍数×n＋和。

比如"一个数除 7 余 1，除 6 余 2，除 5 余 3"，除数和余数的和都是"8"，那么这个数就是"$210n+8$"，满足条件的最小数是 218。

差同减差： 被除数＝最小公倍数×n－差。

比如"一个数除 7 余 6，除 6 余 5，除 3 余 2"，除数和余数的差都是"1"，那么这个数就是"$42n-1$"，满足条件的最小数是 41。

例 有一堆玻璃珠,若按 2 个一组分开,最后剩下 1 个;若按 3 个一组分开,最后剩下 2 个;若按 5 个一组分开,最后剩下 4 个,若按 6 个一组分开,最后剩下 5 个;若按 7 个一组分开,最后一个也不剩。这对玻璃珠至少有多少个? ( )

A. 105　　　　B. 119　　　　C. 126　　　　D. 133

本题设定条件有五个:一是"按 2 个一组分,剩 1 个";二是"按 3 个一组分,剩 2 个";三是"按 5 个一组分,剩 4 个";四是"按 6 个一组分,剩 5 个";五是"按 7 个一组分,一个不剩"。

这道题可以直接代入排除,选项 A 和 C 可以被 3 整除,不符合第二个设定条件,排除;选项 D 被 5 整除后余 3,不符合第三个设定条件,排除。直接选 B。

咱们再走一遍公式:前四个设定条件中的"除数和余数的差"都是 1,除数 2、3、5、6 的最小公倍数是 30,被除数 $= 30n - 1$。

观察四个选项,它们都在 120 附近,直接取 $n = 4$,得出"119"。再用第五个设定条件验证"119",符合条件。

本题选 B。

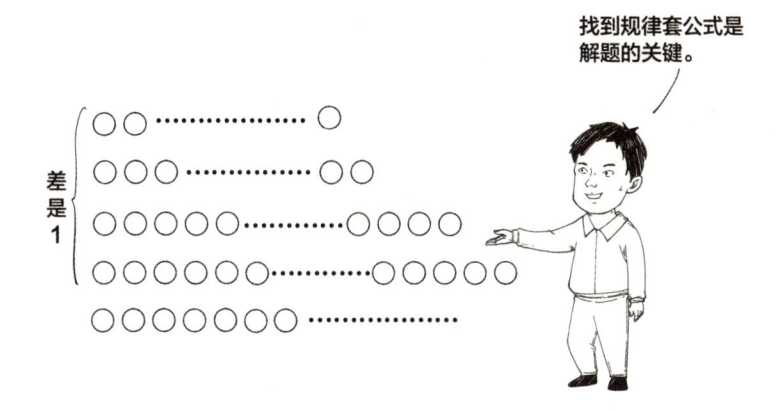

第二章 资料分析

微信扫码
- 精讲微课堂
- 备考小宝典
- 智能笔记本

第一节　常见术语

资料分析题的材料多来自各种统计公报，熟练掌握各常见统计术语是解题的基本和关键所在。

一、同比和环比

同比是指与历史同一时期相比较，一般是与上年同期相比较。

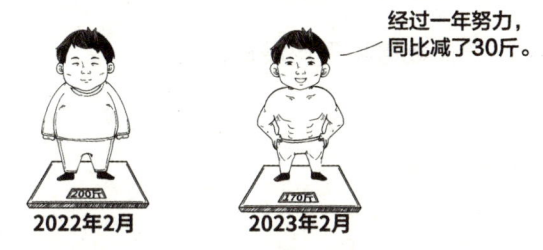

经过一年努力，同比减了30斤。

2022年2月　　2023年2月

环比是指与上一个统计周期相比较，这里要注意"统计周期"可能是年、月，也可能是日，要注意审题。

"每逢春节胖十斤"，环比增重10斤。

2023年1月　　2023年2月

二、现期、基期、增长量和增长率

被作为对比参照的时期是基期，相对于基期的时期是现期；从时间维度看，时间在前的一般是基期，时间在后的则为现期。 跟谁比，谁就是基期。

增长量是指一定时期内增减的绝对量；而增长率则是现期值与基期值进行比较的相对指标，通过百分比体现。

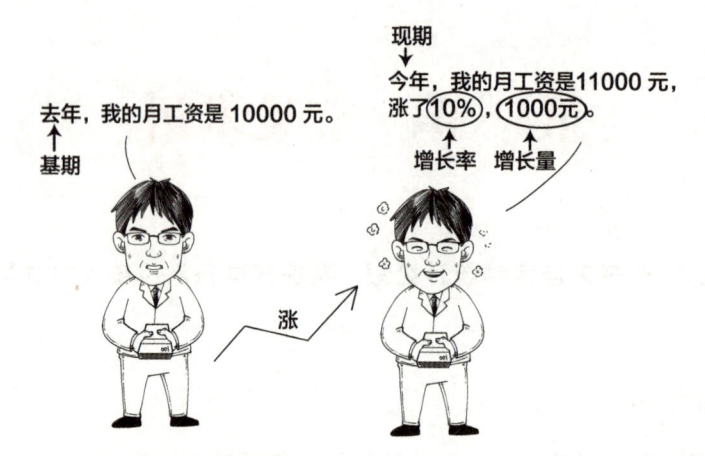

去年，我的月工资是10000元。
↑
基期

现期
↓
今年，我的月工资是11000元，涨了⑩%，⑴000元。
↑　　↑
增长率　增长量

涨

三、年均增长量和年均增长率

指某事物几年内的平均增长数量和平均增长速度。

☆**核心公式：**

年均增长量＝$\dfrac{末期量－初期量}{年数}$；

末期量＝初期量×（1＋年均增长率）^{n}。

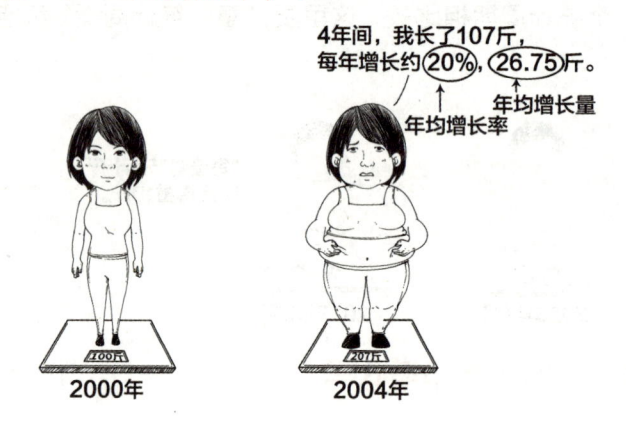

4年间，我长了107斤，每年增长约⑳%，㉖.75斤。
↑　　　　↑
年均增长率　年均增长量

2000年　　　2004年

四、幅度

指现期值与基期值相比增减的比率。比较涨幅大小时比的是它们的绝对值。

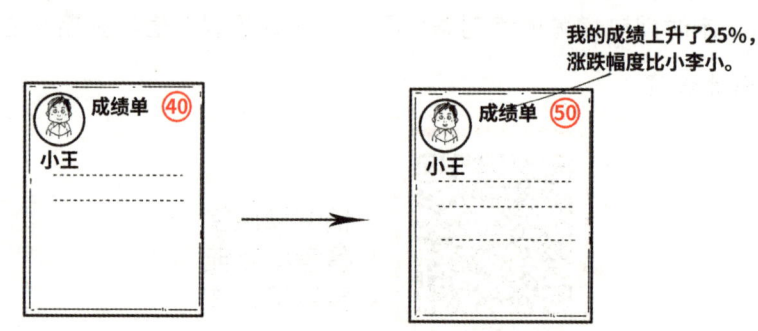

我的成绩上升了25%，涨跌幅度比小李小。

成绩单 ㊵
小王

→

成绩单 ㊿
小王

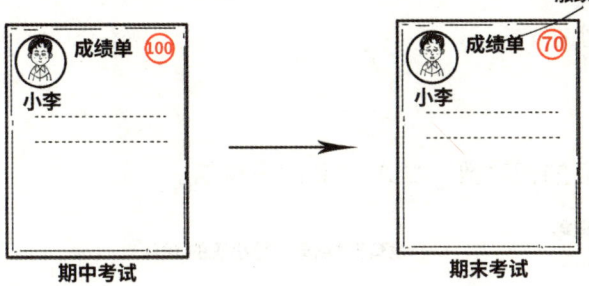

五、比重

某部分在整体中所占的比例，一般是百分数的形式。

☆核心公式：

比重＝$\dfrac{部分量}{整体量}$；整体量＝$\dfrac{部分量}{比重}$；部分量＝整体量×比重。

六、百分数和百分点

百分数是分母是 100 的分数，一个"1%"是一个百分点。

七、平均数和倍数

平均数体现数据的平均水平。

平均数 = $\dfrac{总数}{份数}$。

倍数体现两个数据对比后的相对数，如 A 是 B 的多少倍。

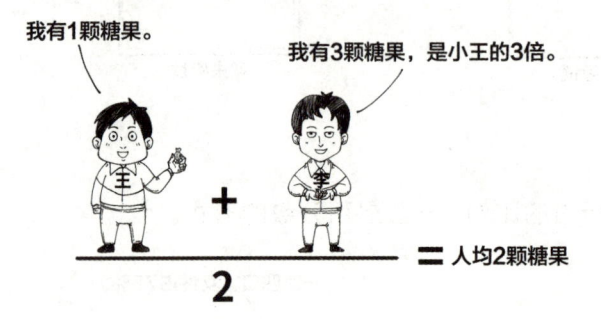

八、成数和翻番

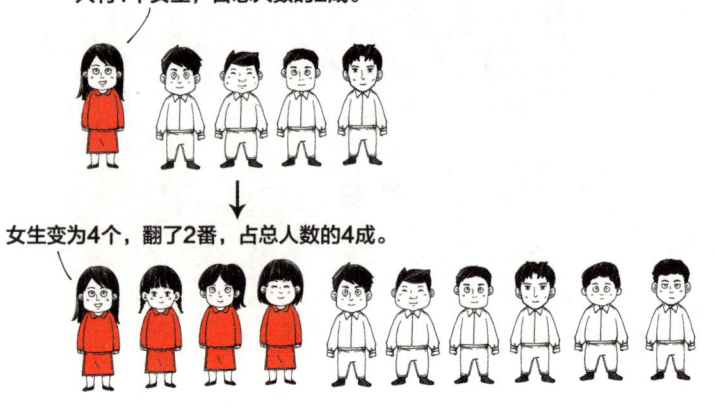

一"成"是"十分之一"；"番"按几何级数计算，翻 n 番就是变成原来的 2^n 倍。

九、顺差和逆差

顺差：出口额＞进口额；

逆差：进口额＞出口额。

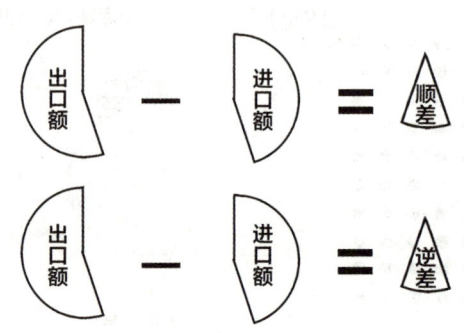

十、发展速度、拉动增长量和增长贡献率

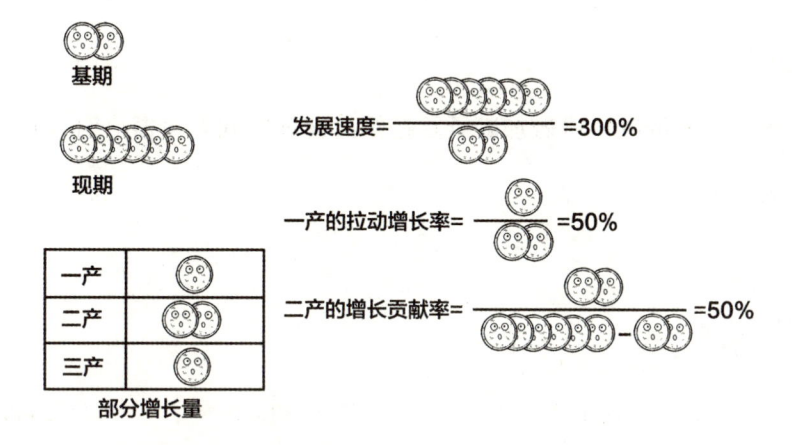

发展速度 = $\dfrac{\text{现期}}{\text{基期}}$ = 1 + 增长率；

拉动增长率 = $\dfrac{\text{部分增长量}}{\text{整体基期量}}$；

增长贡献率 = $\dfrac{\text{部分增长量}}{\text{整体增长量}}$。

十一、恩格尔系数和基尼系数

恩格尔系数 = $\dfrac{\text{食品支出总额}}{\text{家庭或个人消费支出总额}}$。

系数越低，人民生活水平越高。

基尼系数反映一个国家或地区人民收入差距，数值在 0—1 之间，系数越大，不平等程度越高，该系数计算复杂，不再赘述。

第二节　速算技巧

受篇幅限制，本节只介绍几个典型的速算技巧，带有典型的"应试色彩"，有一些计算结果只是约数，目的是在保障做题速度的前提下尽可能选出正确的选项。

一、直算法

当题目本身不难，能够轻松做加减乘除运算或选项之间差异很小时，咱们还是老实地一步一步做基础运算吧。

例 $\dfrac{47993}{1+10.7\%} \approx (\quad)$

A. 43354.1　　　B. 43355.1　　　C. 43353.9　　　D. 43354.3

就这道题而言，四个选项之间的差距实在是太小了，靠技巧来迅速确定答案并非易事；题目本身也不难，还是稳妥点直接做基础计算吧。

本题选 A。

```
              43354.1
      1107 ) 47993000
             4428
              3713
              3321
               3920
               3321
                5990
                5535
                 4550
                 4428
                  1220
                  1107
                   113
```

有时候，下笨功夫就是最好的捷径。

二、尾数法

当题目要求精准地求几个数的和或差且四个选项的差异较大易区分时,取这几个数的尾数进行求和,即可确定正确选项。

例 746395+832036+919281+986515+1015986=(　　)

A.4500213　　B.4621586　　C.4469354　　D.4468622

初看这个题目,心里拔凉拔凉的,这得算到猴年马月? 但仔细一看选项,心里乐开了花,四个选项的尾数均不相同,直接用尾数法求解。 将"5、6、1、5、6"相加,求得"23",尾数是"3"。 本题选 A。

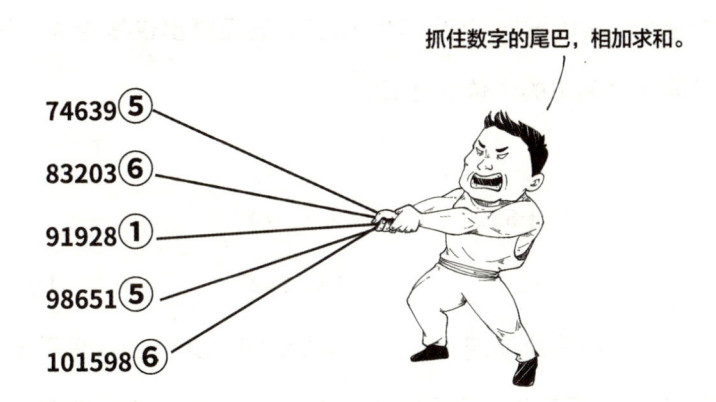

三、截位法

当题目有精确数字而选项数字的精确度不高时,可以直接采取"截位"运算法,即截取题目中数字的前几位(四舍五入)进行数学运算。

例 683+7189+7319+8009+9283≈(　　)

A.1.7万　　B.2.5万　　C.3.2万　　D.4.4万

经过观察不难发现,四个选项的数字"天差地别",这样咱们就可以放心地进行粗略计算了。 四舍五入后分别取这五个数的前两位做加法运算,从左至右依次取"7、72、73、80、93"相加,得"325",选项中与之最接近的是"3.2万"。 其实,大体口算一下也可以。

本题选 C。

> 四舍五入后,"砍一刀"再计算。

683 / ⑦
7189 / ㊲
7319 / ㊍
8009 / ㊿
9283 / ㊽

四、位数求和错位相加法

顾名思义,这种方法改变了原始求和的方法,按照从高位至低位的顺序依次将对应位数上的个位数相加求和,然后再把"和"错位相加,进而算出最终结果,其背后的逻辑是将复杂的进位计算简化为简单的个位数计算。

例 1 3791+4418+4945+5521+5581=(　　)

A. 24256　　　B. 24246　　　C. 24255　　　D. 23256

四个选项非常相似,咱用新方法来求一下精确的和:第一步,将千位数上的"3、4、4、5、5"相加得到"21";第二步,将百位数上的"7、4、9、5、5"相加得到"30";第三步,将十位数上的"9、1、4、2、8"相加得到"24";第四步,将个位数上的"1、8、5、1、1"相加得到"16";最后将这四个"和"依次错位相加求和得"24256"。

本题选 A。

如果某位数的和是个位数,则在个位数前补个"0",继续错位相加求和。

> 好用!

```
 3 7 9 1
 4 4 1 8       2 1
 4 9 4 5         3 0
 5 5 2 1           2 4
 5 5 8 1             1 6
21 30 24 16     2 4 2 5 6
  位数求和        错位相加
```

例 2　7109＋7113＋3123＝（　　）

A. 16345　　　　　B. 17345　　　　　C. 17355　　　　　D. 17245

继续按照该方法依次求得千位数、百位数、十位数、个位数的和为"17、3、3、15"，在错位相加时把"3"写成"03"，最终求得"17345"。

本题选 B。

五、标尺法

求 n 个数的和、差或平均值时，可以先从中选一个与其他数差距不大的基准数做"标尺"，再围绕"标尺"做加减乘除运算；数字与"标尺"不同的，则通过加减运算对其进行修正。

例 1　89＋87＋88＋91＋88＋90＋90＋89＋88＋86＝（　　）

A. 889　　　　　B. 876　　　　　C. 886　　　　　D. 896

通过观察发现，这 10 个数中"88"比较多且与其他数差距不大，咱们把它选为"标尺"，直接先求"88×10"得到"880"。10 个数中有 3 个"标尺88"，不再考虑；重点考虑通过加减法对剩下 7 个数进行"修正"："86"比"88"少"2"，"87"比"88"少"1"，"89"比"88"多"1"，"90"比"88"多"2"，"91"比"88"多"3"。从左至右，除"88"外依次围绕"标尺"做加减法，"880＋1－1＋3＋2＋2＋1－2"，得到"886"。

本题选 C。

如果本题让求这几个数的平均值，思路也是一样的；选出标尺"88"后又修正增加了"6"，将"6"均分为十份，一份是"0.6"，那么最后得平均值"88.6"。

例 2　732－676＝（　　）

A. 56　　　　　B. 46　　　　　C. 66　　　　　D. 54

在做这道题时，咱们先由被减数确定一个标尺"700"，然后将这个"标尺"加入计算过程，使其变为"（732－700）＋（700－676）"。经过"一减一加"，"标尺700"被消掉了，原公式变成了"32＋24"，求和得到"56"。"标尺"极大地降低了计算难度。

本题选 A。本法比较适合算式中的数字比较接近的情况。

选好"标尺",简化运算。

六、分段法

将三位或四位的减法分成两段,避免使用"借位"运算。

例 1 364－192＝(　　)

A. 172　　　　　B. 162　　　　　C. 182　　　　　D. 152

通过观察发现,"4－2"不用借位,那么把"364"分为"36"和"4"两部分,把"192"分为"19"和"2"两部分;然后分别求"36－19""4－2"的值并直接落下来,得到"172"。

本题选 A。

例 2 1192－684＝(　　)

A. 508　　　　　B. 498　　　　　C. 518　　　　　D. 598

通过观察发现,"11－6"不用借位,那么把"1192"分为"11"和"92"部分,把"684"分为"6"和"84"两部分;然后分别求"11－6""92－84"的值并直接落下来,中间要在个位数前补个"0",比如"92－84 等于 8",要写成"08",最后得到"508"。

本题选 A。

```
 36│4
 19│2
 17 2

 11│9 2
  6│8 4
  5 0 8
```

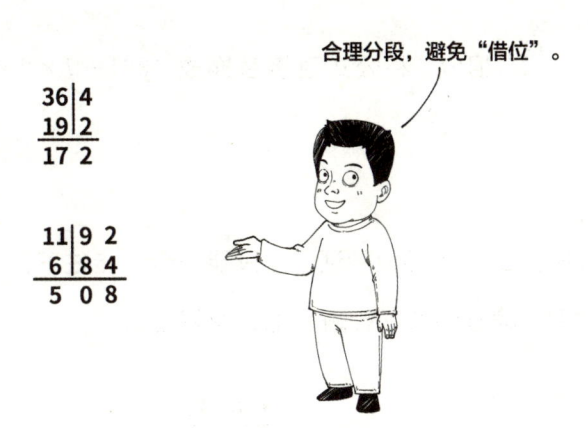

合理分段，避免"借位"。

七、分数法

简而言之，分数法就是把复杂的数或百分比转化为常见的分数，从而简化运算；这个方法非常好用，开始用时可能手生，但随着熟练度增加，做题速度会大幅提升。

常见分数：

$50\% = \frac{1}{2}$；$33.3\% \approx \frac{1}{3}$；$25\% = \frac{1}{4}$；$20\% = \frac{1}{5}$；$16.7\% \approx \frac{1}{6}$；$14.3\% \approx \frac{1}{7}$；

$28.6\% \approx \frac{2}{7}$；$42.9\% \approx \frac{3}{7}$；$12.5\% = \frac{1}{8}$；$11.1\% \approx \frac{1}{9}$；$10\% = \frac{1}{10}$；$9.1\% \approx \frac{1}{11}$；$8.3\% \approx \frac{1}{12}$；

$7.7\% \approx \frac{1}{13}$；$7.1\% \approx \frac{1}{14}$；$6.7\% \approx \frac{1}{15}$；$6.25\% = \frac{1}{16}$；$5.9\% \approx \frac{1}{17}$；$5.6\% \approx \frac{1}{18}$；$5.3\% \approx \frac{1}{19}$。

例 1 $4245 \times 8.3\% \approx ($ $)$

A. 332　　　　　　B. 352　　　　　　C. 419　　　　　　D. 583

直接将 8.3% 转化为 "$\frac{1}{12}$"，题目就变成了 $4245 \div 12$，解得 "352"；在实际运算中解出第一位就可以排除选项 C 和 D，解出第二位后就可以排除 A，不用全部计算出来。

本题选 B。

例 2 $861 \times 286 = ($ $)$

A. 245246　　　　B. 244256　　　　C. 246246　　　　D. 243286

通过观察可以发现，本题四个选项的前三位数均不同，咱们可以先大体估算一下。

除数"286"跟"28.6%≈$\frac{2}{7}$"相似,将公式直接替换成"861÷7×2×100",轻松算出结果的前三位为"246"。

本题选C。

如果选项的数比较接近或比较相似的话,则只能一步一步往下计算了,比如原选项中前三位全是"246",此时,啥方法都不如耐心地计算好使。

八、拆分法

该方法的本质就是把大数拆小,方便计算;无论是精确计算还是粗略估算,本方法都十分好用,主要应用于乘除法运算。

在除法运算中,当结果在100%、50%、1%-10%左右时,适用本方法。

例1 450÷484≈(　　)

A. 93%　　　　　B. 94%　　　　　C. 96%　　　　　D. 95%

仔细观察选项,选项数值均在100%左右,直接将450拆分为"484－34",这样原式就变成了"1－$\frac{34}{484}$",估算"$\frac{34}{484}$"的值为7%,所以原式最后结果约为"93%"。

本题选A。

例 2 488÷912≈（　　）

A. 56%　　　　　B. 55%　　　　　C. 57%　　　　　D. 53%

仔细观察选项，选项数值均在 50% 左右；"912"的一半是"456"，将"488"拆分为"456＋32"，原式就变成了"50%＋$\frac{32}{912}$"，大体估算"$\frac{32}{912}$"为"3%"多一点，所以原式最后结果约为"53%"。

本题选 D。

例 3 88÷912≈（　　）

A. 9.6%　　　　B. 9.5%　　　　C. 9.8%　　　　D. 9.4%

仔细观察选项，选项数值均在 10% 左右；"912"的 10% 是"91.2"，将"88"拆分为"91.2－3.2"，原式就变成了"10%－$\frac{3.2}{912}$"，"$\frac{3.2}{912}$"约为"0.3%"多一点，所以原式最后结果为"9.6%"多一点。

本题选 A。

$$\frac{450}{484} = \frac{484-34}{484} = 1 - \frac{34}{484}$$

$$\frac{488}{912} = \frac{456+32}{912} = \frac{1}{2} + \frac{32}{912}$$

$$\frac{88}{912} = \frac{91.2-3.2}{912} = \frac{1}{10} + \frac{3.2}{912}$$

拆着拆着就变简单了。

此外，还可以通过同时拆分分子和分母的方式大体判断比例范围。

比如，题目需要我们判断"$\frac{2127}{6343}$"的大体范围，可以将分子和分母同时拆分，形成"$\frac{2100}{6300}$"和"$\frac{27}{43}$"两个部分，然后按照求解溶液浓度题的思路去解题。"$\frac{2100}{6300}$"等于

"$\frac{1}{3}$",而"$\frac{27}{43}$"则大于"$\frac{1}{2}$",将一小份"$\frac{1}{2}$"融进更大份的"$\frac{1}{3}$"中,那么最终的溶液浓度一定是大于"$\frac{1}{3}$"的,咱们就可以大体判断出"$\frac{2127}{6343}$"是一个略大于"$\frac{1}{3}$"的数。因为很多资料分析题最后并不需要算出确切的得数就可以选出正确选项,因此同时拆分分子和分母就有实际意义了。

九、放缩法

在计算中,如果选项精度不高或数字差距较大,可以适当"放大"或"缩小"题目中的数字,从而迅速地通过比较确定选项之间的大小关系。

例 1 $7285 \times (1 + 10.6\%) \approx ($　　$)$

A. 7914　　　　B. 7976　　　　C. 8012　　　　D. 8057

若选项之间的数值有一定差距,则可以采取"放缩法"。将"10.6%"缩小为"10%",则 $7285 \times (1 + 10.6\%) > 7285 \times (1 + 10\%) = 7285 + 7285 \times 10\% = 7285 + 728.5 = 8013.5$。

四个选项中只有 D 符合条件,本题选 D。

例 2 $\frac{3.95}{32.47} \approx ($　　$)$

A. 12.2%　　　B. 13.3%　　　C. 14.3%　　　D. 15.4%

仔细观察不难发现,分子略小于"4",分母略大于"32",将"3.95"放大为"4",将"32.47"缩小为"32";因为放缩的量非常小,几乎不影响最终结果,则"$\frac{3.95}{32.47}$"应该在"$\frac{4}{32}$"即"$\frac{1}{8}$"附近。

本题选 A。

> 在不影响结果的前提下，可以通过适当"放大"或"缩小"数字来简化运算。

十、份数法

顾名思义，份数法指把复杂的数转化为简单的份数，以简化计算。该方法主要适用于在已知"增长率"的情况下，计算"基期""现期""变化量"等。

使用该方法还需要借助"分数法"中的常见分数估值。

例1 今年，A地进口玉米4833.68万吨，同比增长16.61%。那么A地今年的玉米进口量约比去年增加了多少万吨？（ ）

  A. 688   B. 788   C. 646   D. 718

通过观察不难发现，$16.61\% \approx \frac{1}{6}$；咱们就围绕着这个分数做文章，将增加的这个"$\frac{1}{6}$"的量定为"1份"，那么去年玉米就有6个"$\frac{1}{6}$"，也就是"6份"。此时，题目就变成了A地去年有"6份"玉米，今年增加了"1份"变成"7份"。今年A地共进口玉米4833.68万吨，也就是"4833.68万吨＝7份"，解得"1份"约为"690万吨"，这个"1份"就是净增的进口量。选项A数值与"690"最接近。

本题选A。

例2 今年，B地出口小麦23.29万吨，同比减少12.77%。那么B地今年的小麦出口量约比去年减少了多少万吨？（ ）

  A. 3.4   B. 4.4   C. 2.8   D. 3.8

通过观察不难发现，$12.77\% \approx \dfrac{1}{8}$；咱们就围绕着这个分数做文章，将减少的这个"$\dfrac{1}{8}$"的量定为"1 份"，那么去年小麦就有 8 个"$\dfrac{1}{8}$"，也就是"8 份"。此时，题目就变成了去年有"8 份"小麦，今年减少了"1 份"变成"7 份"。今年 B 地出口小麦 23.29 万吨，也就是"23.29 万吨＝7 份"，解得"1 份"≈"3.3 万吨"，这个"1 份"就是减少的进口量。选项 A 数值与"3.3"最接近。

本题选 A。

例 3 今年，C 地大豆进出口总量为 6543 万吨，同比增长 28.6%。那么 C 地今年的大豆进出口总量比去年增加了多少万吨？（　　）

A. 727　　　　　B. 1566　　　　　C. 1555　　　　　D. 1455

通过观察不难发现，$28.6\% \approx \dfrac{2}{7}$；咱们就围绕着这个分数做文章，将增加的这个"$\dfrac{2}{7}$"的量定为"2 份"，那么去年大豆进出口量就是"7 份"。此时，题目就变成了去年进出口大豆"7 份"，今年增加了"2 份"变成"9 份"。今年 C 地大豆进出口总量 6543 万吨，也就是"6543 万吨＝9 份"，解得"1 份"＝727 万吨"。这时，千万别着急选答案，要记得今年比去年增加了"2 份"，最后结果还得乘以"2"：727×2＝1454（万吨）。选项 D 数值与"1454"最接近。

本题选 D。

十一、分配法

顾名思义，将本期的数值根据增长率进行合理的分配，以简化计算。

使用该方法的前提有三：一是已知"增长率"且不能与常见分数建立联系——当增长率约等于常见分数时，优先使用"份数法"；二是增长率是正的且小于10%，否则计算量会很大，得不偿失；三是基期数值接近整数（整百、整千、整万等），因为整数计算量小。

例1 A地今年进口玉米4833.68万吨，同比增长6%。那么A地去年约进口玉米多少万吨？今年比去年多进口了多少万吨？（　　）

A. 4560　273　　　B. 4500　333　　　C. 4650　183　　　D. 4450　383

为了简化计算，直接将"4833.68"记为"4833"。先从"4833"中拆出"4500"分给基期（去年），那么"4500"增长6%就是"270"，此时还剩下"4833－4500－270＝63"未分配。再从"63"中拆出"60"分给基期（去年），那么"60"增长6%就是"3.6"，"0.6"的误差忽略不计，直接把"3"全部给增长量。此时，"4833"就已经全部分配给基期（去年）和增长量了，基期≈4500＋60＝4560（万吨），增长量≈270＋3＝273（万吨）。

本题选A。

例2 B地今年出口小麦2332万吨，同比增加16%。请问B地去年约出口小麦多少万吨？今年比去年多出口了多少万吨？（　　）

A. 1980　352　　　B. 2010　322　　　C. 2000　332　　　D. 2020　302

粗略估算一下，前期的值应该在整数附近。先从"2332"拆出"2000"分给基期（去年），那么"2000"增长"16%"就是"320"；此时还剩下"2332－2000－320＝12"未分配。再从"12"中拆出"10"分给基期（去年），那么"10"增长"16%"就是"1.6"，"0.4"的误差忽略不计，直接把"2"全部给增长量。此时，2332就全部分配给分给基期（去年）和增长量了，基期≈2000＋10＝2010（万吨），增长量≈320＋2＝322（万吨）。

本题选 B。

$$4833$$
$$4500 \times 6\% = 270$$
$$4833 - 4770 = 63$$
$$60 \times 6\% \approx 3$$
$$4560,273$$

$$2332$$
$$2000 \times 16\% = 320$$
$$2332 - 2320 = 12$$
$$10 \times 16\% \approx 2$$
$$2010,322$$

假设分配时，小误差可以忽略。

第三节 实战演练

一、求基期

基期量＝现期量－增长量＝$\dfrac{现期量}{1+增长率}$＝$\dfrac{增长量}{增长率}$。

例 M市2021年1—6月降雨情况如下表所示,那么M市2020年6月的降雨量比同年1月的约多多少毫米?（ ）

A.43.6　　　　B.45.8　　　　C.47.7　　　　D.56.8

M市2021年1—6月降雨量

月份	降雨量（毫米）	同比增长率
1月	20	−10%
2月	30	2%
3月	35	6%
4月	40	5%
5月	42	−5%
6月	79	20%

已知2021年1月份的现期降雨量为20毫米,同比增长−10%,那么2020年1月份的基期降雨量则为:$\dfrac{20}{1-10\%}\approx 22.2$（毫米）。

已知2021年6月份的现期降雨量为79毫米,同比增长20%,那么2020年6月份的基期降雨量则为:$\dfrac{79}{1+20\%}\approx 65.8$（毫米）。

M市2020年6月的降雨量比同年1月的约多:65.8−22.2＝43.6（毫米）。

本题选A。

这道题在计算时还可以使用份数法。

2021年1月份的降雨量同比增长了"－10%"，设这个减少的"10%"为"1份"，则2020年1月份的降雨量是"10份"，减少"1份"后变成了2021年的"9份"。因为现期降雨量为20毫米，即"9份"＝"20毫米"，"1份"≈"2.2毫米"，则2020年1月份的降雨量为"10份"＝"9份"＋"1份"≈22.2毫米。

2021年6月份的降雨量同比增长了20%，设这个增加的"20%"为"1份"，则2020年6月份的降雨量是"5份"，增加"1份"后变成了现在的"6份"。因为现期降雨量为79毫米，即"6份"＝79毫米，"1份"≈"13.2毫米"，则2020年1月份的降雨量为"5份"＝"6份"－"1份"≈"66.0毫米"。

66.0－22.2＝43.8（毫米），选项A与该值更接近。

因为本题的数据比较小，计算量并不大，所以可能用不上"份数法"；但是大家要培养这个意识，因为在一些数字比较大的题目中，"份数法"非常有实用价值。

二、求现期

现期量＝基期量＋增长量＝基期量×（1＋增长率）＝基期量＋基期值×增长率＝$\frac{增长量}{增长率}$＋增长量。

例 2016年全国参加失业保险的人数超过1.8亿，其中女性7551万，分别比2010年增加4713万和2402万，增长约35%和47%；参加工伤保险人数2.2亿，其中女性8129万，分别比2010年增加5728万和2429万，增长约35%和43%。

如2017年及以后年份同比增量保持不变，同比增量按照2011—2016年间同比增量的

平均值计算，全国参加失业保险的女性将在哪年超过 1.2 亿人？（   ）

  A. 2024　　　　　B. 2026　　　　　C. 2028　　　　　D. 2030

  已知 2016 年女性参加失业保险的人数为 7551 万，比 2010 年增加了 2402 人，看似求平均值必备的分子"增量"和分母"时间段"都全了，好像很简单，但这道题有个巨大的"坑"——题目中的"2011—2016 年"到底按多少年计算？

  很多考生看到这个时间段后，想当然地列出了式子"$\dfrac{2402}{2016-2011}$"，算出平均值约为"480"，然后设在 n 年后，全国参加失业保险的女性超过 1.2 亿人，列出方程式：$7551+480n>12000$，解得 $n>9.27$；向后取整，$n=10$。从 2016 年往后数 10 年是 2026 年，即全国参加失业保险的女性将在 2026 年超过 1.2 亿人。

  上述解题过程看似没问题，但是要注意审题，题目说的是"2011—2016 年间同比增量的平均值"，在这个句子中，2011 年也有一个同比增量，这个"增量"是跟 2010 年比较后得出的，所以应该将 2011 年计算在内，即总共有"2011 年、2012 年、2013 年、2014 年、2015 年、2016 年" 6 个年份。这也是为什么材料中要强调"2016 年女性参加失业保险的人数为 7551 万，比 2010 年增加了 2402 人"的原因所在。

  基于上述分析，2011—2016 年间同比增量的平均值应为"$\dfrac{2402}{6}$"，算出平均值约为"400"。根据题意列方程式：$7551+400n>12000$，解得 $n>11.1$；向后取整，$n=12$。

  从 2016 年往后数 12 年是 2028 年，即全国参加失业保险的女性将在 2028 年超过 1.2 亿人。

  本题选 C。

三、求增量

增量＝现期量－基期量＝基期量×增长率＝$\dfrac{现期量}{1+增长率}$×增长率＝现期量－$\dfrac{现期量}{1+增长率}$。

例 2019 年 1—10 月，江苏民航机场旅客吞吐量为 4901 万人次，同比增长 13.4%。那么 2019 年 1—10 月，江苏民航机场旅客吞吐量同比增加（　　）。

A. 398 万人次　　　　　　　　B. 435 万人次

C. 579 万人次　　　　　　　　D. 657 万人次

选项数值的差距比较大，咱们可以放心大胆地用估算法解题。

先用"份数法"解一下这道题：

观察发现 13.4%≈$\dfrac{1}{8}$，设增量为"1 份"，则 2018 年 1—10 月为"8 份"。此时，原题就变成了"2018 年 1—10 月江苏民航机场旅客吞吐量为'8 份'，增加'1 份'后变成了 2019 年 1—10 月的'9 份'"。因为，2019 年 1—10 月江苏民航机场旅客吞吐量为 4901 万人次，即"9 份"＝"4901 万人次"；解得"1 份"≈"545 万人次"。

再用"分配法"解一下这道题：

把"13.4%"按"13%"计。先从 4901 中拿出"4000"分配给 2018 年 1—10 月，增量为"4000×13%＝520"；还剩下"4901－4000－520＝381"没有分配，再从中拿出"330"分配给 2018 年 1－10 月，增量为"330×13%≈43"；最后还剩下"8"没有分配，直接分给 2018 年1—10 月"7"，剩下"1"给"增量"。最终，增量合计为"520＋43＋1＝564"。

两种算法的结果都与选项 C 数值接近。

本题选 C。

13.4%

8份　　1份　9份=4901万人次

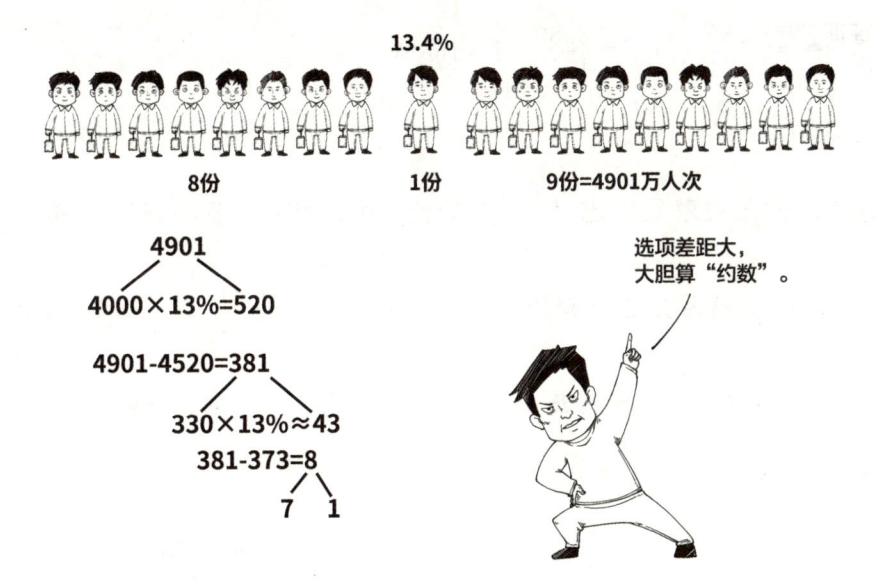

4901
4000×13%=520
4901-4520=381
330×13%≈43
381-373=8
7　1

选项差距大，大胆算"约数"。

四、求增长率

$$增长率=\frac{增长量}{基期量}=\frac{增长量}{现期量-增长量}=\frac{现期量-基期量}{基期量}=\frac{现期量}{基期量}-1。$$

这部分相对复杂一点，主要考查求基本增长率、隔年增长率、平均数增长率和乘积增长率四种形式。

（一）求基本增长率

例 与 2011 年相比，2018 年中国保险行业原保险保费收入约增长了（　　）。

A. 143%　　　　B. 166%　　　　C. 173%　　　　D. 182%

2011~2018年中国保险行业原保险保费收入
（单位：万亿元）

2011	2012	2013	2014	2015	2016	2017	2018
1.43	1.55	1.72	2.02	2.43	3.09	3.66	3.80

这道题比较简单，根据柱状图可知，2011 年中国保险行业原保险保费收入为 1.43 万亿元；到了 2018 年，中国保险行业原保险保费收入变为 3.80 万亿元，那么，增长率＝

$$\frac{现期量-基期量}{基期量}=\frac{3.80-1.43}{1.43}=\frac{3.80}{1.43}-1\approx 166\%。$$

本题选 B。

计算这道题的关键就是算出"$\frac{3.80}{1.43}$"的值,可以使用"拆分法"。通过观察发现"$1.43\times 2=2.86$",将原分数调整为"$\frac{2.86+0.94}{1.43}$";"$\frac{0.94}{1.43}$"比"0.6"稍大一点,即"$\frac{3.80}{1.43}$"比"2.6"稍大一点,再减去"1",最终答案比"1.6"稍大一点,B 选项数值最接近,直接选它。

(二)求隔年增长率

基本题型是已知今年的增长率,求前年的增长率。这里有个公式,咱们一起推导一下。

依次假设 2000 年的基期为 A,2001 年和 2002 年的增长率分别为 R_1 和 R_2,那么 2001 年的总量就是 $A(1+R_1)$,2002 年的总量就是 $A(1+R_1)(1+R_2)$。问:2002 年比 2000 年增长了多少? 2002 年和 2000 年之间隔了 1 年,这就是隔年增长率。

隔年增长率 $=\frac{现期}{基期}-1=\frac{A(1+R_1)(1+R_2)}{A}-1=(1+R_1)(1+R_2)-1=R_1+R_2+R_1R_2$。

记住这个公式,遇到该类型的题可以直接套用。

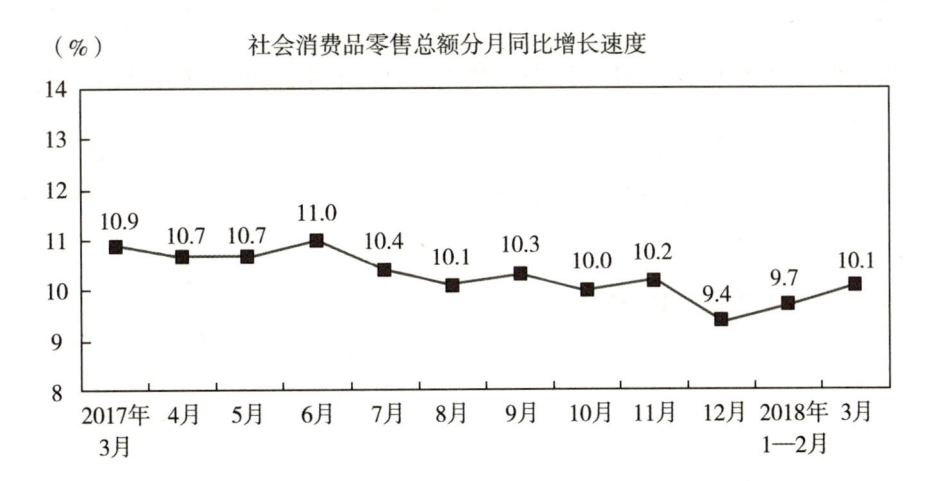

例 相对于 2016 年 3 月，2018 年 3 月的全国社会消费品零售总额增长（　　）。

A. 10.1%　　　　B. 10.9%　　　　C. 22.1%　　　　D. 20.7%

社会消费品零售总额分月同比增长速度（%）

2017年3月 10.9、4月 10.7、5月 10.7、6月 11.0、7月 10.4、8月 10.1、9月 10.3、10月 10.0、11月 10.2、12月 9.4、2018年1—2月 9.7、3月 10.1

本题就是典型的求"隔年增长率"类型，根据图表可知 2017 年 3 月全国社会消费品零售总额增长率为 10.9%，又知 2018 年 3 月全国社会消费品零售总额增长率为 10.1%，求相对于 2016 年 3 月，2018 年 3 月的全国社会消费品零售总额增长率可以直接套公式：

2018 年 3 月增长率＝10.9%＋10.1%＋10.9%×10.1%≈22.1%。

本题选 C。

其实这道题在计算时，由"10.9%＋10.1%＝21%"就可以直接选 C 了，因为结果比"21%"大，只有选项 C 符合条件。

看似复杂，一个公式轻松解决。

（三）求平均数增长率

已知分子、分母及它们各自的增长率，求平均数的增长率。这里也有一个公式，咱们一起推导一下。

假设某企业今年的产量是 M，员工有 N 人，分别比去年增长了 R_1 和 R_2；那么今年的人均产量就是"$\dfrac{M}{N}$"，去年的人均产量就是"$\dfrac{\frac{M}{1+R_1}}{\frac{N}{1+R_2}} = \dfrac{M(1+R_2)}{N(1+R_1)}$"。问：今年的人均产量比去年的人均产量增加了多少？

平均数增长率 $= \dfrac{现期}{基期} - 1 = \dfrac{\frac{M}{N}}{\frac{M(1+R_2)}{N(1+R_1)}} - 1 = \dfrac{1+R_1}{1+R_2} - 1 = \dfrac{1+R_1}{1+R_2} - \dfrac{1+R_2}{1+R_2} = \dfrac{R_1-R_2}{1+R_2}$。

这里要注意区分 R_1 和 R_2，就上述案例而言，R_1 是分子"产量"的增长率，R_2 是分母"员工人数"的增长率。

所有能体现比值关系的增长率，即以"分子除分母"形式出现的增长率，均适用上述公式，比如，上述案例中的"人均产量 $= \dfrac{产量}{员工数}$"。

例 2017年，S市服务业小微样本企业总体实现营业收入105.39亿元，同比增长3.1%，比2016年回落了15.7个百分点，户均实现营业收入510.63万元。

2017年，S市服务业小微样本企业总体资产938.58亿元，同比增长4.2%，增速比2016年下降0.9个百分点，户均资产4547.40万元。

2017年，S市服务业小微样本企业平均每万元资产实现营业收入比2015年（　　）。

A. 增长了不到5%　　　　　　　　B. 增长了5%以上

C. 下降了不到5%　　　　　　　　D. 下降了5%以上

这道题不简单，既问隔年增长率，也求平均数增长率，需要套三遍公式。选项比较模糊，大胆粗略着计算就行。

先算隔年增长率：

2017年，S市服务业小微样本企业总体实现营业收入同比增长3.1%；2016年企业总营业收入同比增长"15.7%＋3.1%＝18.8%"；则2017年S市服务业小微样本企业总体实现营业收入相比2015年增长了"3.1%＋18.8%＋3.1%×18.8%≈22.5%"。在计算这个式子时，可以直接将"3.1%×18.8%"换算成"3%×$\frac{1}{5}$"，结果在"0.6%"左右，估算即可，不用精确求解。

另外，因为题目问的是"平均每万元资产实现营业收入"，"营业收入"是"分子"，那么它的增长率就是R_1；相应地，"资产"是"分母"，那么它的增长率就是R_2。

2017年，S市服务业小微样本企业总体资产同比增长4.2%；2016总资产同比增长"4.2%＋0.9%＝5.1%"；则2017年S市服务业小微样本企业总体资产相比2015年增长了"4.2%＋5.1%＋4.2%×5.1%≈9.5%"。在计算这个式子时，可以直接将"4.2%×5.1%"换算成"4%×$\frac{1}{20}$"，结果在0.2%左右。

基于上述分析，计算出2017年"平均每万元资产实现营业收入"相对于2015年的平均数增长率为"$\frac{R_1-R_2}{1+R_2}=\frac{22.5\%-9.5\%}{1+9.5\%}=\frac{13\%}{109.5\%}≈12\%$"。

本题选B。

隔年增长率=$R_1+R_2+R_1R_2$
平均数增长率=$\frac{R_1-R_2}{1+R_2}$

过程复杂了一点，但本质还是套公式。

（四）求乘积增长率

顾名思义，此为两个数的乘积的增长率。它也有一个公式，咱们再一起推导一下。

假设去年某年级期末考试平均分为 M，增长率为 R_1；总人数为 N，增长率为 R_2。那么去年该年级的总分就是 $M \times N$，今年该年级的总分就是 $M(1+R_1) \times N(1+R_2)$。问：今年的总成绩比去年增加了多少？

乘积增长率 $= \dfrac{现期}{基期} - 1 = \dfrac{M(1+R_1) \times N(1+R_2)}{M \times N} - 1 = R_1 + R_2 + R_1 R_2$。

例 2018年全球茶叶产量为585.6万吨，同比增长约3%，中国茶叶产量为261.6万吨，同比增长0.7万吨。2018年，中国茶叶国内销售量为191万吨，同比增长5.1%，国内销售总额为2661亿元，出口量为36.5万吨，同比增长2.8%，出口总额为17.89亿美元（合人民币120亿元），同比增长（？）。

2013~2018年我国茶叶出口量及出口均价走势图

资料中"？"处应当填入的数值最可能是以下哪一个？（ ）

A. 12%　　　　　B. 16%　　　　　C. 20%　　　　　D. 24%

已知"出口量为36.5万吨，同比增长2.8%"，得出 $R_1 = 2.8\%$。

已知"2018年茶叶出口均价为4900美元/吨，2017年茶叶出口均价为4500美元/吨"，由此计算出出口茶叶单价的同比增长率 $R_2 = \dfrac{4900-4500}{4500} = \dfrac{4}{45} = \dfrac{4.5-0.5}{45} \approx 9\%$。这里要注意，看图时一定要注意数据的单位，比如图中的"千美元/吨"和"万吨"。

基于上述分析，计算 2018 年中国茶叶出口总额（出口量×单价）的同比增长率＝R_1＋R_2＋R_1R_2＝2.8%＋9%＋2.8%×9%≈12%。选项之间的差距很大，本题只要大致估算即可。

本题选 C。

五、求比重

比重，指部分在整体中所占的比例，常考查本期比重、前期比重、变化趋势、比重差等。

（一）求本期比重

比重＝$\dfrac{部分}{整体}$；部分＝整体×比重；整体＝$\dfrac{部分}{比重}$。

部分和（差）＝整体×比重和（差）；比重和（差）＝部分和（差）/整体。

例 2019 年 5 月，平台受理量排名前五的行业占受理总数的比重约为（　　）。

A. 61.4%　　　　B. 56.3%　　　　C. 51.8%　　　　D. 46.5%

2019 年 5 月全国 12358 价格监管平台受理行业分布

行业	数量（件）	行业	数量（件）
停车收费	10043	旅游	459
商品零售	3118	邮政通信	421
交通运输	2730	其他商品价格	206

(续表)

行业	数量（件）	行业	数量（件）
社会服务	2686	机关收费	172
物业管理	2587	农产品及农资产品价格	157
医药	1790	金融服务	105
资源价格	1764	律师公证认证检测服务	82
房地产	1105	网络服务收费	28
住宿、餐饮	1060	协会社团和	3
教育	927	其他	7439
网络购物	694	合计	37576

注：其他行业计入受理总数，但不计入行业排名

从图中不难看出，平台受理量排名前五的行业分别是停车收费、商品零售、交通运输、社会服务和物业管理，其各自的受理量分别是 10043、3118、2730、2686 和 2587 件，这里一定要注意表中的单位。

既然是求"平台受理量排名前五的行业占受理总数的比重"，那么咱们先求排名前五的行业的总受理量：先用"位数求和错位相加"法求"3118、2730、2686、2587"的和，再将其与 10043 相加，最后求得"21164"。

然后用"21164"除以总数"37576"，因为选项之间的差距较大，借助"放缩法"用"21"除"37"即可，结果略大于 56%。

本题选 B。

面对简单的加减乘除运算，选对小技巧会节省少量时间。

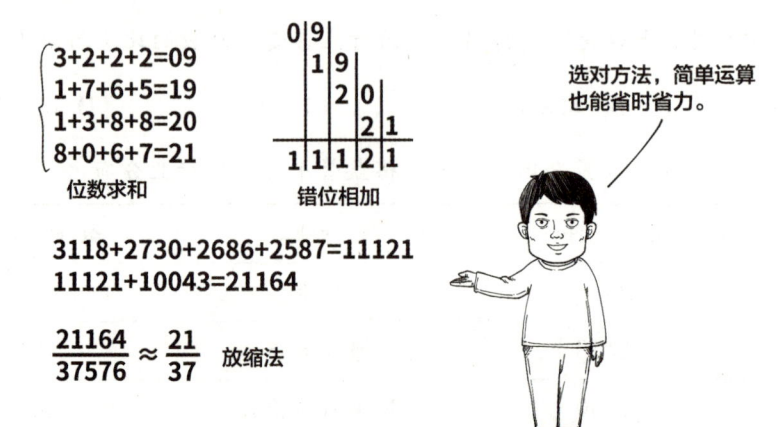

```
 3+2+2+2=09      0 9
 1+7+6+5=19      1 9
 1+3+8+8=20      2 0
 8+0+6+7=21      2 1
    位数求和      1 1 1 2 1
                  错位相加
```

选对方法，简单运算也能省时省力。

3118+2730+2686+2587=11121
11121+10043=21164

$$\frac{21164}{37576} \approx \frac{21}{37}$$ 放缩法

(二)求前期比重

计算前期比重需要借助本期比重,这里有个公式,咱们先推导一下。

依次假设某班级女生数为 M,总人数为 N,比去年分别增长 R_1 和 R_2;那么今年女生所占总人数的比重是"$\dfrac{M}{N}$",去年女生人数是"$\dfrac{M}{1+R_1}$",去年总人数是"$\dfrac{N}{1+R_2}$"。问:去年女生占总人数的比重是? 这就是求前期比重。

$$前期比重 = \dfrac{\dfrac{M}{1+R_1}}{\dfrac{N}{1+R_2}} = \dfrac{M(1+R_2)}{N(1+R_1)} = \dfrac{M}{N} \times \dfrac{1+R_2}{1+R_1} = 本期比重 \times \dfrac{1+整体增长率}{1+部分增长率}。$$

这里要注意区分"R_1"和"R_2":"R_1"指的是部分增长率,"R_2"指的是整体增长率。

例 2020年上半年,我国农产品进出口总额达 1159.0 亿美元。农产品进口额为 807.5 亿美元,同比增长 13.2%。

在我国的农产品进口中,除大洋洲农产品进口额同比下降 1.9 个百分点外,其余各大洲的农产品进口额均有所增加;欧洲国家或地区农产品进口额增幅最大,达 28.4%。

2020年上半年六大洲进口额占比

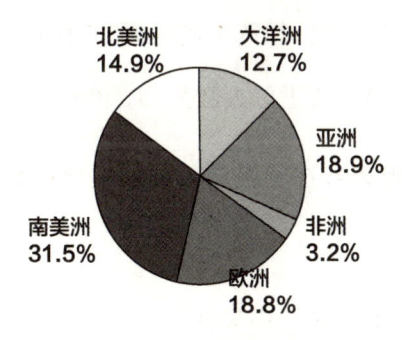

北美洲 14.9%
大洋洲 12.7%
亚洲 18.9%
非洲 3.2%
欧洲 18.8%
南美洲 31.5%

2019年上半年,我国农产品进口额中欧洲国家或地区约占( )。

A. 13.3%   B. 16.6%   C. 18.8%   D. 21.1%

由文字信息可知 2020 年上半年进口总额增长率 $R_2 = 13.2\%$,2020 年上半年欧洲国家或地区进口额增长率 $R_1 = 28.4\%$;由饼状图信息可知 2020 年上半年欧洲国家或地区进口额占进口总额的比重为 18.8%。

根据上述信息,直接套公式求解,2019 年上半年欧洲国家或地区进口额占农产品总进口额的比重＝18.8%（现期比重）×$\frac{1+13.2\%}{1+28.4\%}$＝18.8%×$\frac{113.2\%}{128.4\%}$≈16.6%。

选项之间的差距比较大，在计算时可以通过放缩法进行粗略计算，将原式"18.8%×$\frac{113.2\%}{128.4\%}$"放缩为"18%×$\frac{11}{12}$"，18%除以12得"1.5%"，"1.5%"乘以11得"16.5%"，与选项B更接近。

本题选B。

前期比重＝本期比重×$\frac{1+R_2}{1+R_1}$

18.8%×$\frac{113.2\%}{128.4\%}$ →放缩→ 18%×$\frac{11}{12}$

用好公式，选对方法，一切就都简单了。

（三）求集合比重

集合比重题本质上考查的是大小集合之间的比例关系：若A包含于B，B包含于C，那么A也包含于C。这里也有一个比较简单的公式，咱们稍微推导一下。

依次假设某班女生人数为A，该班总人数为B，该班所在年级总人数为C；那么女生在本班所占比重为"$\frac{A}{B}$"，该班人数在年级总人数中的比重就是"$\frac{B}{C}$"。问：该班女生在整个年级所占的比重是多少？

集合比重＝$\frac{A}{B}$×$\frac{B}{C}$＝$\frac{A}{C}$＝$\frac{小集合}{中集合}$×$\frac{中集合}{大集合}$。

集合比重的计算其实利用的就是集合的"传递性"。

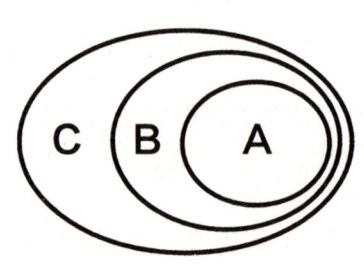

例 2015年J省S市全社会研发经费投入占地区生产总值的比重为2.7%，比2010年提高0.3个百分点。其中，规模以上工业企业研发经费投入占全社会研发经费投入的89%。规模以上工业企业中，建有独立研发机构的占38%，80%以上的大型企业建有独立研发机构。

2015年该市规模以上工业企业研发经费投入占地区生产总值的比重是（　　）。

A. 1.8%　　　　　B. 2.1%　　　　　C. 2.4%　　　　　D. 2.7%

第一个集合是规模以上工业企业研发经费；第二个集合是全社会研发经费；第三个集合是地区生产总值。

已知"规模以上工业企业研发经费投入占全社会研发经费投入的89%"，也就是说"$\frac{第一个集合}{第二个集合}=89\%$"；已知"全社会研发经费投入占地区生产总值的比重为2.7%"，也就是说"$\frac{第二个集合}{第三个集合}=2.7\%$"。

根据上述分析，规模以上工业企业研发经费投入占地区生产总值的比重＝$\frac{第一个集合}{第二个集合}\times\frac{第二个集合}{第三个集合}=89\%\times2.7\%\approx2.4\%$。在计算时，可以将"89%×2.7%"放缩为"90%×2.7%"，再在2.7%的基础上减去10%，结果在2.4%左右。

本题选C。

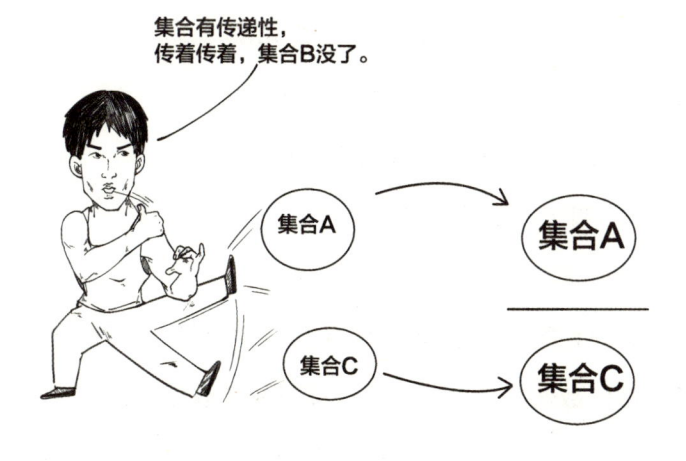

（四）求比重趋势

求比重趋势就是比较前期比重和本期比重的大小，以确定比重的变化趋势。

假设去年某班级的女生数为 M，班级总人数为 N，今年分别增加了 R_1 和 R_2；那么去年女生占班级总人数的比重是"$\frac{M}{N}$"，今年女生占班级总人数的比重就变成了"$\frac{M(1+R_1)}{N(1+R_2)}$"。

求比重趋势其实就是比较"$\frac{M}{N}$"和"$\frac{M(1+R_1)}{N(1+R_2)}$"的大小，因为"$\frac{M(1+R_1)}{N(1+R_2)} = \frac{M}{N} \times \frac{1+R_1}{1+R_2}$"，那我们就看分数"$\frac{1+R_1}{1+R_2}$"中分子和分母的变化趋势就可以了：

当分子增速大于分母增速时，则分数变大（比重上升）。

当分子增速小于分母增速时，则分数变小（比重下降）。

例 2019年，我国电信业务收入完成1.31万亿元，比上年增长0.8%。其中：固定数据及互联网业务收入完成2175亿元，比上年增长5.1%；移动数据及互联网业务收入6082亿元，比上年增长1.5%；固定增值业务收入1371亿元，比上年增长21.2%，其中，IPTV（网络电视）业务收入294亿元，比上年增长21.1%；物联网业务收入比上年增长25.5%。

下列指标中，2019年的数值高于2018年的有几项（　　）。

① 固定数据及互联网业务收入占电信业务收入比重

② 移动数据及互联网业务收入占电信业务收入比重

③ IPTV业务收入占固定增值业务收入比重

A. 0　　　　B. 1　　　　C. 2　　　　D. 3

解这道题的关键就是将每一个选项2018年和2019年的比重列出来，然后比较大小。因为这道题是已知现期的数值和增长率，在计算时要予以区分。

首先，看第一个选项"固定数据及互联网业务收入占电信业务收入比重"。2019年的比重是"$\frac{2175}{13100}$"，2018年的比重是"$\frac{2175}{13100} \times \frac{1+0.8\%}{1+5.5\%}$"。接下来就看分数

"$\frac{1+0.8\%}{1+5.5\%}$"中分子和分母的变化趋势,分子增速明显小于分母增速,比重下降了。2018年所占的比重小于2019年的比重,符合题目要求。

其次,再看第二个选项"移动数据及互联网业务收入占电信业务收入比重"。2019年的比重是"$\frac{6082}{13100}$";2018年的比重是"$\frac{6082}{13100} \times \frac{1+0.8\%}{1+1.5\%}$"。接下来就看分数"$\frac{1+0.8\%}{1+1.5\%}$"中分子和分母的变化趋势,分子增速明显小于分母增速,比重下降了。2018年所占的比重小于2019年的比重,符合题目要求。

最后,看第三个选项"IPTV业务收入占固定增值业务收入比重"。这里要注意,分母变成了"固定增值收入",不要因为粗心丢分。2019年的比重是"$\frac{294}{1371}$";2018年的比重是"$\frac{294}{1371} \times \frac{1+21.2\%}{1+21.1\%}$"。接下来就看分数"$\frac{1+21.2\%}{1+21.1\%}$"中分子和分母的变化趋势,分子增速略大于分母增速,比重上升了。2018年所占的比重大于2019年的比重,不符合题目要求。

本题选C。

(五)求比重差

对比重差的考查形式比较单一,看准题型直接套公式就行,咱们先一起把公式推导一下。

假设去年某班级的女生数为a,总人数为b,今年分别增长了R_1和R_2后变成了A和B;那么去年女生占总人数的比重是"$\frac{a}{b}$",今年女生占总人数的比重就变成了"$\frac{a(1+R_1)}{b(1+R_2)}$"。

问：今年女生占班级人数的比重比去年增加了多少？这就是求比重差。

比重差＝本期比重－前期比重＝$\frac{a(1+R_1)}{b(1+R_2)} - \frac{a}{b} = \frac{a(1+R_1)}{b(1+R_2)} - \frac{a(1+R_2)}{b(1+R_2)} = \frac{a}{b} \times \frac{1+R_1-1-R_2}{1+R_2} = \frac{a(R_1-R_2)}{b(1+R_2)}$。

此时，我们发现"$b(1+R_2)=B$"，所以比重差公式为：比重差＝$\frac{a}{B} \times (R_1-R_2)$。

在这个公式里，a是基期的某个部分，比如去年班级中的女生数；B是现期总数，比如今年的班级总人数；R_1是部分的增长率，比如今年女生人数的增长率；R_2是整体的增长率，比如今年班级总人数的增长率。

记住这个公式，遇到相应题型直接套就行了。

例 截至2020年底，全国基层群众性自治组织共计61.5万个，同比减少4.35%。其中，村委会50.2万个，占基层群众性自治组织的81.63%。

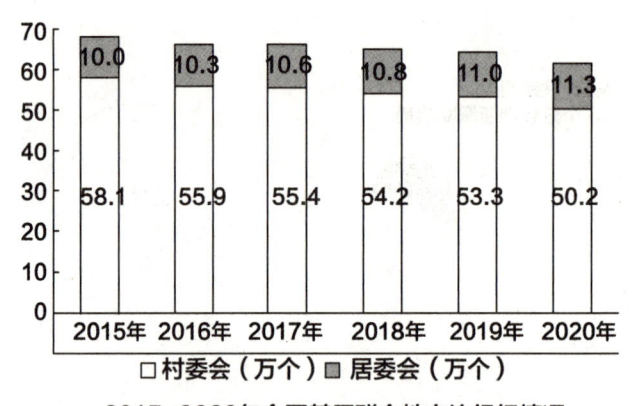

2015~2020年全国基层群众性自治组织情况

相较2019年，2020年村委会占基层群众性自治组织的比重（　　　）。

A. 降低了约1.26个百分点　　　　B. 提高了约1.26个百分点

C. 降低了约12.6个百分点　　　　D. 提高了约12.6个百分点

首先，已知"截至2020年底，村委会占全国基层群众性自治组织的比重为81.63%"。

接着，计算2019年村委会占基层群众性自治组织的比重。由柱状图可知，2019年村委会有53.3万个，全国群众性自治组织有"53.3＋11.0＝64.3"万个。据此，计算得出

比重为 "$\frac{53.3}{64.3} \approx 82.90\%$"。

最后，用 2020 年的比重减去 2019 年的比重，即 "$81.63\% - 82.90\% = -1.27\%$"。

本题选 A。

这是根据题意一步一步计算得出的，看似很稳，但是很耗费时间。咱们套用公式解决一下：

第一步，找到基期的某部分，即 2019 年村委会的数量为 53.3 万个；第二步，找到现期总数，即 2020 年全国基层群众性自治组织的数量为 61.5 万个；第三步，找到部分增长量 R_1，即 2020 年村委会的增长率为 "$\frac{50.2-53.3}{53.3} = -\frac{3.1}{53.3} \approx -\frac{3}{50} = -6\%$"；第四步，找到整体增长率 R_2，即 2020 年全国基层群众性自治组织的增长率为 "-4.35%"；最后，套上公式 "比重差 $= \frac{53.3}{61.5} \times [-6\% - (-4.35\%)] \approx \frac{5}{6} \times (-1.65\%) < -1.65\%$"，符合条件的只有选项 A。

因为选项之间的差异很大，所以在进行第三步和最后一步时，咱们可以大胆地使用"放缩法"简化运算，以快速确定正确选项为第一要义。

比重差 $= \frac{a}{B} \times (R_1 - R_2)$

$-\frac{3.1}{53.3} \approx -\frac{3}{50}$

$\frac{53.3}{61.5} \approx \frac{5}{6}$

先记住公式，然后在选项差异较大的情况下大胆地"缩放"。

六、求平均值

这类题目没啥可说的，就是求平均数。

（一）求一般平均数

送分题，简单得不要不要的。

例 截至2017年底，我国共有30个省（区、市）投产了747个生物质发电项目，并网装机容量1476.2万千瓦（不含自备电厂），年发电量794.5亿千瓦时。其中农林生物质发电项目271个，累计并网装机700.9万千瓦，年发电量397.3亿千瓦时；生活垃圾焚烧发电项目339个，累计并网装机725.3万千瓦，年发电量375.2亿千瓦时；沼气发电项目137个，累计并网装机50.0万千瓦，年发电量22.0亿千瓦时。

2017年平均每个农林生物质发电项目的年发电量约是沼气发电项目的多少倍？（　　）

A. 3　　　　B. 5　　　　C. 9　　　　D. 17

已知"农林生物质发电项目271个，年发电量397.3亿千瓦时"，得出每个农林生物质发电项目的年发电量为$\frac{397.3}{271}$亿千瓦时。

已知"沼气发电项目137个，年发电量22.0亿千瓦时"，得出每个沼气发电项目的年发电量为$\frac{22}{137}$亿千瓦时。

最后，用"每个农林生物质发电项目的年发电量"除以"每个沼气发电项目的年发电量"，即"$\frac{397.3}{271} \div \frac{22}{137} = \frac{397.3}{271} \times \frac{137}{22}$"。137除以22的结果比6稍微大一点点，而"$\frac{397.3}{271}$"则约等于"$\frac{400}{270}$"。使用"拆分法"将"$\frac{400}{270}$"拆分为"$\frac{270+130}{270}$"，结果比1.5稍微小一点。

基于上述分析可知，最后结果应该在"9"附近。

本题选C。

解答资料分析的目的是迅速确定答案，因此可大胆使用各种小技巧快速估算。

（二）求年均增长量

年均增量＝$\frac{末期－基期}{年份差}$；年份差是末期年份与基期年份的差，比如末期是 2023 年，基期是 2020 年，那么年份差就是"2023－2020＝3"。

一般而言，计算年均增长量是按照上述方式进行的，但是关于"基期"是否需要往前推一年，有争议。比如，若计算 2020～2023 年某事物的年均增长量，那么理论上我们应该计算 2020 年、2021 年、2022 年和 2023 年的增长量的平均值，而 2020 年的增长量应该结合 2019 年的数据计算出。所以，严谨地说，计算年均增长量应该把"基期"往前推一年。

既然有严谨的说法，那么就有不严谨的说法，应该如何区分呢？ 这里提供几个经验：一是求"'十四五'（2021～2025 年）规划时期的年均增长量"时，年份差不能简单地用"2025－2021＝4"来计算，而是要按照"5 年"计算，毕竟是五年规划；二是题目要求"2021～2025 年这五年的年均增长量"时，直接说"这五年"了，就不要计算年份差了；三是图形材料中画出了比基期更靠前一年的数据，比如问"2021～2025 年的年均增长量"，却在图中列出了 2020 年的数据，这时我们要把基期往前推一年，年份差要多算一年。

除上述情况外，当我们无法按照题目提供的信息向前推一年或者向前推一年没有答案时，统一按照"不严谨"的方式处理，直接将年份相减求"年份差"。

再补充一点，当两种情况冲突，感觉无从下手时，就坚定地按照严谨的做法往下做吧，毕竟算数本身就是一件严肃的事，你说呢？

例 1 2016～2021 年我国公共充电桩数量年均增长量约为（　　　）。

A. 15.57 万台　　　B. 17.35 万台　　　C. 18.17 万台　　　D. 19.94 万台

图1：2015~2021年我国公共充电桩数量（单位：万台）

年份	2015	2016	2017	2018	2019	2020	2021
数量	5.7	15	21.4	30	51.6	80.7	114.7

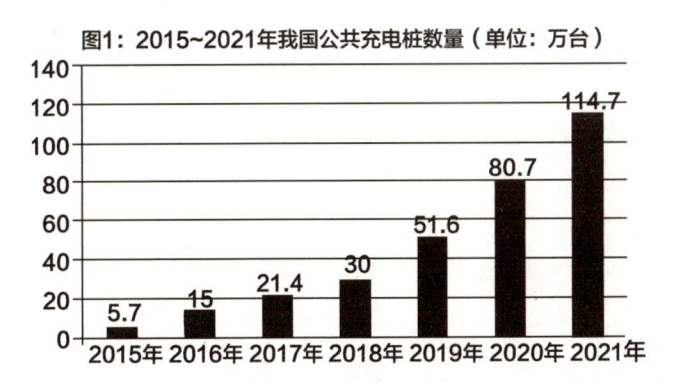

图中除了 2016~2021 年的公共充电桩数量外，还列出了 2015 年的公共充电桩数量，此时，咱们需要将基期往前推一年，也就是说年份差不是"2021－2016＝5"，而是"2021－2015＝6"。

已知"2021 年我国公共充电桩数量为 114.7 万台，2015 年为 5.7 万台"，直接列出算式：$\frac{末期－基期}{年份差}=\frac{114.7-5.7}{6}=\frac{109}{6}\approx 18.17$（万台）。

本题选 C。

例 2 2015~2018 年，A 省新登记市场主体数年增长约（　　）万户。

A. 15.1　　　　B. 23.2　　　　C. 30.3　　　　D. 36.4

2015~2018 年 A 省新登记市场主体情况（单位：万户）

项目	2018 年	2017 年	2016 年	2015 年
新登记市场主体	229.74	195.00	161.58	138.76
一、新登记企业	97.80	90.41	79.05	61.10
1. 第一产业新登记企业	0.59	0.59	0.57	0.48
2. 第二产业新登记企业	14.42	14.42	11.40	9.20
3. 第三产业新登记企业	82.78	75.40	67.08	51.42
二、新登记个体工商户	131.56	104.10	82.04	77.11
三、新登记农民专业合作社	0.38	0.49	0.49	0.55

本题表述就没那么严谨了，已知"2018 年新登记市场主体数为 229.74 万户，2015 年新登记市场主体数为 138.76 万户"，得出新增市场主体数为：229.74－138.76≈91（万户）。

因为题目中没有办法将基期往前推一年，则直接求得年份差：2018－2015＝3（年）。

最终，我们求得年均增长量：$\frac{91}{3}\approx 30.3$（万户）。

本题选 C。

> 只要条件允许就"严谨"一点，把"基期"往前推一年。

（三）求年均增长率

求解 n 年间的平均增速，考法单一，但是因为涉及开方运算，难度较大。计算时，一方面要熟记部分常见的开方数，另一方面则要学会估算。

第一个公式：$(1+r)^n = \dfrac{末期}{基期}$。

当增长率较大且选项数值差别较大时适合使用该公式进行代入验证，可熟记几组数据：

$(1+5\%)^3 = 1.158$，$(1+5\%)^4 = 1.216$；

$(1+10\%)^3 = 1.331$，$(1+10\%)^4 = 1.46$；

$(1+15\%)^3 = 1.521$，$(1+15\%)^4 = 1.75$；

$(1+20\%)^3 = 1.728$，$(1+20\%)^4 = 2.07$。

该公式比较适用于增长为"5%、10%、15%、20%"时，可熟记并"连蒙带猜"地应用到考试中。

第二个公式：$1+nr = \dfrac{末期}{基期}$。

当增长率较小时可使用该公式；该公式只是个估算值，那它是怎么得来的呢？咱们先举两个例子：

$(1+r)^4 = 1 + 4r + 6r^2 + 4r^3 + r^4$；

$(1+r)^5 = 1 + 5r + 10r^2 + 10r^3 + 5r^4 + r^5$。

由这两个例子，咱们可联系到多次方公式：

$(1+r)^n = C_n^0 1^n r^0 + C_n^1 1^{n-1} r + C_n^2 1^{n-2} r^2 \cdots\cdots + C_n^n r^n$。

当 r 比较小时，从第三项开始，随着平方数的增加，数越来越小，对结果的影响也越来越小，因此，可以直接用"$1+nr$"来替代整个公式进行估算。

例1 2016～2018年，我国国际重要湿地面积的年均增长率约为（　　）。

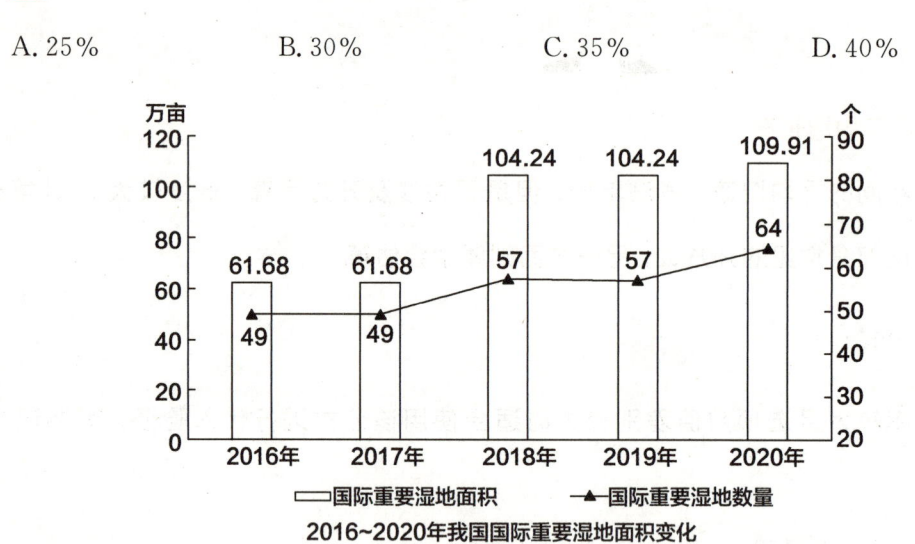

A. 25%　　　　　B. 30%　　　　　C. 35%　　　　　D. 40%

2016～2020年我国国际重要湿地面积变化

由图表可知，"2018年我国国际重要湿地面积为104.24万亩，2016年我国国际重要湿地面积为61.68万亩"。

选项数值较大且差距明显，咱们先用第一个公式代入验证下。

$(1+r)^{2018-2016} = (1+r)^2 = \dfrac{104.24}{61.68} \approx \dfrac{104}{61}$；将"104"拆分为"61+43"，则 $\dfrac{104}{61} = \dfrac{61+43}{61} \approx 1+0.70 = 1.70$。

不难发现 $(1+30\%)^2 = 1.3^2 = 1.69$，即 $r = 30\%$。

本题选 B。

使用本方法其实就是一个代入验证的过程，如果涉及3次及以上幂指数的话，则更需要熟记一些基础数据并代入验证。

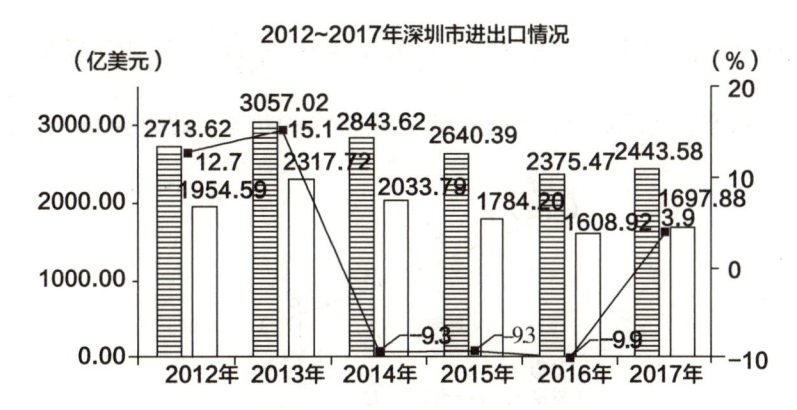

例 2 2012~2017 年，深圳市进口总额的年均增长率约为（　　）。

A. -2.8%　　　　B. -6.3%　　　　C. -10.0%　　　　D. -13.2%

2012~2017年深圳市进出口情况

（亿美元）
- 2012年：出口总额 2713.62，进口总额 1954.59，进出口总额同比增长 12.7%
- 2013年：出口总额 3057.02，进口总额 2317.72，进出口总额同比增长 15.1%
- 2014年：出口总额 2843.62，进口总额 2033.79，进出口总额同比增长 -9.3%
- 2015年：出口总额 2640.39，进口总额 1784.20，进出口总额同比增长 -9.93%
- 2016年：出口总额 2375.47，进口总额 1608.92，进出口总额同比增长 -9.9%
- 2017年：出口总额 2443.58，进口总额 1697.88，进出口总额同比增长 3.9%

选项数据较小，可以采用第二个公式进行推算。

由图表得知，"2017 年深圳进口总额为 1697.88 亿美元，2012 年进出口总额为 1954.59亿美元"，直接套用第二个公式：$1+(2017-2012)r=\frac{1697.88}{1954.59}\approx\frac{169}{195}$；将 "169" 拆分为 "195－20－6"，则：$\frac{169}{195}=\frac{195-20-6}{195}=\frac{195}{195}-\frac{20}{195}-\frac{6}{195}\approx 1-0.1-0.03\approx 0.87$。

$1+5r\approx 0.87$；解得 $r\approx -0.026$。

本题选 A。

七、比较题

（一）比增速

先介绍第一个小的技巧"画线法"。已知增速 = $\frac{增长量}{基期}$，假如不同年份的基期处于一个不断上升的状态，而增长量则处于一个逐年减少的状态，此时会形成下图：

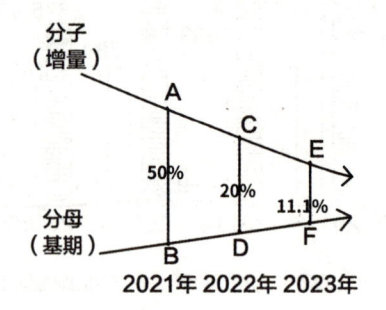

根据上图，依次假设 2020 年、2021 年、2022 年、2023 年的基期分别是 100、150、180、200；则 2021 年、2022 年、2023 年的增量分别是 50、30、20。不难看出 2020~2023 年的基期一直处于上升的状态，而增量则逐年减少。三年的增速分别是 50%、20%、11.1%，这个变化正好符合上图的整体趋势，线段 AB、CD、EF 分别对应这三个增速。

所以，在比较增速大小时，如果数据呈现"分母（基期）逐渐上升而分子（增量）逐渐下降"的趋势，就可以直接画线，根据线段长短判断增速快慢。

使用该方法时一般是两两进行比较，如果几组数据恰好都符合上图的状态时，则可以一起比较。

例1 2014~2019 年全球卫星产业收入增长最快的年份是（　　）。

A. 2014 年　　　B. 2015 年　　　C. 2017 年　　　D. 2018 年

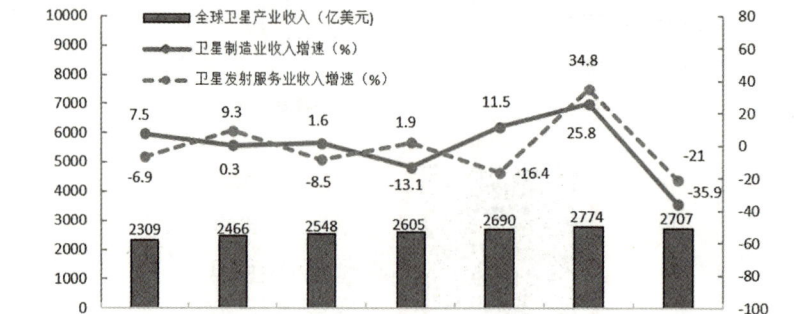

题目让求卫星产业收入增速最快的年份，四个选项对应着四个年份；求增速必须要知道增量，那么我们需要知道 2013 年、2014 年、2015 年、2016 年、2017 年和 2018 年的基期数，然后求出增量。

由图表得知，2013 年、2014 年、2015 年、2016 年、2017 年和 2018 年的基期数分别是 2309、2466、2548、2605、2690 和 2774；则对应的 2014 年、2015 年、2017 年和 2018 年的增量分别是 157、82、85 和 84。

据此，选项 A 中 2014 年的增长率为 "$\frac{157}{2309}$"；选项 B 中 2015 年的增长率为 "$\frac{82}{2466}$"；选项 C 中 2017 年的增长率为 "$\frac{85}{2605}$"；选项 D 中 2018 年的增长率为 "$\frac{84}{2690}$"。

四个选项的分母（基期）从左到右依次上升，但分子（增量）有升有降；此时，咱们就可先两两比较，将符合"分母上升、分子下降"趋势的选项进行比较。

将选项 A 和 B 比较，分母上升、分子下降，淘汰 B；将选项 C 和 D 比较，分母上升、分子下降，淘汰 D；最后将选项 A 和 C 比较，分母上升，分子下降，淘汰 C。

本题选 A。

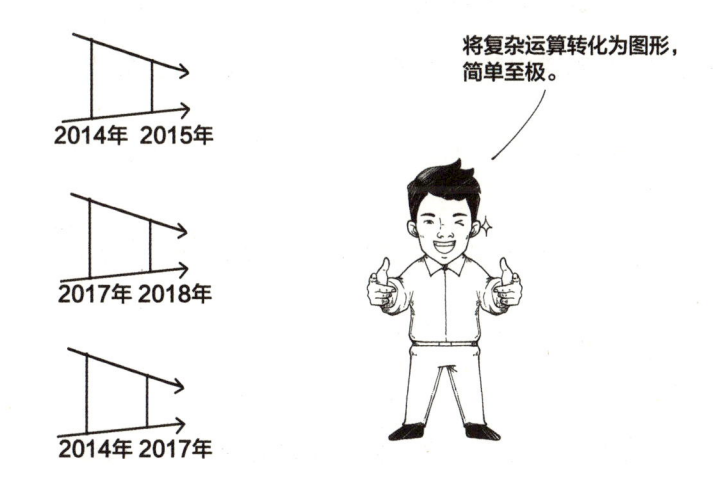

再介绍第二个小技巧"看趋势"。

比较两个分数的大小，如果分子增速快于分母的增速，则分数变大；如果分子增速慢于分母的增速，则分数变小。

比如，试比较 "$\frac{75}{142}$" 与 "$\frac{91}{156}$" 的大小。

先看分子增速,从 75 增长到 91,增长了 16,增速大于 20%;再看分母增速,从 142 增长到 156,增长了 14,增速略小于 10%;分子增速明显快于分母增速,则分数变大了,即 "$\frac{91}{156} > \frac{75}{142}$"。

例 2 下列时间段中,哪个时间段内每万人口中科技人力资源数年均增速最慢( )。

A. 2005～2010 年　　B. 2006～2011 年　　C. 2007～2012 年　　D. 2008～2013 年

2005~2013年中国科技人力资源总量

根据图表中的信息,分别算出四个选项的值,然后再进行比较。

选项 A 中 2005～2010 年的增速为 "$\frac{425-268}{268} = \frac{157}{268}$";选项 B 中 2006～2011 年的增速为 "$\frac{468-292}{292} = \frac{176}{292}$";选项 C 中 2007～2012 年的增速为 "$\frac{498-321}{321} = \frac{177}{321}$";选项 D 中 2008～2013 年的增速为 "$\frac{522-354}{354} = \frac{168}{354}$"。

将选项 A "$\frac{157}{268}$" 和选项 B "$\frac{176}{292}$" 比较,分子增速明显大于分母增速,分数变大了,淘汰 B;将选项 C "$\frac{177}{321}$" 和选项 D "$\frac{168}{354}$" 比较,分母上升、分子下降,淘汰 C;将选项 A "$\frac{157}{268}$" 和选项 D "$\frac{168}{354}$" 比较,分子增速明显小于分母增速,分数变小了,淘汰 A。

本题选 D。

$$A \frac{157}{268} \xrightarrow{10\%+} \frac{176}{292} \text{ 乙}$$
$$10\%-$$

方法可以混用，怎么简单怎么来。

$$\text{甲} \frac{157}{268} \xrightarrow{5\%+} \frac{168}{354} D$$
$$30\%+$$

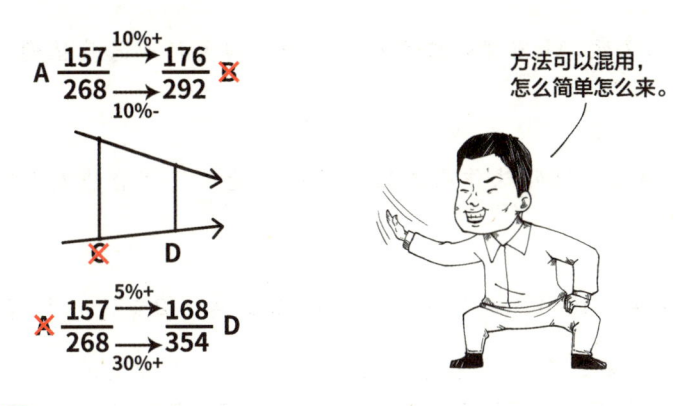

（二）比增量

当题目数字比较小、简单时，可以通过直接计算进行比较；但是，很多题目的数是很复杂的，此时再去计算的话就得不偿失了。基于此，请考生牢记两条基本经验：

一是"现期越大，增长率越大，则增量越大"。

怎么得来的呢？主要看一个公式：增量＝基期×增长率＝$\frac{现期}{1+增长率}$×增长率＝现期×$\frac{增长率}{1+增长率}$。在这个公式中，增量的大小跟现期以及增长率直接相关，所以记住这个经验就好啦。

二是"A 的现期是 B 的现期的 N 倍，只有当 B 的增长率是 A 的增长率的 N 倍以上时，A 和 B 的增量才可能相等"。

这条经验的推导方式一句话说不清楚，咱们直接做个表：

	基期	增长率	现期	增量
A	100	10%	110	10
B	45	22%	55	10

图中信息交代得明明白白：A 的现期"110"是 B 的现期"55"的 2 倍；在 A 的增量"110－100＝10"和 B 的增量"55－45＝10"相同的情况下，B 用了 22% 的增长率才达到了 A 用 10% 增长率所达到的效果。所以，该图就验证了第二条经验，大家可以放心"食用"啦。

例 2020年前三季度，G省智能机器人产业中，四大行业总产值的同比增量排序正确的是（　　）。

①工业机器人制造业　②特殊作业工业机器人制造业　③智能无人飞行器制造业　④服务消费机器人制造业

A.①>③>②>④　　B.④>②>①>③　　C.③>④>②>①　　D.③>①>②>④

2020年前三季度G省智能机器人产业四大行业发展情况

行业名称	企业个数	总产值（亿元）	同比增长
工业机器人制造业	95	76.88	57.4%
特殊作业工业机器人制造业	4	2.77	163.0%
智能无人飞行器制造业	17	201.07	31.7%
服务消费机器人制造业	24	26.18	−22.8%

第④项是负增长，肯定排最后一位，直接排除选项B和C。

接下来的关键就是确定①和③的前后顺序。已知"工业机器人制造业总产值是76.88亿元，同比增长57.4%；智能无人飞行器制造业总产值是201.07亿元，同比增长31.7%"，③的现期"201.07"是①的现期"76.88"的2.61倍左右，而①的增长率"57.4%"却仅仅是③的增长率"31.7%"的1.81倍左右，二者相差悬殊，显然③的同比增量更大。

本题选D。

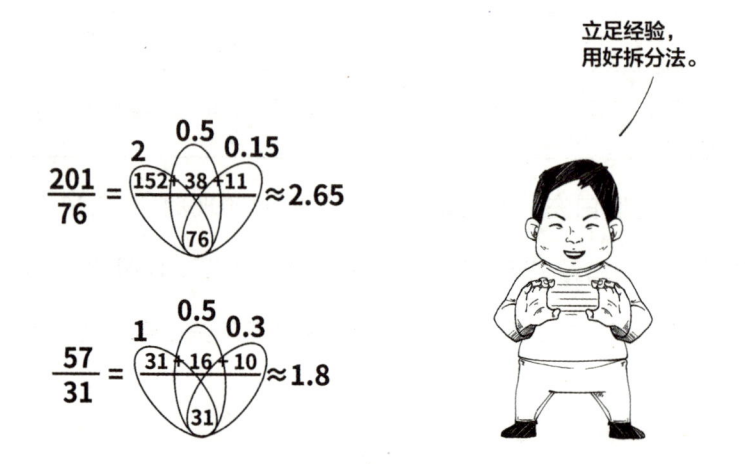

$$\frac{201}{76} = \frac{\overset{2}{152} + \overset{0.5}{38} + \overset{0.15}{11}}{76} \approx 2.65$$

$$\frac{57}{31} = \frac{\overset{1}{31} + \overset{0.5}{16} + \overset{0.3}{10}}{31} \approx 1.8$$

立足经验，用好拆分法。

(三)看图比较

这类题目非常简单,但是解题要注意避坑,认真审题,看准"时间、单位、合计"等信息。

例 2017年全国二手车累计交易量为1240万辆,同比增长19.3%;二手车交易额为8092.7亿元,同比增长34%。2017年12月,全国二手车市场交易量为123万辆,交易量环比上升7.4%,上年同期交易量为108万辆。

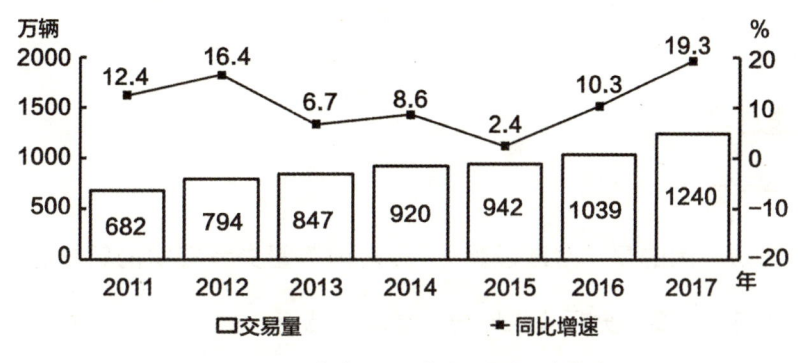

2011~2017年全国二手车交易量及同比增速

2011~2017年,全国二手车交易量同比增量低于80万辆的年份有几个?( )

A. 3 B. 4 C. 5 D. 7

这道题难度很小,将图中相邻的柱状图相减,数出差值80万以下的年份就是答案。经过计算,2013年、2014年和2015年的增量在80万辆以下。很多同学高兴坏了,直接选A。结果因为审题不细,丢分! 为啥呢? 题目划定的时间范围是"2011~2017年",在图表中,2011年的交易量和同比增速是已知的,此时可以轻松地算出2011年的增量。

通过观察发现2011年的增速为"12.4% ≈ $\frac{1}{8}$",咱们直接用"份数法"解出增量的值。设这个增加的"$\frac{1}{8}$"是1份,那么2010年总共有"8份"。此时,原题就变成了"2010年有8份,增加了1份,变成了2011年的9份";2011年的交易量是682万辆,即"9份=682万辆",解得"1份≈76万辆",即2011年的增量也低于80万辆。

本题选 B。

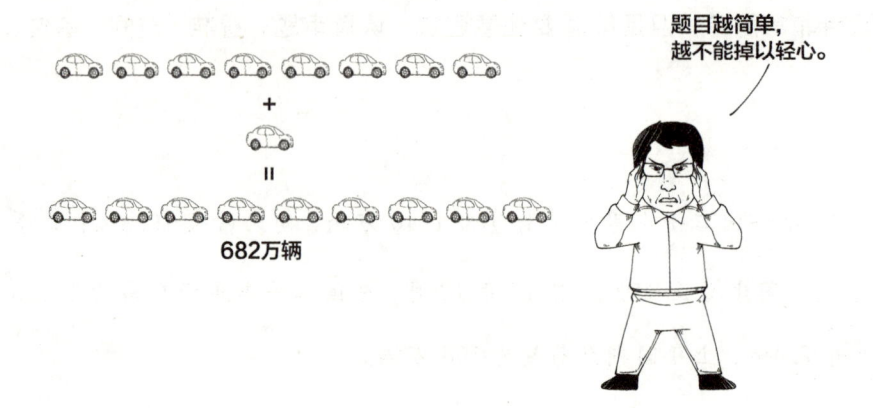

八、特殊题型

（一）用十字交叉法解题

这种解题方法应用的是"溶液思想"，跟之前数量关系模块的解题思路是一致的。不过，将该方法应用于资料分析模块时要注意以下几点：

1. 算出的结果对应的是"基期"值。

2. 混合增长率介于最高增长率和最低增长率之间。

3. 最高增长率和最低增长率哪个"量大"，混合增长率就靠近哪个。

比如，将一盆浓度为 5% 的盐水和一盆浓度为 10% 的盐水倒在一起，则混合溶液的浓度一定在 5%～10%。如果浓度为 5% 的盐水多倒一点，则混合溶液的浓度偏向 5%；反之亦然。假设将 100 克浓度为 5% 的盐水倒入 20 克浓度为 10% 的盐水中，则混合溶液的浓度为 5.8%，明显更接近于 5% 的盐水浓度。

如果两种溶液的质量一样大并掺和在一起，那么混合溶液的浓度就是两种溶液浓度的中间值。假设将 10 克浓度为 5% 的盐水倒入 10 克浓度为 10% 的盐水中，则最终溶液浓度是 7.5%。

基于上述分析，咱们可以得出总结：将低浓度盐水混合进高浓度盐水中，混合溶液浓度一定介于两者之间；如果低浓度盐水多放一点，则最终溶液浓度介于低浓度和中间值之间；如果高浓度盐水多放一点，则最终溶液浓度介于中间值和高浓度之间。

低浓度溶液多一点，则混合溶液浓度在低浓度和中间值之间。　　高浓度溶液多一点，则混合溶液浓度在中间值和高浓度之间。

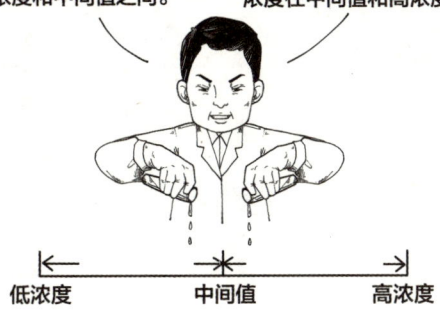

低浓度　　中间值　　高浓度

例 1 2014 年全国居民人均可支配收入为 20167 元，比上年增长 10.1%。按常住地分，城镇居民人均可支配收入为 28844 元，比上年增长 9.0%；农村居民人均可支配收入为 10489 元，比上年增长 11.2%。全国居民人均消费支出为 14491 元，比上年增长 9.6%。按常住地分，城镇居民人均消费支出为 19968 元，增长 8.0%；农村居民人均消费支出为 8383 元，增长 12.0%。

2014 年全国城镇居民人数占全国居民人数的比重是（　　）。

A. 36.4%　　　　B. 42.1%　　　　C. 52.7%　　　　D. 69.9%

人均可支配收入 $=\dfrac{总收入}{人数}$，人均消费支出 $=\dfrac{总消费}{人数}$，所以用"十字交叉法"求出的最终比值是人数之比。也就是说，谁在分母这个位置，最终的比值就是谁的比值。

这道题无论是按照人均支配收入还是人均消费支出算，结果都是一样的。

已知"全国居民人均可支配收入为 20167 元，城镇居民人均可支配收入为 28844 元，农村居民人均可支配收入为 10489 元"，则最终比值为城镇人数与乡村人数之比。将全国人均可支配收入理解为"混合浓度"。选项差距较大，直接用"放缩法"。

```
288         97
     201
104         87
```

也就是说，$\dfrac{城镇人口}{乡村人口}=\dfrac{97}{87}$，换言之，$\dfrac{城镇人口}{总人口}=\dfrac{97}{87+97}=\dfrac{97}{184}=\dfrac{92+5}{184}\approx 52\%$。

已知"全国居民人均消费支出为 14491 元，城镇居民人均消费支出为 19968 元，农村居民人均消费支出为8383元",直接套公式。

```
    199       61
       \    /
        144
       /    \
     83       55
```

也就是说,$\dfrac{城镇人口}{乡村人口}=\dfrac{61}{55}$,换言之,$\dfrac{城镇人口}{总人口}=\dfrac{61}{61+55}=\dfrac{61}{116}=\dfrac{58+3}{116}\approx 52\%$。

本题选 C。

例2 2017 年,A 省完成邮电业务总量 6065.71 亿元。其中,电信业务总量为 3575.86 亿元,同比增长 75.8%;邮政业务总量为 2489.85 亿元,增长 32.0%。

2017 年 A 省邮电业务总量同比增速在以下哪个范围之内?(　　)

A. 低于 25%　　　　　　　　B. 25%~50%

C. 50%~75%　　　　　　　　D. 超过 75%

首先,混合增速应该位于低增速和高增速之间,也就是 A 省邮电业务总量同比增速应该在 32.0%~75.8%,直接排除选项 A。

增长率=$\dfrac{增量}{基期}$,因此最终比值为基期之比,咱们要先算出 2017 年 A 省电信业务总量和邮政业务总量的基期。

已知"电信业务总量为 3575.86 亿元,同比增长 75.8%",则电信业务的基期为 "$\dfrac{3575.86}{1+75.8\%}\approx\dfrac{3576}{1.76}\approx\dfrac{3520+56}{1.76}\approx 2032$" 亿元。

已知"邮政业务总量为 2489.85 亿元,增长 32.0%",则邮政业务的基期为 "$\dfrac{2489.85}{1+32\%}\approx\dfrac{2489}{1.32}\approx\dfrac{2640-132-19}{1.32}\approx 2000-100-14\approx 1886$" 亿元。

已知"32.0%"和"75.8%"的中间值是"53.9%",又因为电信业务的总量比邮政业务的总量大,那么最终增速应该偏向电信业务的同比增长率"75.8%",也就是说邮电业务总量的同比增速为 53.9%~75.8%。

本题选 C。

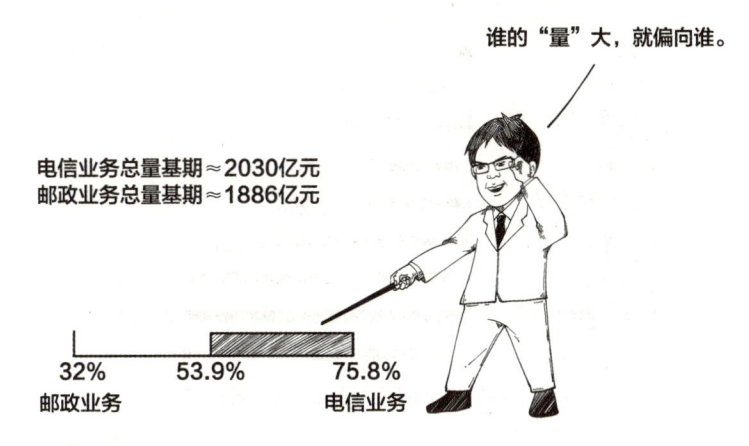

谁的"量"大，就偏向谁。

电信业务总量基期≈2030亿元
邮政业务总量基期≈1886亿元

32%　　53.9%　　75.8%
邮政业务　　　　电信业务

（二）用容斥原理解题

这种方法的原理跟在数量关系模块中原理是一样的，只不过具体问法可能不同，主要考查双集合问题。当两个集合的占比和超过100%时，则两个集合一定有交集。如果题目问"至多有多少"，则考虑包含关系；若题目问"至少有多少"，则考虑"相斥"，套用公式"$a+b-100\%$"或"$a+b-总量$"。

比如，一个班有40人，其中女生占了40%，北方人占了80%。

因为女生占比和北方人占比之和超过了100%，则两个集合一定有交集。如果题目问，班级中最多有多少北方女生？直接把40%的女生集合全部放到80%的北方人集合中，答案就是最多可以有40%的北方女生。如果题目问，班级中最少有多少北方女生？利用"相斥性"直接套公式"$40\%+80\%-100\%=20\%$"，答案就是最少有20%的北方女生。

例 2019年春节期间消费支出在2000元以下的受访居民中，"发红包、给压岁钱的"至少占（　　）。

A. 79.4%　　　　B. 61.0%　　　　C. 58.4%　　　　D. 52.9%

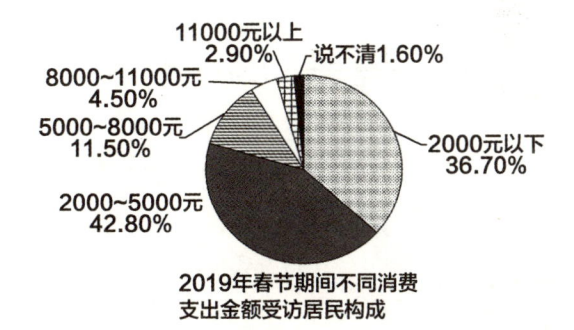

11000元以上 2.90%
说不清 1.60%
8000~11000元 4.50%
5000~8000元 11.50%
2000元以下 36.70%
2000~5000元 42.80%

2019年春节期间不同消费支出金额受访居民构成

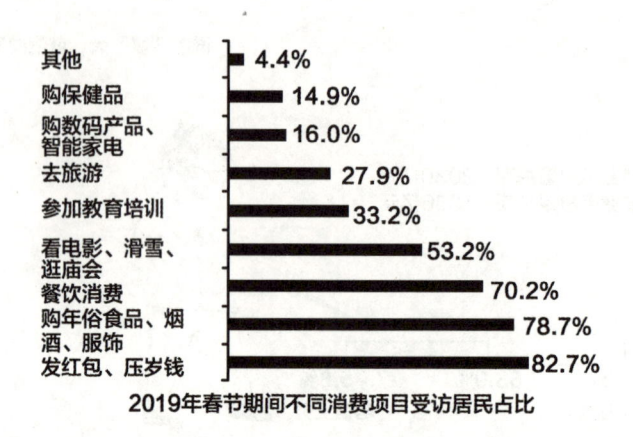

```
其他          4.4%
购保健品       14.9%
购数码产品、
智能家电       16.0%
去旅游         27.9%
参加教育培训    33.2%
看电影、滑雪、
逛庙会         53.2%
餐饮消费       70.2%
购年俗食品、烟
酒、服饰       78.7%
发红包、压岁钱  82.7%
```

2019年春节期间不同消费项目受访居民占比

题目问的是"至少",则直接套公式。

已知"2019年春节期间消费支出在2000元以下的受访居民占36.7%,发红包、给压岁钱的占82.7%",则同时参加这两个活动的为"36.7%+82.7%-100%=19.4%"。

算完是不是发现选项中没有这一结果？因为你审题不仔细。题目问的是"在支出在2000元以下的受访居民中,发红包、给压岁钱的至少占百分之几",即"同时参加这两项活动的"占了"消费支出在2000元以下的受访居民"的多少。答案就是"$\frac{19.4\%}{36.7\%}=\frac{194}{367}=\frac{184+10}{367}\approx 52\%$"。

本题选 D。

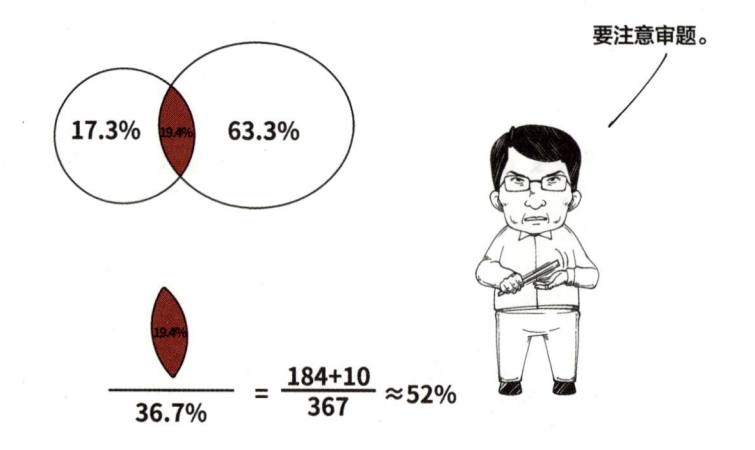

（三）拉动增长率和增长贡献率

拉动增长率 = $\frac{部分增长量}{整体基期量}$；增长贡献率 = $\frac{部分增长量}{整体增长量}$。

这类题目的考查方式很简单，只是涉及的概念比较新颖，考生记住定义和公式就可以了。

例 1 2018 全年实现社会消费品零售总额 2613.2 亿元，增长 9.1%，高于全省平均 1.2 个百分点。分行业看，批发业实现零售额 350.5 亿元，增长 14.5%；零售业实现零售额 2006.8 亿元，增长 7.1%；住宿业实现零售额 25.5 亿元，增长 24.1%；餐饮业实现零售额 230.4 亿元，增长 18.4%。分经营地看，城镇消费品零售额为 2415 亿元，比 2017 年增加 189.2 亿元；农村消费品零售额 198.2 亿元，比 2017 年增加 29.1 亿元。

2018 年，该市餐饮业零售额拉动社会消费品零售总额增长约为（　　）。

A. 3.5 个百分点　　　　　　　　B. 2.5 个百分点

C. 3 个百分点　　　　　　　　　D. 1.5 个百分点

已知"2018 年社会消费品零售总额为 2613.2 亿元，增长 9.1%"，社会消费品零售总额的基期为"$\frac{2613.2}{1+9.1\%} \approx \frac{2613}{1+9\%}$"，采用分配法解题：将"2000"分配给基期，则增长了"$2000 \times 9\% = 180$"，此时剩下"433"；将"400"分配给基期，则增长了"$400 \times 9\% = 36$"，比"33"多了"3"，误差很小忽略不计。最后，将社会消费品零售总额的基期记为"$2000 + 400 = 2400$"。

已知"餐饮业零售额为 230.4 亿元，增长 18.4%"，继续用分配法解题："$\frac{230.4}{1+18.4\%} \approx \frac{230}{1+18\%}$"，将"200"分配给基期，则增长了"$200 \times 18\% = 36$"，比"30"多了"6"，误差仍然很小可忽略不计。最后，将餐饮业零售额的增长量记为"$30 + 6 = 36$"。

最终，该市餐饮业零售额拉动社会消费品零售总额增长约为"$\frac{36}{2400} = 1.5\%$"。

本题选 D。

例 2 2014 年，商业营业用房对房地产开发投资同比增长的贡献率为（　　）。

A. 11%　　　　B. 12%　　　　C. 17%　　　　D. 27%

2014 年全国房地产开发和销售情况

指标	绝对量	比上年增长（%）
房地产开发投资（亿元）	95036	10.5
其中：住宅	64352	9.2
办公楼	5641	21.3
商业营业用房	14346	20.1

从表中可知"房地产开发投资 95036 亿元，同比增长 10.5%"。先用分配法求出房地产开发投资的增量，"$\frac{95036}{1+10.5\%} \approx \frac{95000}{1+10.5\%}$"，将"90000"分配给基期，则增长了"90000×10.5%=9450"，超出了"4450"，误差很大，影响结果。所以，要将多出来的扣回去，将"−4000"分配给基期，则增长了"−4000×10.5%=−420"。还剩下"4450+4000+420=−30"未分配，误差很小了，可直接全分给增量。最终，房地产开发投资增长了"9450−420−30=9000"。

从表中可知"商业营业用房投资 14346 亿元，同比增长 20.1%"，用份数法解题：将新增长的"20%"设为"1 份"，则基期有"5 份"，题目就变成了"原来有 5 份，增加 1 份现在变成了 6 份"；现在商业用房投资为 14346 亿元，则"6 份=14346 亿元"，解得"1 份=2391 亿元"。

最终，商业营业用房对房地产开发投资同比增长的贡献率为"$\frac{2391}{9000}$"，该结果一定比"$\frac{2391}{10000}$"大，即大于"23.91%"，只有选项 D 符合条件。

本题选 D。

其实，也可以用份数法计算房地产开发投资的增量，只不过误差稍微大一些，但不影响最终结果。"10.5%≈10%"，将"10%"设为"1 份"，则基期有"10 份"，题目变成了"原来有 10 份，增加 1 份变成了现在的 11 份"。现在的房地产开发投资为 95036 亿元，则"11 份＝95036 亿元"，解得"1 份≈8600 亿元"。

最终，商业营业用房对房地产开发投资同比增长的贡献率为"$\frac{2391}{8600}$"，该结果一定比"$\frac{2391}{10000}$"大，即大于"23.91%"，只有选项 D 符合条件。

第三章 判断推理

第一节　数字推理

本部分考查的比例较小，而且又比较简单，适合考场快速拿分；这里咱们只做基础介绍，大家做到心中有数就可以了。

这部分主要借助数列来考查大家的推理能力。

一、基础数列

常见基础数列有以下几个：一是等差数列，比如"1，3，5，7……"；二是等比数列，比如"1，2，4，8……"；三是质数数列，比如"2，3，5，7，11……"；四是周期数列，比如"1，3，5，1，3，5，……"；五是简单幂次数列，比如"1，4，9，16……""1，8，27，64……"；六是简单递推数列，比如递推和"1，2，3，5，8，13……"，递推差"86，52，34，18，16，2，14，−12……"，递推积"1，2，2，4，8，32，256……"，递推商"1，2，$\frac{1}{2}$，4，$\frac{1}{8}$，32……"等。

例 5，7，10，15，22，（　　）。

A. 28　　　　　　B. 30　　　　　　C. 33　　　　　　D. 35

乍一看，没啥规律；再一瞅，相邻两个数的差有特点，相邻两数相减的差分别是"2、3、5、7"，这不就是质数数列吗？那下一个相邻两数的差就是质数"11"。由此推出，括号中的数字应该是"22+11=33"。

本题选 C。

二、多重数列

此类数列的特点就是数字较多,有时候会出现两个括号。解题思路一般有三个:一是把数拆开看;二是奇数项和偶数项分别呈规律;三是把数字两两看成一组,简单计算后出现规律。

例1 19,18,26,24,33,30,40,( )。

A. 32　　　　B. 34　　　　C. 36　　　　D. 38

首先,看奇偶项,奇数项"19,26,33,40"构成公差是7的等差数列;偶数项"18,24,30,( )"构成等差是6的等差数列,所以括号内为36。

其次,还可以把两个数当一组,19-18=1,26-24=2,33-30=3,40-( )=4,分组后作差得到一个自然数列,括号内为36。

本题选C。

例2 2.1,5.2,8.4,11.8,14.16,( )。

A. 19.52　　　B. 19.24　　　C. 17.82　　　D. 17.32

把小数拆开看:

整数部分:"2,5,8,11,14"构成公差为3的等差数列,后一项整数部分为"14+3=17";

小数部分:"1,2,4,8,16"构成公比为2的等比数列,后一项小数部分为"16×2=32"。

括号内为17.32,本题选D。

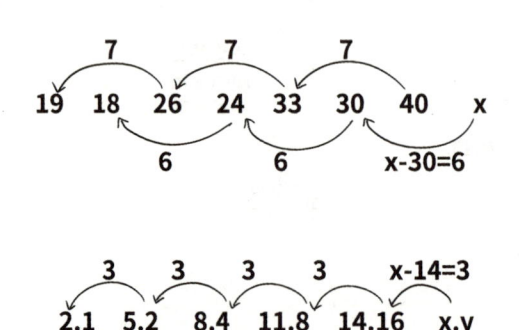

稍微复杂了一点,但问题不大。

三、分数数列

先看整体趋势，整体趋势相同时，要么分子、分母单独成规律，要么分子分母合在一起成规律；当趋势有波动时（忽大忽小），则可把变化项进行约分以获得规律。

例 1 $\frac{2}{5}$，$\frac{3}{10}$，$\frac{7}{30}$，$\frac{23}{210}$，（　　）。

A. $\frac{31}{967}$　　　　B. $\frac{35}{1208}$　　　　C. $\frac{159}{2282}$　　　　D. $\frac{187}{4830}$

先看分母，"5，10，30，210"之间的倍数关系是"2、3、7"，观察发现"2、3、7"正好位于分子上，得出规律"前一项的分母×前一项的分子＝后一项的分母"，故括号中的分母为"210×23＝4830"，可推得本题选 D。考场上，当我们能够通过分子或分母中任何一个的规律锁定答案时，就不用再看其他选项了。

再看看分子的规律，"3、7、23"分别是"5－2、10－3、30－7"的差，由此得出规律"前一项的分母－前一项的分子＝后一项的分子"，故括号中的分子为"210－23＝187"。

本题选 D。

例 2 1，$\frac{27}{15}$，2.6，$\frac{51}{15}$，（　　）。

A. $\frac{21}{15}$　　　　B. $\frac{21}{5}$　　　　C. 5.2　　　　D. 6.2

整体看，有分数有小数，为了方便观察，统一转为分数；分母中"15"出现了 2 次，咱们抓住这个特点进行统一转换，将所有数字转换为分母是 15 的分数，得出数列"$\frac{15}{15}$，$\frac{27}{15}$，$\frac{39}{15}$，$\frac{51}{15}$"，分母相同，观察分子。"15，27，39，51"构成公差为 12 的等差数列，括号中的数字的分子应为"51＋12＝63"，结果为"$\frac{63}{15}＝\frac{21}{5}$"。

本题选 B。

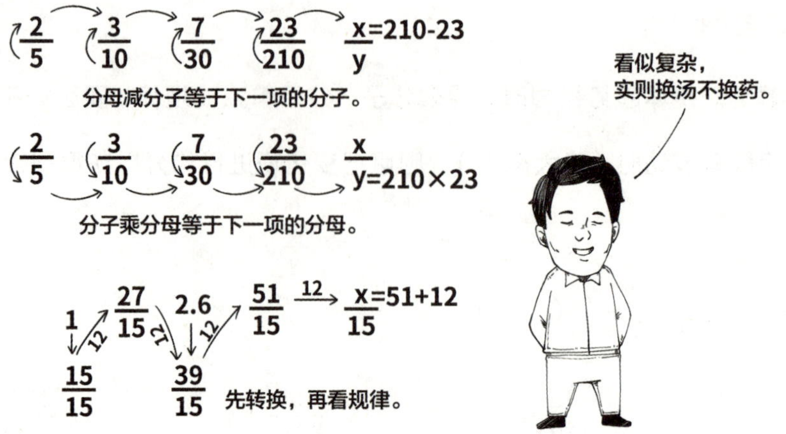

$\frac{2}{5}$ $\frac{3}{10}$ $\frac{7}{30}$ $\frac{23}{210}$ $\frac{x}{y}$ x=210-23

分母减分子等于下一项的分子。

看似复杂，实则换汤不换药。

$\frac{2}{5}$ $\frac{3}{10}$ $\frac{7}{30}$ $\frac{23}{210}$ $\frac{x}{y}$ y=210×23

分子乘分母等于下一项的分母。

1 $\frac{27}{15}$ 2.6 $\frac{51}{15}$ $\frac{12}{}$ $\frac{x}{15}$ =51+12

$\frac{15}{15}$ $\frac{39}{15}$ 先转换，再看规律。

四、做商数列

若相邻数字间存在倍数关系，两两做商即可。

例 1，2，6，30，210，（   ）。

A. 1890　　　　B. 2310　　　　C. 2520　　　　D. 2730

整体看，相邻两项之间呈倍数关系，分别是"2、3、5、7"倍，倍数呈典型的质数数列，故括号中的数字应该是"210×11＝2310"。

本题选 B。

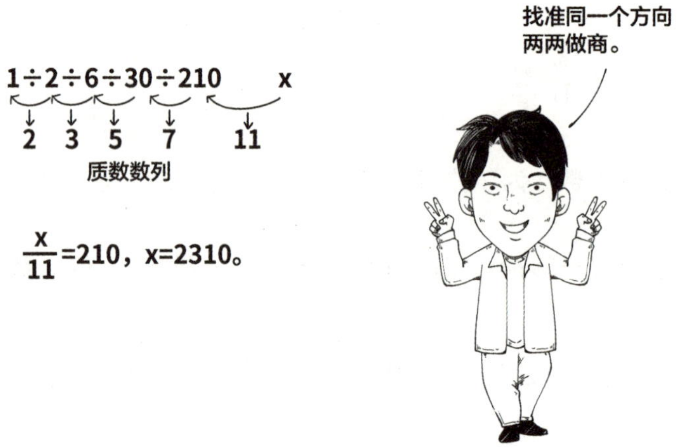

找准同一个方向两两做商。

1÷2÷6÷30÷210 x

2 3 5 7 11

质数数列

$\frac{x}{11}$ =210，x=2310。

五、幂次数列

这类数列特点是数字本身是幂或数字附近有幂；前者好找规律，后者则需要适当修正以发现规律。这里要注意一个特殊数字：64 既是 8 的平方，又是 4 的立方。

例 1 1, 2, 9, 64, 625, ( )。

A. 1728　　　　　B. 3456　　　　　C. 5184　　　　　D. 7776

观察发现 9 和 64 都跟"幂"有关，考虑幂次数列；将 64 转化为 4^3，则原数列变为"1^0, 2^1, 3^2, 4^3, 5^4"，由此推出括号中的内容为"$6^5=7776$"。

本题选 D。

例 2 2, 10, 30, 68, 130, ( )。

A. 222　　　　　B. 272　　　　　C. 300　　　　　D. 390

观察发现，数字变化幅度较大且没有明显可用的倍数关系；同时，数字 10 和 30 都在幂次附近，$10=2^3+2$，$30=3^3+3$，即"项数的立方加项数等于数值"。据此，原数列变为"1^3+1, 2^3+2, 3^3+3, 4^3+4, 5^3+5"；那么，括号中的内容应为"$6^3+6=222$"。

本题选 A。

> 数字变化幅度大，则考虑"幂"。

$$
\begin{array}{cccccc}
1 & 2 & 9 & 64 & 625 & x \\
\downarrow & \downarrow & \downarrow & \downarrow & \downarrow & \downarrow \\
1^0 & 2^1 & 3^2 & 4^3 & 5^4 & 6^5
\end{array}
$$

$$
\begin{array}{cccccc}
2 & 10 & 30 & 68 & 130 & x \\
\downarrow & \downarrow & \downarrow & \downarrow & \downarrow & \downarrow \\
1^3+1 & 2^3+2 & 3^3+3 & 4^3+4 & 5^3+5 & 6^3+6
\end{array}
$$

六、图形数列

此类题型常见圆形、三角形和方格子；圆形和三角形一般是找周边数字与中间数字之间的关系，而方格形则一般是按照同行、同列等规律"凑大数"。

例 1 填入图中"?"处的应该是（　　）。

A. 2　　　　B. 8　　　　C. 9　　　　D. 10

通过加减乘除运算使得外圈数字凑出中心圆中的数字。先观察第一个圈中的数字规律，再用第二个圈验证该规律。第一个图中5个数字呈现以下规律"$3×4-(5+2)=5$"。该规律是否适用于其他图形呢？

第二个图中5个数字也可以呈现该规律，"$4×6-(4+2)=18$"。基于上述分析，得出"?"处为$3×6-(7+2)=9$。

本题选 C。

例 2 观察表中数字的变化规律，依次填入空格 x、y 中的数字是（　　）。

4	3	6	8
2	4	5	7
6	x	11	15
36	49	y	225

A. 5，81　　　B. 5，121
C. 7，81　　　D. 7，121

通过观察可以发现，最后一行的数字明显大于其他行的数字，可初步判定为同列求和。

第一列和第四列的数字是已知的，先在第一列寻找规律，然后再在第四列验证规律，最后求 x 和 y 的值。

观察第一列发现，$(4+2)×6=36$，即前两个数的和等于第三个数，第四个数为第三个数的平方；再去第四列验证该规律，$(8+7)×15=225$，规律有效。由此得出，$x=49÷(3+4)=7$，$y=(6+5)×11=121$。

本题选 D。

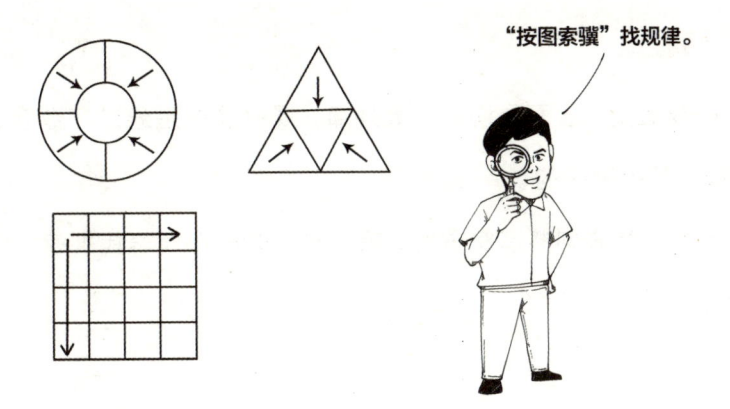

七、多级数列

这类数列中的数字变化较为平稳，一般通过两两作差或求和，得出新的规律，进而选出正确选项。这里要注意一个细节：作差的方向要保持一致。

例 −1，1，3，10，19，（　　），55。

A. 27　　　　　　B. 35　　　　　　C. 43　　　　　　D. 56

初看无明显规律，直接在已知数字中依次两两作差，得出"2，2，7，9"。数列依旧无规律，继续作差得出的"0，5，2"还是无规律，此时考虑再求和。将"2，2，7，9"依次求和，得到"4，9，16"，这不就是幂次数列吗，将其转化成"2^2，3^2，4^2"。

至此，规律在多级操作后出现了："4，9，16，25，36"。

往上反推一次得"2，2，7，9，16，20"，则括号中的数字应为55−20＝35。

本题选 B。

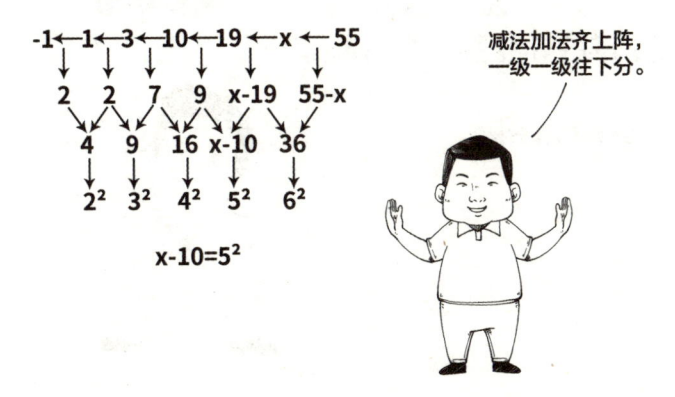

八、递推数列

这类数列有一定难度,表面看没啥显著规律,规律往往是通过在数字之间做加、减、乘、除、幂、倍等运算得出来的。

第一步,观察数字初步判断运算方式;第二步,选择几项寻找规律;第三步,代入其他数字验证规律。

例 1, 2, 5, 26, 677, (   )。

A. 458329　　　　B. 458330　　　　C. 458331　　　　D. 458332

初步观察或者做简单加减运算后发现无规律;再看,数字间变化特别快,考虑乘积或幂次运算。

在做递推数列时,要善于在数字内部寻找运算公式。可以发现 $26=5^2+1$,也就是"前一项的平方加一等于后一项",该规律是否通用呢,咱们验证一下:$1^2+1=2$,$2^2+1=5$,$26^2+1=667$。经验证,该规律正确,则括号中的数字应该为"667^2+1"。先别着急运算,这么大的数字得算到猴年马月? 667^2 的尾数一定是 9,"$9+1=10$",所求数字的末位数字是"0"。

本题选 B。

遇到大数别着急算,找到特点可以"事半功倍",极大地节省时间。

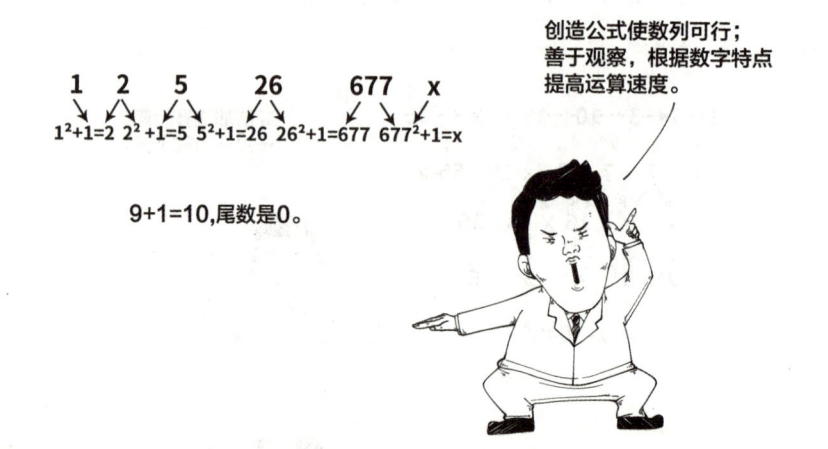

1　 2　 5　 26　 677　 x
$1^2+1=2$　$2^2+1=5$　$5^2+1=26$　$26^2+1=677$　$677^2+1=x$

9+1=10,尾数是0。

创造公式使数列可行;善于观察,根据数字特点提高运算速度。

九、特殊数列

遇到这类数列，之前的规律、方法都不适用。反正考场上啥奇葩的规律都可能会出现，不把这类题当作一般的数字推理就是了。

例 123456，61234，4612，（   ），62，2。

A. 326　　　　　　B. 261　　　　　　C. 246　　　　　　D. 512

数字变化极大，考虑做商，但是没发现啥明显规律；没办法，把这些数字想象成图片，去掉它们的数字属性再仔细观察一下。

可以发现，第二项比第一项少了"5"，第三项比第二项少了"3"，最后一项比倒数第二项少了"6"，这里边有啥规律吗？有！消失的数字都是前项数字十位上的数。

再观察，可以发现每个数的第一位都发生了变化，第二项变成了"6"，第三项变成了"4"，最后一项变成了"2"，这里边有啥规律吗？有！前项数字个位上的数变成了后项最高位上的数字。

至此，规律找全了，经过验证，所有数字都符合上述规律。将"4612"的个数数字"2"改成最高位数字，再将十位数字"1"去掉，数字变成了"246"。

本题选 C。

第二节 图形推理

图形的常见变化规律并不算多，但是图形掺杂在一起的时候难免让人眼花缭乱。有些小伙伴可能与生俱来地对图形敏感，一看就会，那基本上可以不用重点练习这部分了，毕竟有天赋；还有一些人可能本身对图不敏感，那么可以熟记一些小技巧，通过实战积累经验。

图推的出题形式主要有以下几种：

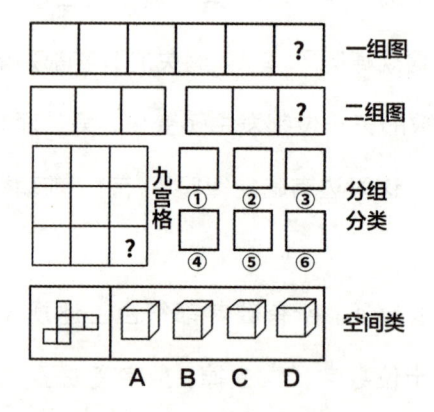

一组图：首选从左至右依次观察，次选隔空跳着看，比如"1，3，5""2，4，6"。

二组图：第一组图找规律，第二组图验证规律；第二组图的规律可以是相似规律，比如第一组图是顺时针转，那么第二组图可能是逆时针转。

九宫格：第一行或第一列找规律，第二行或第二列验证规律，第三行或第三列应用规律；先横着找，再竖着找，较小的概率是按照"米""S""O"等字形顺序找。

分组分类：把有相同规律的分为一组。

空间类：六面体、四面体、截面图、立体拼合、三视图等均有涉及；空间想象能力差的同学可能吃点力，多学多练吧。

一、图形位置

图形间的位置一般分为动态位置和静态位置两种，常考的是动态位置。动态位置主要考察三种：一是平移，按照上下、左右、对角线做直线运动或者按照逆时针、顺时针方向移动，移动步数可能是固定的，也可能是递增的，比如依次走1、2、3步；二是旋转，按照一定角度做顺时针或逆时针运动，常见角度有45°、60°、90°、120°、180°等；三是翻转，上下、左右沿着对称轴"折过去"。动态位置类的题目有一个显著特点就是，图形组成元素相同。

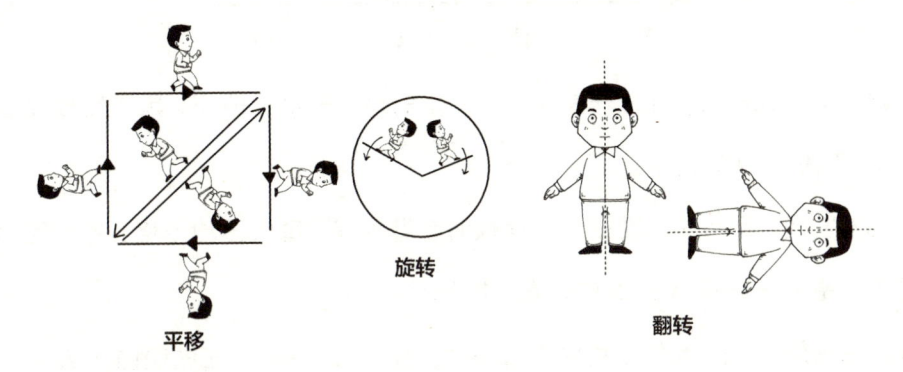

静态位置主要有四种：一是相离，包括外离和内含；二是相连，图形内连或者外连，包括点连接（相切）和线连接；三是相交，图形之间有公共区域，要关注相交区域的交点、形状和边数等；四是相同元素排列，包括直线排列和环状排列等。静态位置类的图形一般比较不规则，但整体辨识度较高。

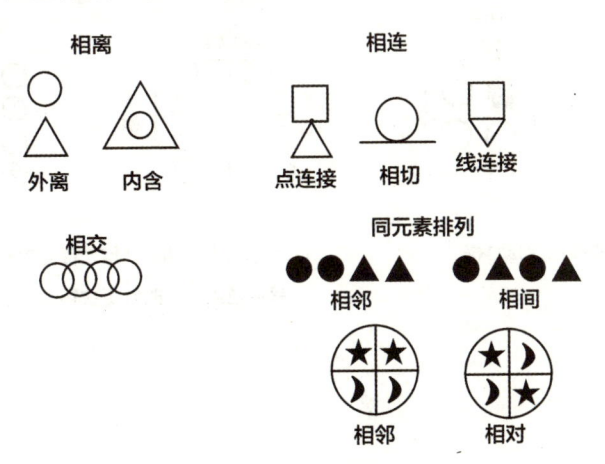

例 1 从所给的四个选项中，选择最合适的一个填入问号处，使之呈现一定的规律性（　　）。

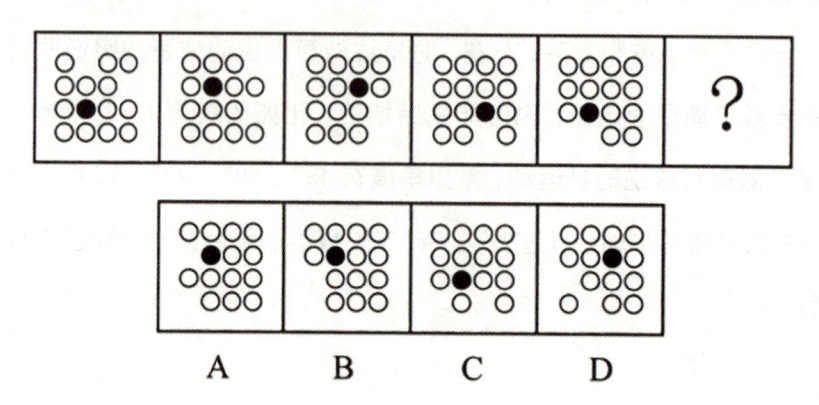

这道题的组成元素有三个：一是黑点，二是白点，三是空白点；黑点比较显眼且位置有显著变化，咱们先从它入手。

经过观察发现，黑点在内圈四个位置顺时针做平移，每次移动一格，那么问号处的黑点的位置应该是位于选项 A 或 B 的位置，排除 C 和 D。

再观察空白点，空白点在外圈平移。因为空白不好识记，在做题时大家可以分别标注①和②。第一个空白点每次顺时针移动两格，第二个空白点每次顺时针移动 1 格；两个空白点在左起第四图重合。根据该规律，选定答案 A。

一般来说，在观察图形规律时，哪个元素辨识度高就优先从那个元素开始。

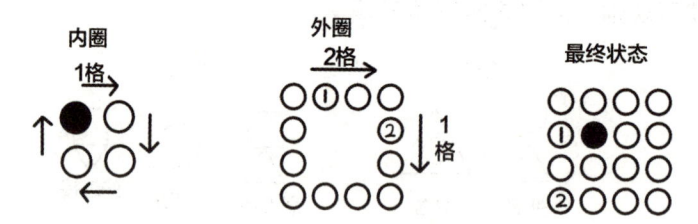

黑点：顺时针每次移动1格

①号空白点：顺时针每次移动2格
②号空白点：顺时针每次移动1格

例 2 从所给的四个选项中，选择最合适的一个填入问号处，使之呈现一定的规律性（　　）。

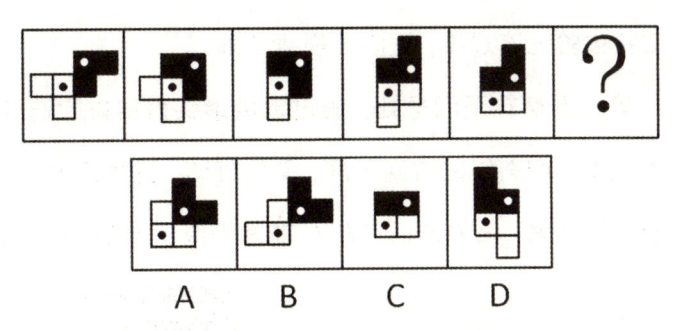

本题元素分明：一黑一白；两个不同颜色的图形围绕着图中的两个点旋转。通过观察不难发现：黑色图形先以白点为轴顺时针旋转90°，停留一次再继续转动；而白色图形则第一次保持静止，从第二次起以黑点为轴逆时针旋转90°，停留一次再继续转动；同时，当黑白图形有重合部分时，黑色遮住白色。

基于上述规律，问号处的白色图形正好处于静止不动的状态，排除选项 B 和 D；而黑色图形则正好完成顺时针旋转90°，到达选项 A 的位置。

本题选 A。

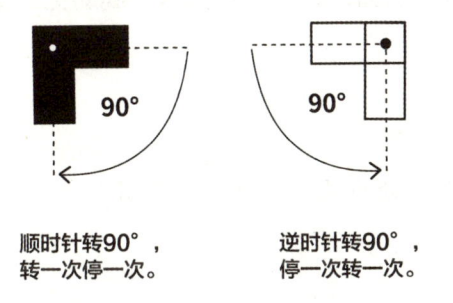

顺时针转90°，转一次停一次。

逆时针转90°，停一次转一次。

例 3 从所给的四个选项中，选择最合适的一个填入问号处，使之呈现一定的规律性（　　）。

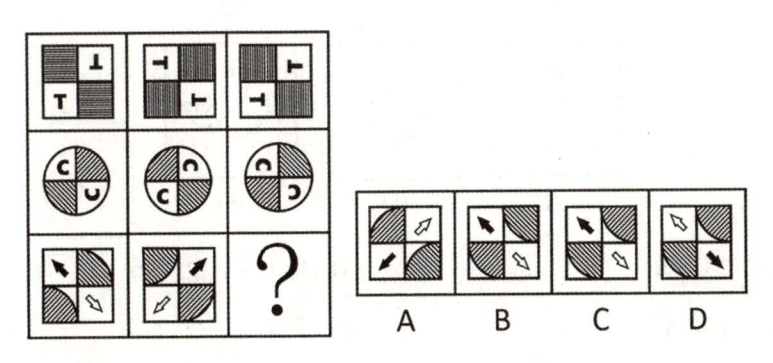

每一行的元素构成相同，可以直接一行一行地观察。

先看第一行，第一图到第二图是向左旋转了 90°，第二图到第三图是左右翻转。

接下来，用第二行去验证该规律，证明该规律正确。

最后，将第三行第二图翻转至问号处；通过黑色箭头直接排除选项 A 和 D。这里要注意阴影部分是有区别的，即斜线的方向不同，斜线旋转、翻转后方向发生了变化，这一点一定要注意，一定不要马虎，因为选项 B 和 C 非常相似。通过仔细观察，本题选 C。

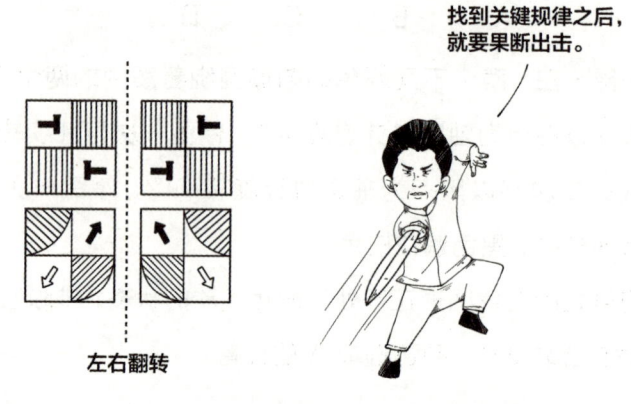

找到关键规律之后，就要果断出击。

左右翻转

其实，如果能意识到每行的图二和图三互为水平翻转图的话，可以直接跳过第一个规律，用第二个规律做题。

例4 把下面的六个图形分为两类，使每一类图形都有各自的共同特征或规律，分类正确的一项是（　　）。

A. ①②③，④⑤⑥　　　　　　　　B. ①③⑤，②④⑥
C. ①②⑤，③④⑥　　　　　　　　D. ①④⑤，②③⑥

观察发现，题目中所有图片中的图形都是相连的状态；其中，①②⑤是图形内用线相连，③④⑥是图形内用点相连。

本题分类标准比较简单清晰，选 C。

例 5 把下面的图形分为两类，使每一类图形都有各自的共同特征或规律，分类正确的一项是（　　）。

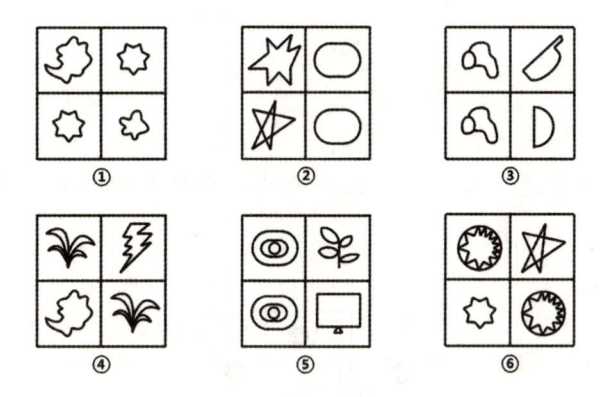

A. ①④⑥，②③⑤ B. ①③⑤，②④⑥
C. ①②④，③⑤⑥ D. ①⑤⑥，②③④

这道题也比较简单，每组图都有相同元素，考虑寻找相同元素的排布规律。

通过观察发现，①④⑥中相同元素位置是相对的，②③⑤中相同元素位置是相邻的。

本题选 A。

二、图形样式

这类题型的考点主要有三个：一是元素重复，图形整体、图形边框、图形内容等重复出现，解题时坚持"缺什么补什么"的原则；二是加减求同异，图形之间做加减法，要么两个图形合并、拆开，要么留下相同或不同的内容；三是叠加运算，图形中不同元素做加法产生新元素，常见的是黑白运算，比如"黑＋白＝白"，这里要注意，"黑＋白"不一定等于"白＋黑"；四是元素转化，图形中的某元素可以转换为另外某种元素，且元素间存在倍数关系，比如，☆＝2×△。

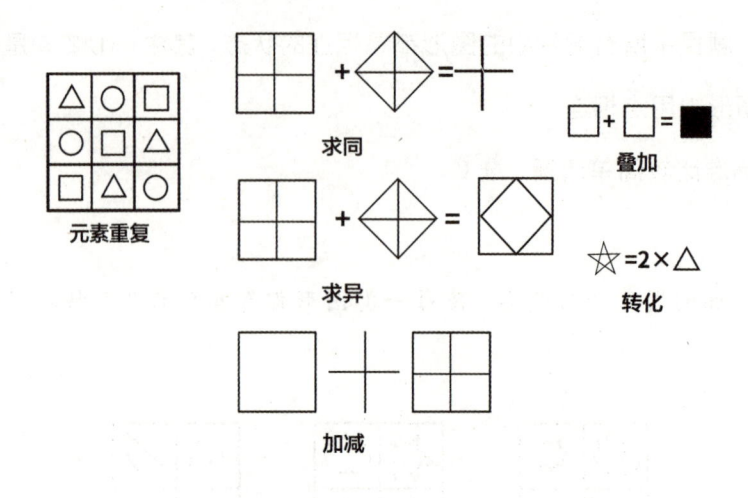

例 1 从所给的四个选项中，选择最合适的一个填入问号处，使之呈现一定的规律性（　　）。

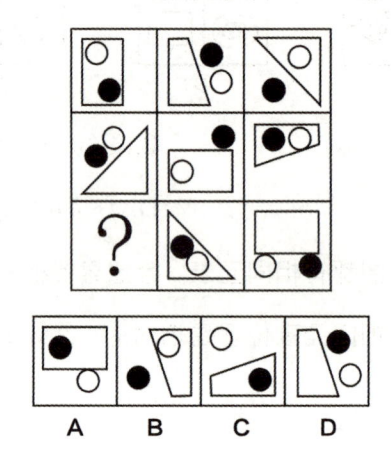

本题考查"元素重复"。从前两组内容来看：黑白球各出现 3 次，其余图形各出现 1 次，根据该规律排除选项 A，因为第三行中矩形已经出现过一次了。再仔细观察，黑白球和图形存在三种位置关系：黑白球都在图形内、黑白球都在图形外、黑白球一个在图形内一个在图形外；结合该规律排除选项 D，因为第三行中"两球均在图形外"已经出现一次了。

此时，还剩下 B、C 两项；仔细观察发现，"一球在图形内、一球在图形外"的规律其实是"白球在图形内、黑球在图形外"，只有选项 B 符合要求。

本题选 B。

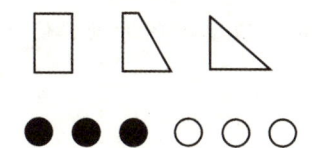

样式规律：所有元素重复出现一遍

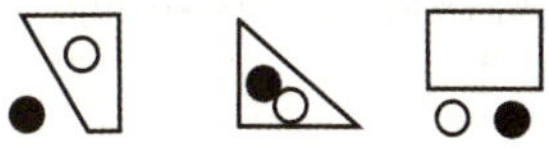

位置规律：小球在图形内、图形外、图形内外
特殊规律：白球在图形内，黑球在图形外

例2 请选择最适合的一项填入问号处，使右边图形的变化规律与左边图形一致（　　）。

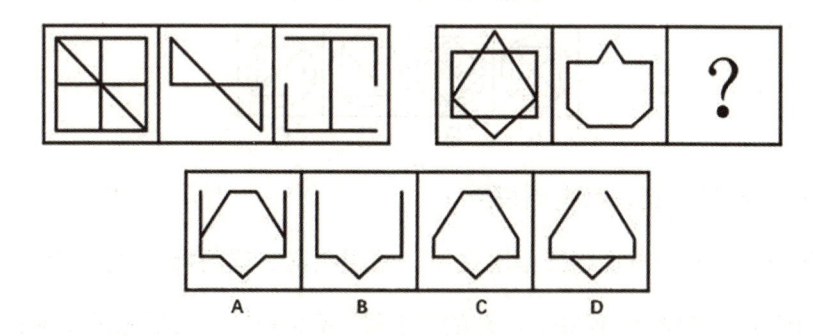

本题考查"加减求异"。从左边一组图形看，第二幅图的内容在第一幅图中全有，结合图形变化，得出规律"第一幅图－第二幅图＝第三幅图"。

据此，对右边这一组图形做"减法"，只有C项符合该规律。

本题选C。

例3 从所给的四个选项中，选择最合适的一个填入问号处，使之呈现一定的规律性（　　）。

A. 地黄　　　　B. 菖蒲　　　　C. 山药　　　　D. 苦笋

本题考查"求同"。几个图形的特点一目了然，所有的汉字都带着"艹"字头，只有B项符合条件。

本题选B。

例 4 请从所给的四个选项中，选出最恰当的一项填入问号处，使之呈现一定的规律性（　　）。

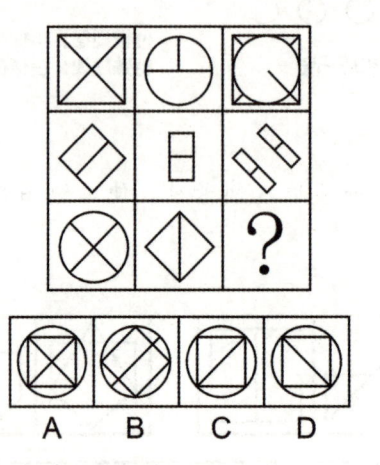

本题考查"求异"，但稍微有点复杂。

先观察第一行图形，发现第三幅图是第一幅图和第二幅图相结合的产物，同时部分线条丢失了，判定为"求异"。但是，本题的"求异"不是第一、二幅图简单地相加，还需要增加一个旋转的步骤，即将第二图向左旋转45°后再与第一图相加，删掉重复部分后"留异"。

再拿第二行验证该规律，发现规律可行。由此，将第三行第二图向左旋转45°变成正方形后与第一图相加，左斜线相加后删除，剩下的图形就是答案。

本题选 C。

先调位置，再"相加求异"。

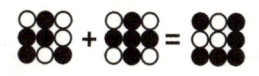

例 5 从所给的四个选项中，选择最合适的一个填入问号处，使之呈现一定的规律性（　　）。

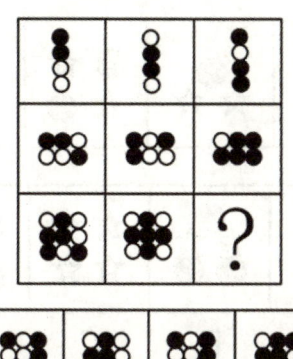

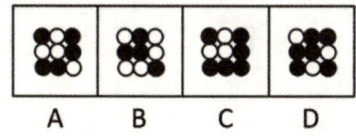

本题考查"叠加运算"。图形中只有黑白球且数量不一致，但同行所有图形的形状一样，考虑"叠加"。

先观察第一行寻找规律：黑＋白＝黑，黑＋黑＝白，白＋黑＝黑，白＋白＝黑。

再在第二行验证该规律，完全可行。按照该规律将第三行的两个图形相加，只有选项 C 符合上述规律。

本题选 C。

> 找到叠加规律，解题轻而易举。

例6 从所给的四个选项中，选择最合适的一个填入问号处，使之呈现一定的规律性（　　）。

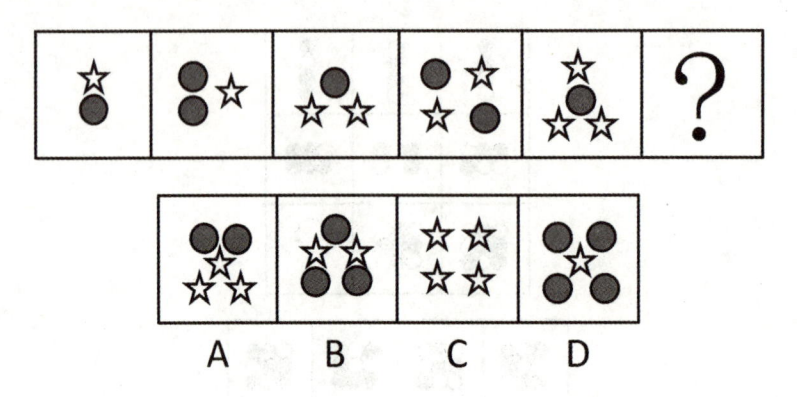

本题考查"元素转化"。

首先观察第一图和第二图之间的关系，第二图比第一图增加了一个黑圈；因为第二图和第三图的元素数相同，咱们再继续往右看第二图到第四图的变化，第四图比第二图递增了两次却只增加了一个五角形，也就是说五角形比黑圈代表的数值大。据此得出公式"五角形＝2×黑圈"。

根据上述分析，将五角形全部替换为黑圈，则原图形自左至右以黑圈为"单位"构成了"3，4，5，6，7，x"的公差为1的等差数列，$x＝8$。也就是说问号处应该是8个黑圈的量。此时，选项只有选项 A 和 C 符合要求。

再比较选项 A 和 C，发现选项 C 只有一种元素，而题目中的图形均是由黑圈和五角形两种元素组成的，排除选项 C。

本题选 A。

三、图形属性

图形元素组成不相同、不相似。图形的属性主要有三个：一是对称性，包括轴对称、中心对称、既中心对称又轴对称等，对称轴的方向、数量等都是常考查的点；二是曲直性，如全曲线、全直线、曲线和直线等；三是开闭性，全封闭、全开放、半开放半封闭等。

对称性　　　　　　　　**曲直性**　　　　　　　　**开闭性**

轴对称　中心对称　中心对称+轴对称　　全曲线　全直线　曲+直　　全封闭　全开放　半开半封

例 1　把下面的六个图形分为两类,使每一类图形都有各自的共同特征或规律,分类正确的一项是(　　)。

① ② ③ ④ ⑤ ⑥

A.①④⑥,②③⑤　　　　　　　　B.①③⑥,②④⑤

C.①②⑥,③④⑤　　　　　　　　D.①②④,③⑤⑥

图形规律比较简单,③⑤⑥都是相同图形反着放,考虑中心对称;与此同时,①②④是比较正规的轴对称图形。

本题选 D。

本题的迷惑项在于五角形是否是中心对称图形。这里补充下中心对称的概念,图形旋转 180° 后与原图一致的是中心对称图形;显然,五角形旋转 180° 后不能与原图形重合。

轴对称　　　　　　　　　　中心对称

例2 请从所给的四个选项中，选出最恰当的一项填入问号处，使之呈现一定的规律性（　　）。

初看第一行，有点判断对称图形规律的意思；但是，第二行的第一个图形就把这个规律给打破了，它既非中心对轴也非轴对称。横着看不行，咱们再竖着看看：第一列都是直线图形，第二列都是曲线图形，第三列的前两个图形则是曲线和直线的结合。至此，规律找到了，"直线图形＋曲线图形＝曲线直线混合图形"。符合该规律的只有选项D。

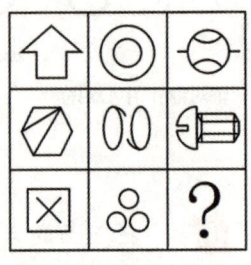

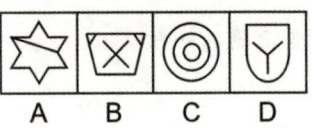

本题选D。

例3 把下面六个图形分为两类，使每一类图形都有各自的共同特征或规律，分类正确的一项是（　　）。

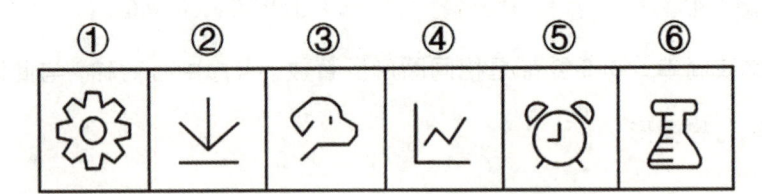

A.①⑤⑥，②③④　　　　　　　　B.①②⑤，③④⑥

C.①②④，③⑤⑥　　　　　　　　D.①③⑤，②④⑥

本题考查"开闭性"。①⑤⑥有封闭空间，而②③④则没有封闭空间。

本题选A。

> 有时候，看似复杂的图形却有着最简单的规律。曲直性、开闭性图形往往比较简单。

四、图形数量

当图形的组成元素不同且没有属性规律时，可以考虑"数量"。核心考点有五个：一是点，交点（顶点、切点）、出头点（端点）、大黑点等，要特别注意曲线和直线的交点，有时单独成规律；二是线，直线、曲线、一笔画等；三是角，直角、锐角、钝角等；四是面、封闭空间，考查面的形状、相同形状面的个数、最大面的形状和属性等；五是元素，图形中小元素的种类、个数、部分数等。

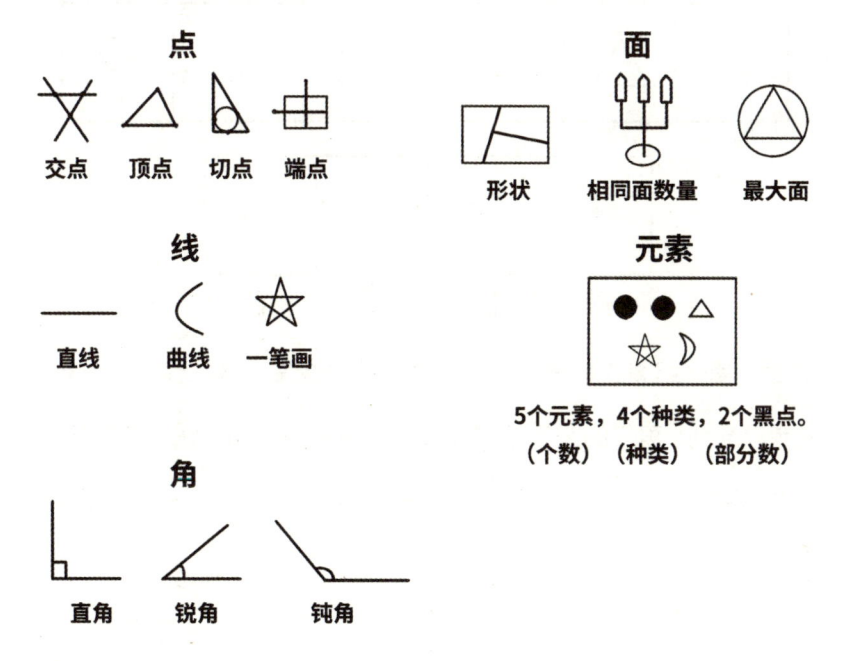

点
交点　顶点　切点　端点

面
形状　相同面数量　最大面

线
直线　曲线　一笔画

元素
5个元素，4个种类，2个黑点。
（个数）（种类）（部分数）

角
直角　锐角　钝角

例1 把下面的六个图形分为两类，使每一类图形都有各自的共同特征或规律，分类正确的一项是（　　）。

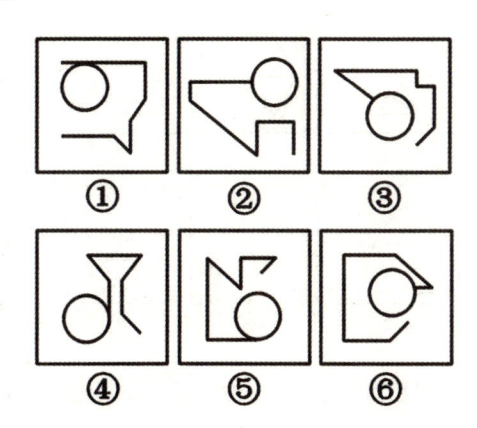

① ② ③ ④ ⑤ ⑥

A.①④⑤，②③⑥　B.①③⑤，②④⑥　C.①②⑥，③④⑤　D.①②④，③⑤⑥

整体看图发现，图形都是直线跟圆产生了1次"接触"，只不过接触的方式不同；①④⑤是圆与线相切，②③⑥是圆与线相交。本题选A。

例2 从所给的四个选项中，选择最合适的一个填入问号处，使之呈现一定的规律性（　　）。

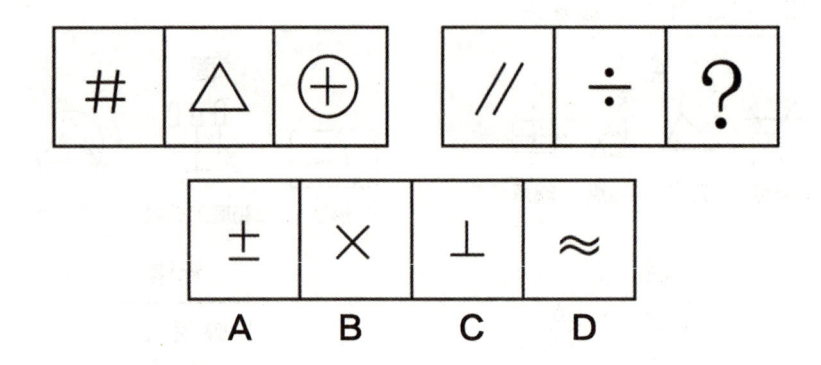

| # | △ | ⊕ |

| ∥ | ÷ | ? |

| ± | × | ⊥ | ≈ |
| A | B | C | D |

典型的数线题，第一组图的规律来自图形中直线的数量，自左到右依次有4、3、2条线，呈公差为－1的等差数列；再仔细观察第二组图，第一幅图有两条线，第二幅图有一条线，按照第一组图显示的规律，问号处应该有0条线，从而形成公差为－1的等差数列"2，1，0"。

本题选D。

例3 把下面的六个图形分为两类，使每一类图形都有各自的共同特征或规律，分类正确的一项是（　　）。

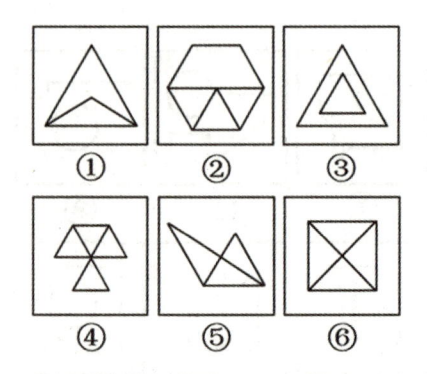

①②③
④⑤⑥

A.①②⑤，③④⑥　B.①②③，④⑤⑥　C.①③⑥，②④⑤　D.①④⑤，②③⑥

本题考查"一笔画"。"一笔画"是指在不重复的情况下一笔画成一个完整的图形。

要想做到"一笔画"要满足两个条件：一是线条是连通的；二是奇点数为 0 或 2。所谓奇点是指发射出奇数条线的点；端点也是奇点。

与"一笔画"相对应的则是"多笔画"，即不满足上述条件的图形。在"多笔画"图形中，笔画数＝奇点数/2。

判断"一笔画"题型可以重点关注以下几个图形及其变形："日""田"及圆的相交相切。"日"是典型的"一笔画"，"田"是典型的"两笔画"，圆的相交与相切均产生 4 条线，不是奇点。

基于上述知识，可知图⑥是"田"的变形，考虑"两笔画"。①④⑤都有 2 个奇点，是"一笔画"图形；②⑥有 4 个奇点，是"两笔画"，③则是明显的两部分图形，是"两笔画"。至此，分组标准和结果明确了。

本题选 D。

> 走投无路一笔画，找到奇点就找到了"钥匙"。

例 4 从所给的四个选项中，选择最合适的一个填入问号处，使之呈现一定的规律性（　　）。

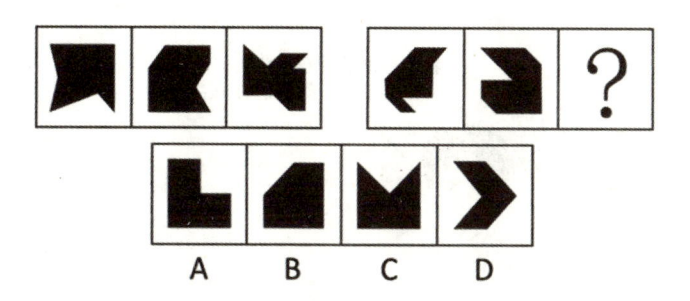

初看图形一脸蒙，完全看不到比较明显的规律，但是再仔细观察能发现，图形中有很多角，则重点观察角的数量。

先看第一组图，直角、钝角、锐角都有，咱们按照"谁特殊先看谁"的原则先看看图形中的直角，发现自左至右图形中的直角数量分别是"1、2、3"，构成公差是 1 的等差数列。再看右边一组图形，直角数分别是"1、2、x"，x 应该是 3。

仔细观察四个选项，只有选项 B 符合要求。

本题选 B。

例 5　从所给的四个选项中，选择最合适的一个填入问号处，使之呈现一定的规律性（　　）。

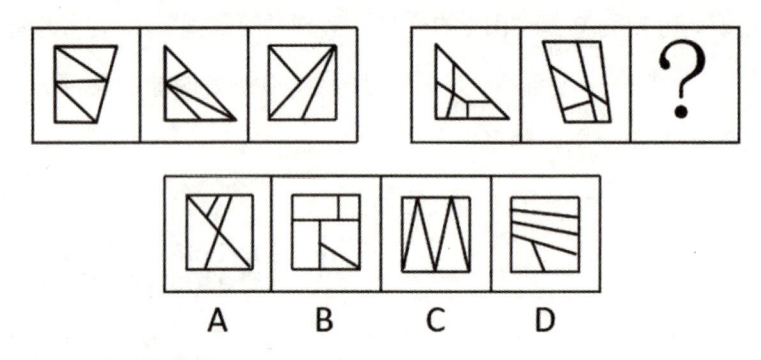

本题考查"面的数量"。

先看左边第一组图形，每个图形都形成了 4 个面，规律就是"每个图形形成的面的数量是一样的"。依此规律去验证右边第二组图形，前两个都是 5 个面，规律成立。然而遗憾的是，四个选项无一例外都是 5 个面。

怎么办呢？再仔细看一下第一组图，细心的小伙伴会发现，每个图形形成的 4 个面都是三角形。有没有一种"发现新大陆"的感觉？第二组图中前两个形成的 5 个面都是四边形，只有选项 D 符合该规律。

本题选 D。

例 6 从所给的四个选项中，选择最合适的一个填入问号处，使之呈现一定的规律性（ ）。

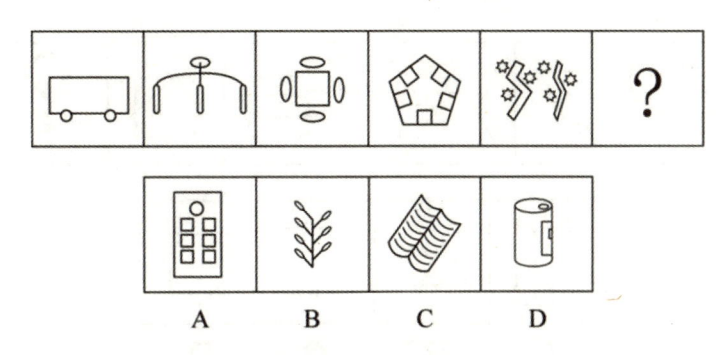

图形很杂乱且很生活化，考虑从元素的数量找规律。图形中的元素挺多，且每一个图形中都有一个元素是较多的，重点考虑"部分元素数量"。

从左至右，每一个图形中相同元素的数量依次是"2、3、4、5、6、x"，构成了一个公差为1的等差数列，因此 x 应该为7。四个选项中只有选项 B 中的相同图形的数量为7。

本题选 B。选项 A 有点迷惑性，粗心的同学忽视"相同元素为7"可能会选 A，一定要细心一点。

五、图形关系

两个图形之间的关系主要有相离和相交两种位置关系。相离比较简单，相交则较为复杂，主要有三种关系：一是相交于点；二是相交于线，常考查相交线的数量、长短，整体相交，部分相交等；三是相交于面，考查相交面的形状、相交边的数量等。

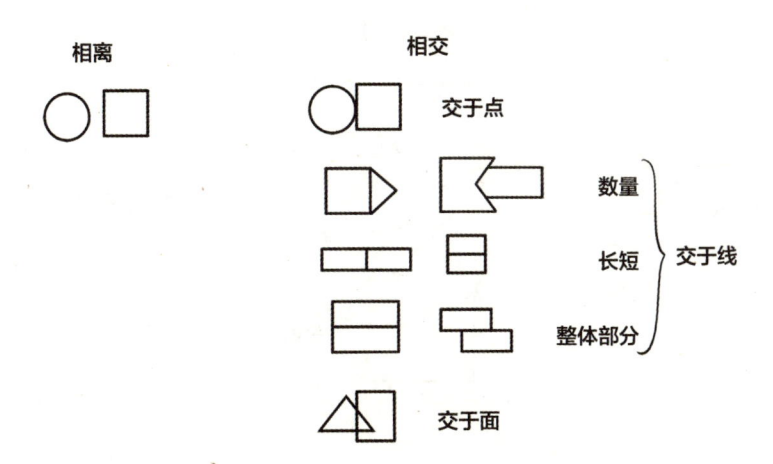

例 从所给的四个选项中，选择最合适的一个填入问号处，使之呈现一定的规律性（　　）。

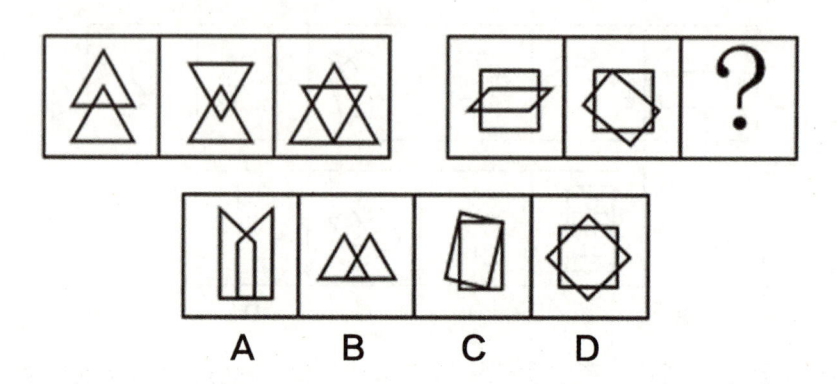

本题考查"图形关系"。通过观察不难发现，第一组图形中的元素是相交形成了面，分别是三角形、菱形和五边形，也就是说相交面的边数形成了公差为1的等差数列"3，4，5"。将此规律迁移至第二组图形，前两个图中图形相交形成了六边形和七边形，问号处应该是八边形，边数是8，四个选项中只有选项D符合该规律。

本题选D。

六、图形功能

在图形中出现黑点、白点、箭头、线、小图形（三角、圆）等元素对图形中的其他元素进行标注。比如，点可以标注方位、空间、特征（角、线、点）等；箭头可以指示方向、元素，可以指示平行或垂直关系等；线可以指示方向、连接元素，可以形成平行或垂直关系等。

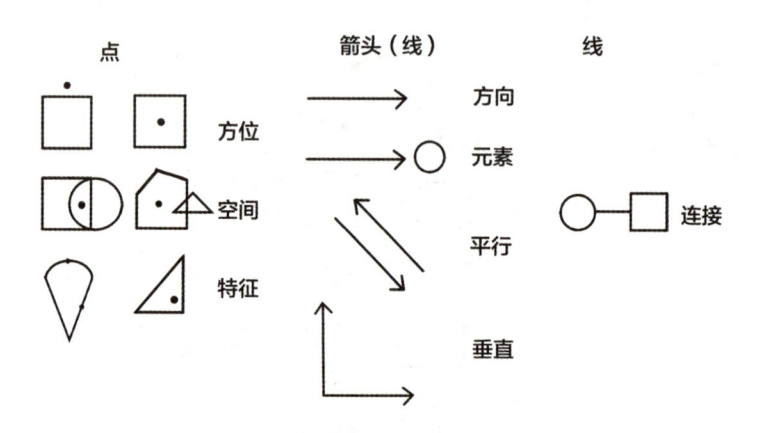

例 把下面的六个图形分为两类，使每一类图形都有各自的共同特征或规律，分类正确的一项是（　　）。

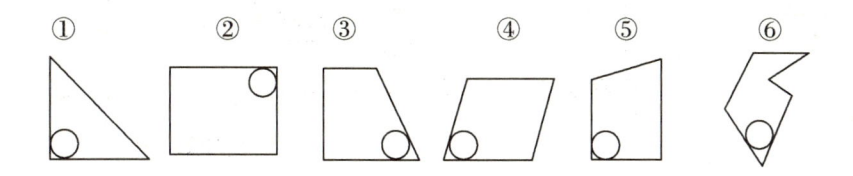

A.①②③，④⑤⑥　　B.①②⑤，③④⑥　　C.①②④，③⑤⑥　　D.①③⑥，②④⑤

本题考查圆圈的"标记"功能。圆圈出现的位置都在角附近，则考虑观察每个角的不同。经过观察不难发现，图①②⑤中圆圈标记的是直角，而在图③④⑥中圆圈标记的则是锐角。只有选项 B 符合该分类标准。

本题选 B。

七、空间重构

如果你的空间感很好，那么恭喜你，这部分题就是来送分的；如若不然，认真地熟记以下方法吧，只要熟练掌握方法，基本都能做出来。这类题型中常见的有六面体、四面体、截面图、视图、拼合等。

空间重构类题目的解题小技巧很多，但是很难"一招鲜吃遍天"，往往需要考生不断地去试、去测，然后逐一排除；任何一个小技巧用熟了都可以很好地帮助做题。

（一）六面体

在做涉及六面体的题时，要优先找那种有特殊性的面，方便咱们更快地找到突破口，因为有特殊元素的面更容易识记。

相对面：六面体中相对的两个面，它们不可能同时出现在立体图形中。一般来说，相对的两个面在展开图形中有两种排布方式：一是相间排列，即两个面中间隔着另一个面；二是 Z 字两端，间隔一行或一列给两个面画"Z"形，位于 Z 字两端的两个面是对立的。

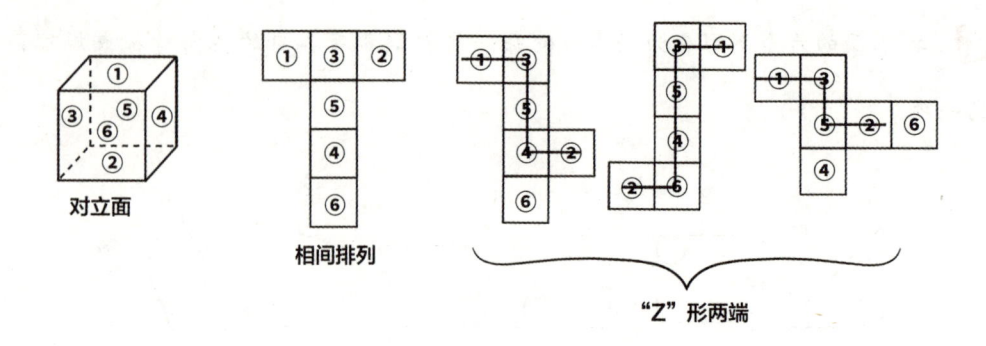

①和②、③和④、⑤和⑥是相对面

相邻面：在立体图形中存在公共点或公共边的多个面。一方面，两个面被一条或两条公共边连接起来，这里的两条公共边本质上也是一条，只不过被分开了而已；另一方面，三个面被一个公共点连接起来。

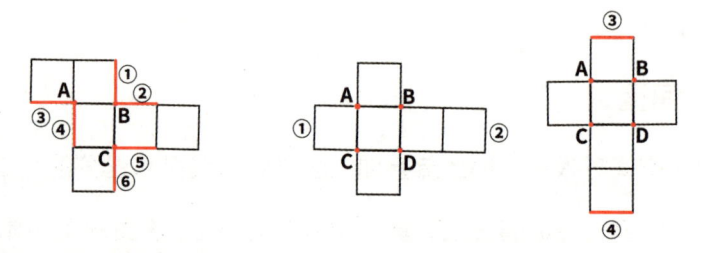

基于相邻面的上述特点，衍生了以下解题小技巧。

1. 看公共边，平面图形中的公共边在立体图形中就是公共棱。

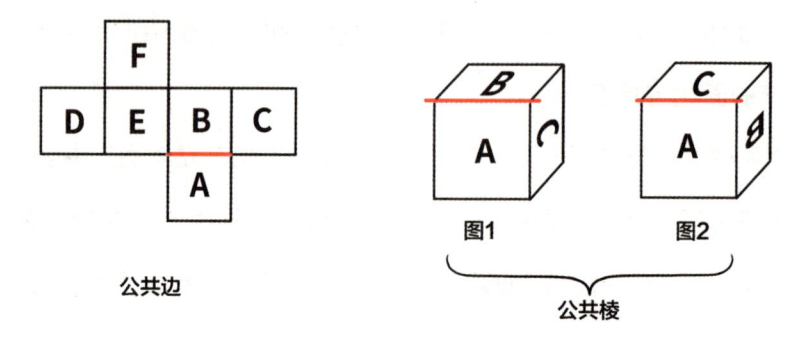

从上图不难看出，A 和 B 之间的公共边在图 1 和图 2 中变成了公共棱；很明显图 1 的公共棱是对的，符合展开图的特点，而图 2 中的公共棱明显不对，A 得躺下才能和 C 对应

起来。而之所以选 A 当参照面，是因为 A 相对来说比较特殊，有点像箭头，识记起来比较方便。

2.**看公共点**，相邻三个面的公共点是唯一的，公共点延伸出去的线或图案在折叠后保持不变。

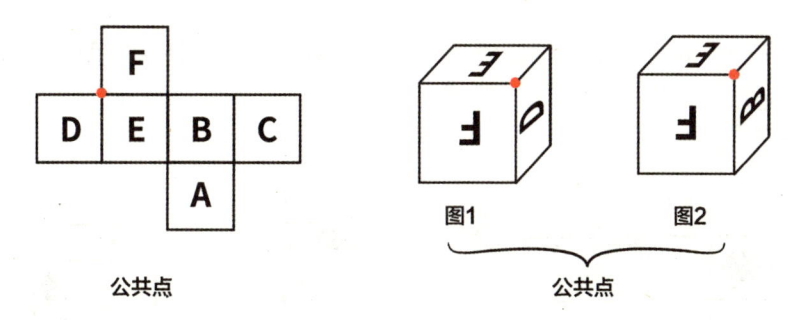

公共点　　　　　　　　　　公共点

从图中不难看出，D、E、F 三个面的公共点是同一个，那么立体图中只能出现这三个面，出现其他面的都是不对的。基于此，图 1 正确，图 2 错误。而且在判断图 1 对不对的时候，也可以利用面中元素与公共点之间的关系。公共点分别位于 E 和 F 的竖线的左侧以及 D 的圆弧一侧，图 1 准确。

3.**画箭头**，画一个箭头辅助线并借助它来判断平面图与立体图两个面或三个面之间的相邻关系。使用该方法要尽量找到那个"特殊的图形"，这个图形要有一定的方向性。

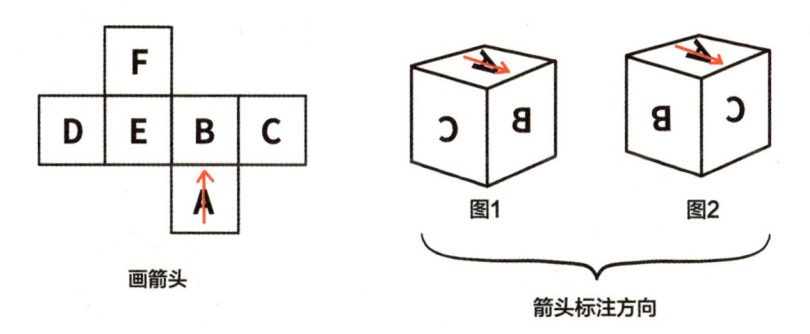

画箭头　　　　　　　　　　箭头标注方向

A 具有方向性，箭头清晰地指向 B；此时可以清晰地看出图 1 是正确的，而图 2 则是错误的。

还要注意，箭头还可以帮助判断另一个图的方位，比如 C 应该在箭头的右边。

（上、左、右、下）（前、左、右、后）（后、左、右、下）

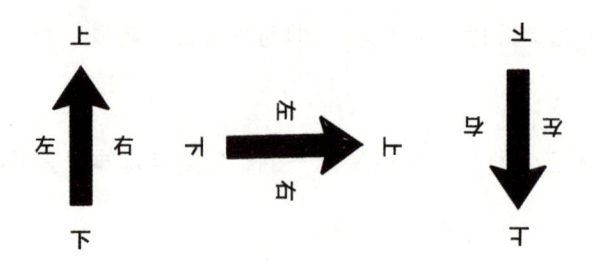

除了可以在一个面上画箭头辅助线，还可以在两个面上画箭头辅助线，根据第三个面的位置来判断正误。

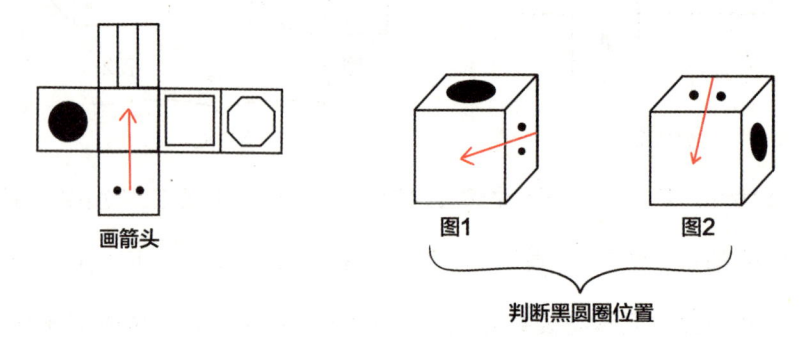

画箭头

图1 **图2**

判断黑圆圈位置

在展开图中，咱们在两个面中间画了一个箭头，画完箭头后黑色圆圈在箭头的左边。显然，图1的黑色圆圈在箭头的右边，错误；图2的黑色圆圈在箭头的左边，正确。

4.**画边法**，找到特殊面中的唯一点或唯一边，在该特殊面中的同一个点按照同一个方向（顺时针、逆时针）画边，并给这些边进行标号，便可以方便地判断正误。这种方法较多地用于解决"疑难杂症"，能使用其他方法解决的就用其他方法。当然，该方法练熟了也有奇效。

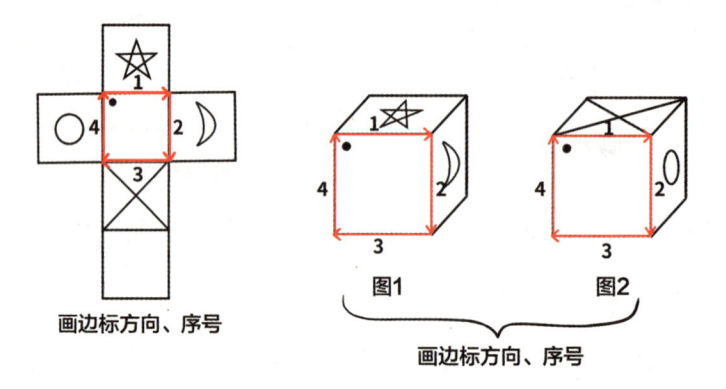

画边标方向、序号

图1 **图2**

画边标方向、序号

在上图中，有黑点的面比较特殊，咱们以黑点为起点顺时针画四条线并标注上"1、2、3、4"；按照此方法依次在图1和图2的立方体中顺时针画线并标注"1、2、3、4"。不难看出，图1中的序号"1"和"2"跟平面图中的"1"和"2"是对应的，正确；而图2

中的序号"1"和"2"却对应了平面图中的"3"和"4",错误。这里要注意,显示不出来的面不用管,只看能显示出来的面的序号就行。

除了以"点"为起点画线,还可以以"线"为起点画线。

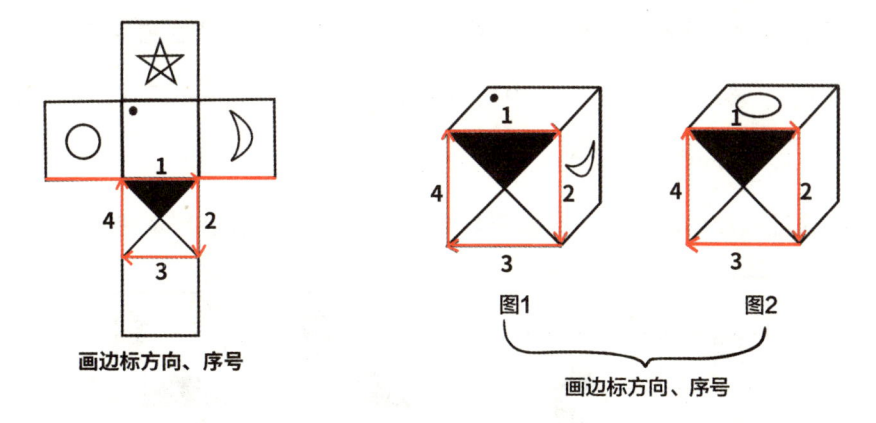

在上图中,有黑色三角形的面比较特殊,咱们以该三角形的底边为起点顺时针画四条线并标注上"1、2、3、4";按照此方法依次在图1和图2的立方体中顺时针画线并标注"1、2、3、4"。不难看出,图1中的序号1和2跟平面图中的"1"和"2"是对应的,正确;而图2中的序号1和2却对应了平面图中的"4"和"3",错误。序号2与月亮面的边呈直角,是同一条边;序号4与太阳面的边呈直角,也是同一条边。

5.移动法,通过平移、旋转等方式,把部分面移动到合适的位置再观察规律,从而选出正确选项。

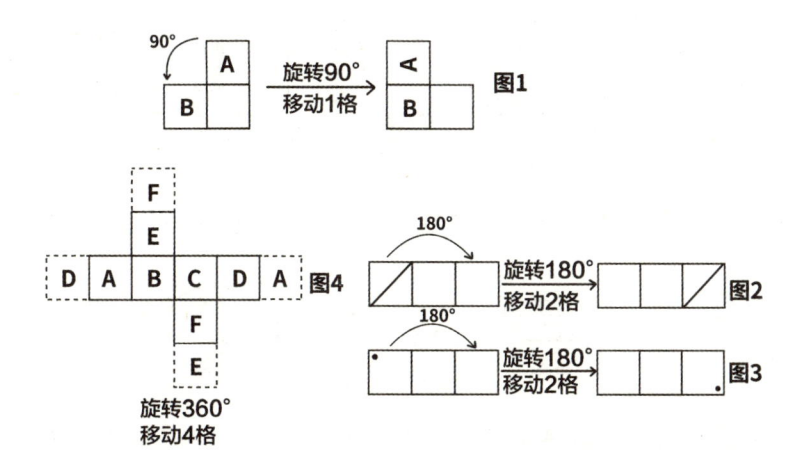

一个面可以通过旋转90°移动1格,元素方向对应着调整90°;一个面可以通过旋转180°移动2格,如果该面是中心对称图形则直接平移,如果不是中心对称图形则该面中的

元素要上下、左右互换；一个面或两个有公共边的面可以通过旋转360°移动四格，直接平移就行，因为旋转四次（一圈）后没有变化。

比如，图1中的A旋转90°后变成了躺着的A，移动了1格；图2中的中心对称图形旋转180°后没有变化，移动了2格；图3中的小黑点旋转了180°后由原来的"左上"变成了现在的"右下"，移动了2格；图3中的A和D可以在旋转360°后移动到彼此的旁边，E和F也可以在旋转360°后移动到彼此的旁边。

通过移动验证选项中的图形，要善于与公共点这一方法结合起来使用。

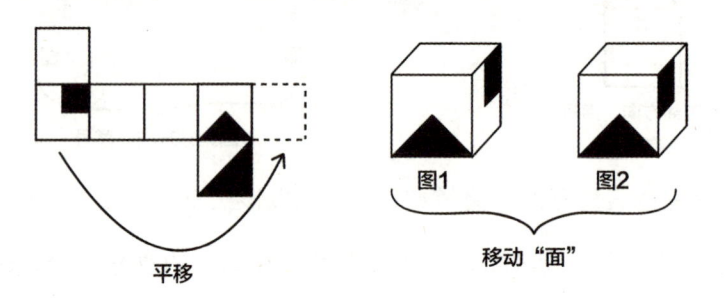

在上图中，小方块面可以直接平移至三角形面的右边，不需要发生任何变化，很明显，图1是正确的，而图2调整了小方块的位置，是错误的。

例1 左边给定的是纸盒外表面的展开图，右边哪一项能由它折叠而成？（   ）

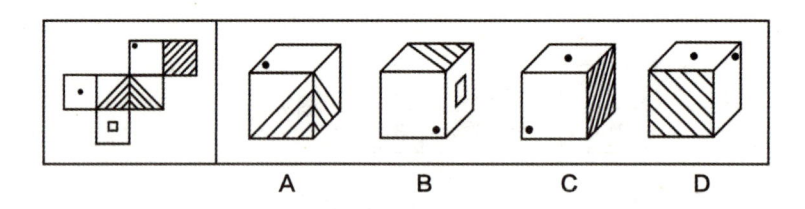

在解这道题时可运用五种方法：公共边、公共点、移动、相对面、画边。

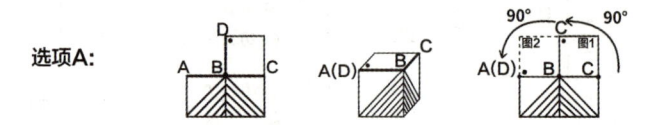

选项A：在平面图上，线段 AB 和 BD 是同一条公共边，合并后为 AB，BC 为很明显的公共边；两条公共边均准确地体现在立体图上，A正确。或者，将点B看作三个面的公共点，由点B向外发射的线和面与立体图中的一致。又或者，将图1向左逆时针旋转

90°移动1格，点B不动，点A和点D重合，点C移动到上方，可以轻松看出选项A的立体图正确。

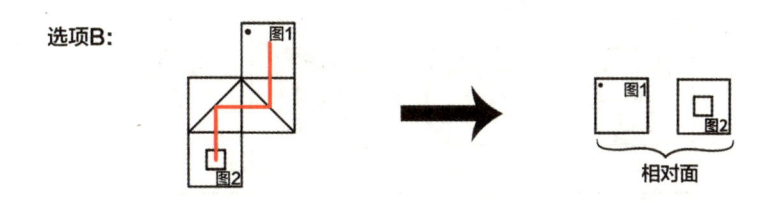

选项B：图1和图2在平面图中成Z形，两者是对立面，不可能相邻，排除B。

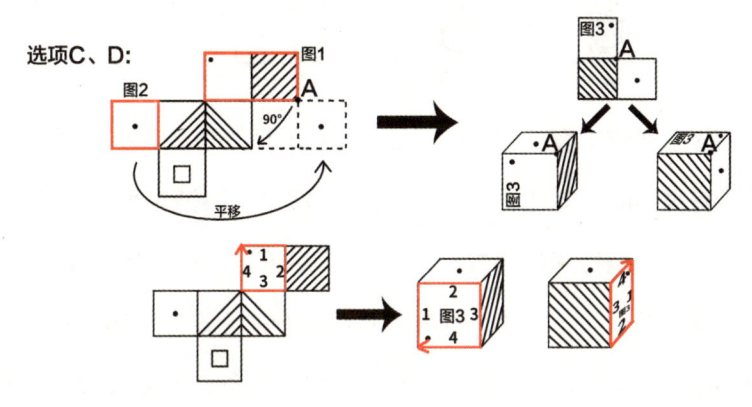

选项C和D：因为选项C和D的立体图形的三个面相同，一起判对错。先将图1（两个有公共边的图看作一个整体）顺时针旋转90°移动1格；然后将图2直接平移至最右边虚线处，形成新的平面图形以及新的公共点A。仔细观察，图3中的小黑点位于公共点A的左侧，C和D均不符合该规律，排除。由新的平面图也可以很轻松地画出正确的立方体，C和D均和正确的立方体有出入。此外，还可以用画边法解题，以图3中的小黑点处为起点顺时针画四条线并标注"1、2、3、4"，此时可以清晰地看出选项C的"2"和"3"对应着错误的面，选项D的"3"对应着错误的面，排除C和D。

本题选A。

例 2　从所给的四个选项中，选择最合适的一个填入问号处，使之符合题干所示（　　）。

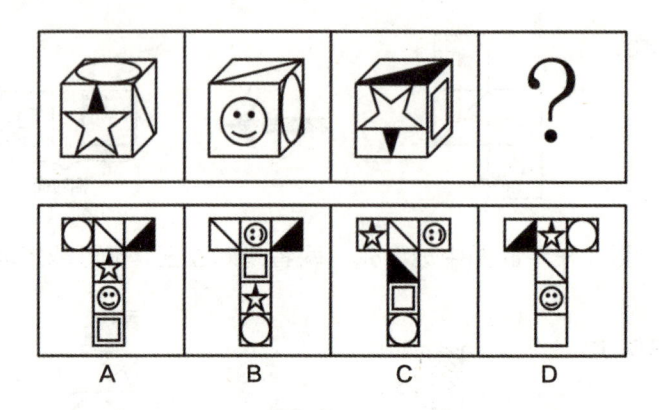

初看此题直接蒙，感觉很复杂的样子，但是咱们能清晰地看到平面图中有一个五角星的尖儿是黑色的，具有很强的方向性。从第一个立体图中可以清晰地看到五角星的黑尖直接指向圆形面，咱们抓住这一特殊规律去验证。选项 A 的五角星黑尖指向斜线面，排除；选项 B 的五角星黑尖指向方块面，排除；将选项 C 中的圆形面直接平移至最上方，然后再向左逆时针旋转 90° 移动 1 格，因为圆形怎么转都一个样，五角星黑尖对着圆形面，正确；将选项 D 中的方块面直接平移至最上方，五角星黑尖对着方块面，排除。这里要注意，千万不要机械地把选项 D 的圆形面翻转至上方，此时该列有五个面，就没法"折纸盒"了。

本题选 C。

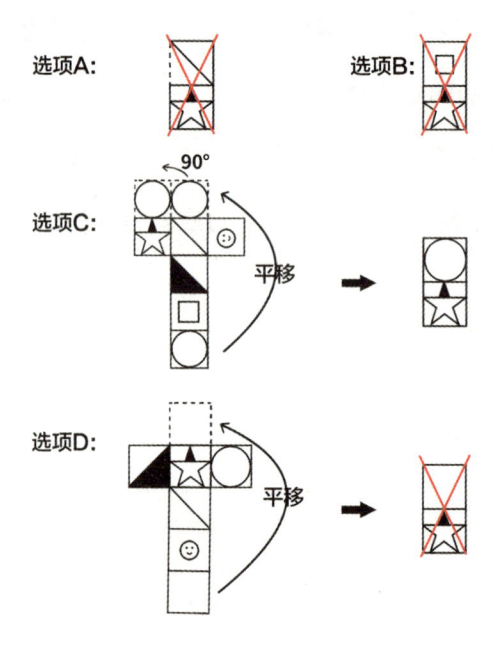

接下来，咱用选项 C 逐一验证一下三个立方体。

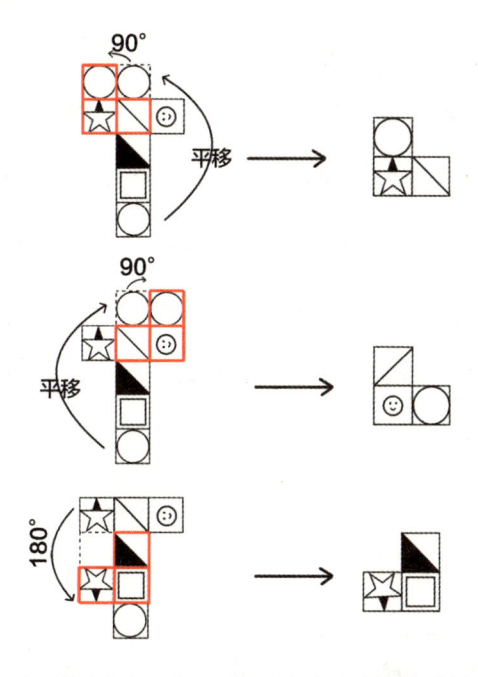

首先看第一个立体图，将圆形面平移至上端再向左逆时针旋转 90° 移动 1 格，得出该立方体的平面图。再看第二个立体图，将圆形面平移至上端再向右顺时针旋转 90° 移动 1 格，得出该立方体的平面图。最后看第三个立体图，将五角星向左逆时针旋转 180° 移动 2 格，五角星的黑尖儿也逆时针旋转 180° 朝下，得出该立方体的平面图。可见，选项 C 妥妥地是正确答案。

（二）四面体

破解四面体问题底层逻辑使用排除法最方便，常用的解题方法有公共边（棱）、箭头法、画边法等，与六面体问题的解题思路类似，但是要注意公共边（棱）的判断方式有所不同。

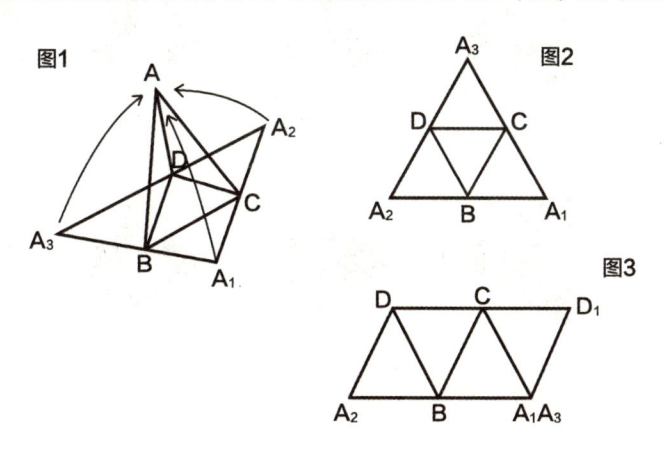

先看图 1，将点 A_1、A_2、A_3 提溜起来合并为 A 点，此时平面图形变为立体图形；DA_2 和 DA_3 成为公共棱，BA_1 和 BA_3 成为公共棱，CA_1 和 CA_2 成为公共棱。再结合图 2，得出结论，在平面三角形展开图中呈平角（180°）的两条边是公共棱。

图 3 由图 2 中的 $\triangle DA_3C$ 向右顺时针翻转 180° 得出。翻转后，原来的 DA_3 变成了 D_1A_3；因为原来的 DA_3 和 DA_2 是平角，是公共棱，那么 D_1A_3 和 DA_2 也是公共棱。由此，得出结论，在平行四边形式的展开图中，左右两条平行的边是公共棱。

在用公共棱解题的时候，要时刻谨记：公共棱上的所有特点都不变。

例 下面给定的是纸盒外表面的展开图，右边哪一项能由它折叠而成？请把它找出来。（ ）

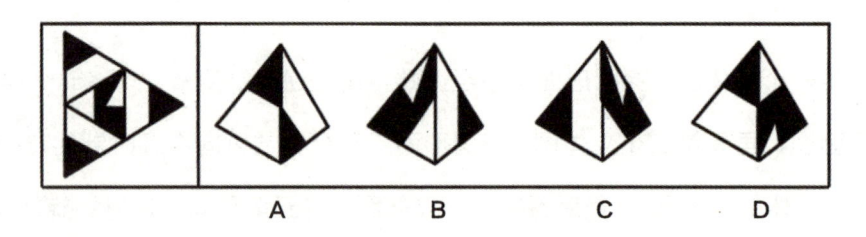

A　B　C　D

下面咱们利用上述方法把这道题仔仔细细地剖析一下。

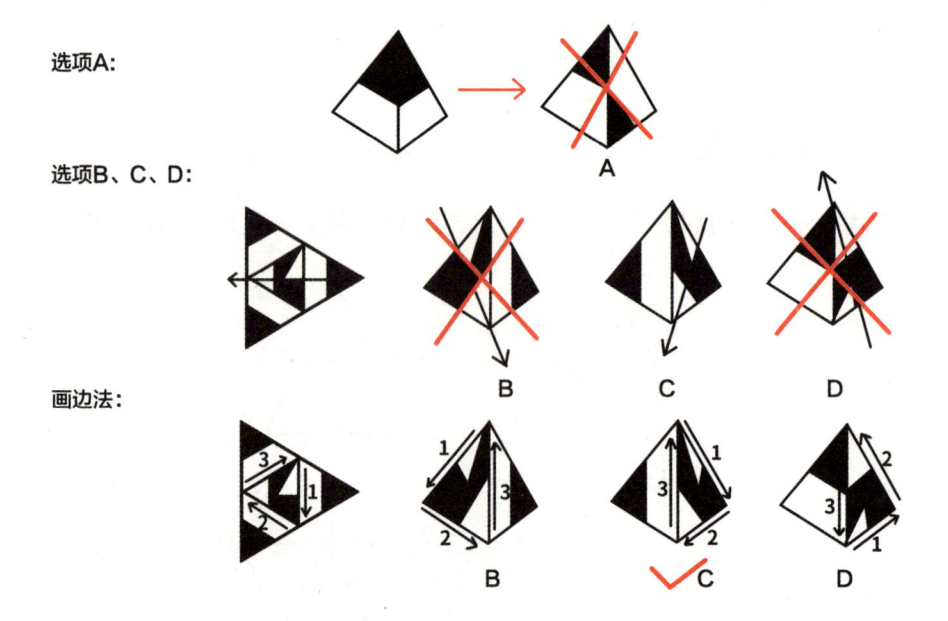

选项A：

选项B、C、D：

画边法：

B　C ✓　D

210

先看选项 A：从平面图不难看出，三个角上的小黑三角形被提溜起来后是相会于顶点的，因此它们的公共棱应该具有先黑后白的特征，排除 A。

再看选项 B、C、D：咱们先用箭头法做一遍。经过观察发现，这三个选项都有一部分图案是中间纯白三角形，且该白色三角形的高与下方的直角三角形的高正好呈一条直线，咱们直接顺势标记一个箭头。标记箭头后发现，白色直角三角形位于箭头的右边，而黑色面积较大的部分则位于箭头的左边，根据该位置关系确定选项正误。选项 B 的白色直角三角形在箭头的左边，排除；选项 C 的白色直角三角形位于箭头的右边且黑色面积较大的部分位于箭头左边，正确；选项 D 的白色直角三角形也在箭头的左边，排除。

咱们再用描边法做一遍：观察三个选项，发现平面图中间有白色直角三角形的部分很好识记，以该线段为起点依次顺时针标记三个线段 1、2、3，接下来验证三个选项正确与否。按照这一特征划线后，可以发现选项 B 和 D 中的箭头是逆时针旋转的，与左侧平面图不符；而 C 项的箭头是顺时针旋转的，与左侧平面图一致。

本题选 C。

（三）截面图

一刀切下去，结果啥样就是啥样；要关注镂空部分。咱们可以把这个考点形象地称为"切一刀"，切的方式有横切、竖切和斜切。

针对这种纯粹考查空间想象力的题目，没有简便的解题方法，我们能做的就是熟记一些常规多面体的截面图。但是，现在考查的图形大多很复杂，所以，闭上眼睛"冥想"吧。

当然，在做截面图时不可避免地还是要逐一对选项进行验证排除，因此在看每一个选项时都要自行"脑补"下刀的位置，也就是找到切的方向，能顺利切出选项中的平面图的就是正确答案，否则就要予以排除。

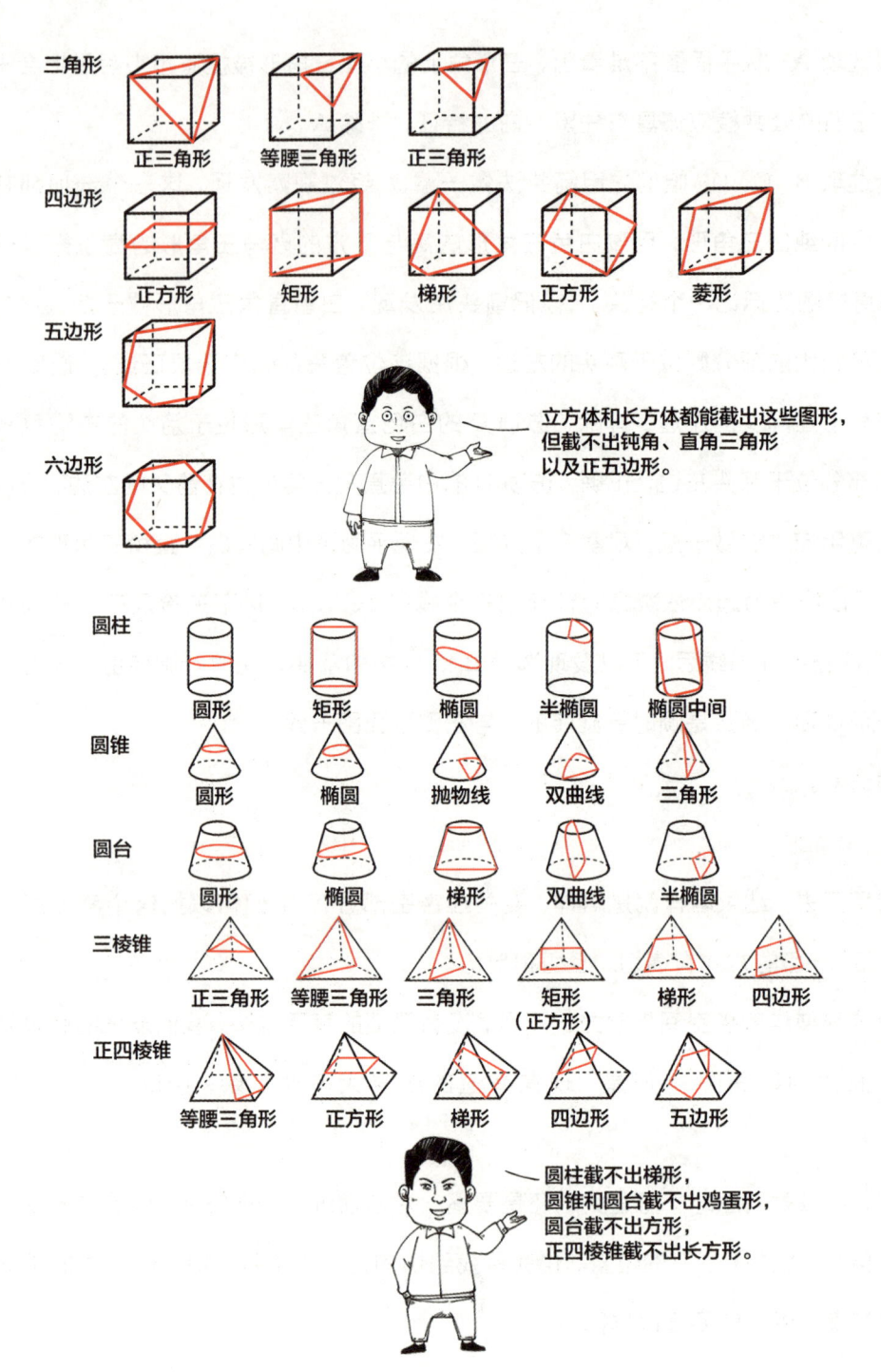

三角形	正三角形	等腰三角形	正三角形		
四边形	正方形	矩形	梯形	正方形	菱形
五边形					
六边形					

立方体和长方体都能截出这些图形，但截不出钝角、直角三角形以及正五边形。

圆柱	圆形	矩形	椭圆	半椭圆	椭圆中间
圆锥	圆形	椭圆	抛物线	双曲线	三角形
圆台	圆形	椭圆	梯形	双曲线	半椭圆
三棱锥	正三角形	等腰三角形	三角形	矩形（正方形）	梯形	四边形
正四棱锥	等腰三角形	正方形	梯形	四边形	五边形	

圆柱截不出梯形，
圆锥和圆台截不出鸡蛋形，
圆台截不出方形，
正四棱锥截不出长方形。

例 左图是给定的立体图形,将其从任一面剖开,以下哪项可能是该立体图形的截面?(   )

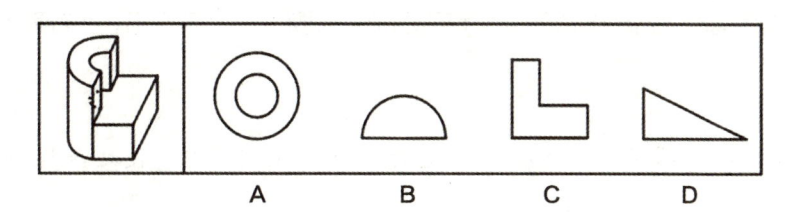

本题相对比较简单,先根据常规图形的截面图排除选项 D,因为六面体截不出直角三角形。又因为立体图的上半部分是半圆且中间是镂空的,只能截出镂空的半圆,排除选项 A 和选项 B。

本题选 C。

先排除简单易判断的,再一刀切下去。

(四)视图

与截面图不同,视图是从不同角度去看一个立体图形,可以变化;说白了就是一个立体图经过投影变成一个平面图。可以从上下、左右、前后等多个角度去观察一个立体图形;一般来说,从正面去看一个立体图形得出的平面图形叫主视图。在做此类题目时,要注意图形之间的分界线及它们之间的先后顺序。

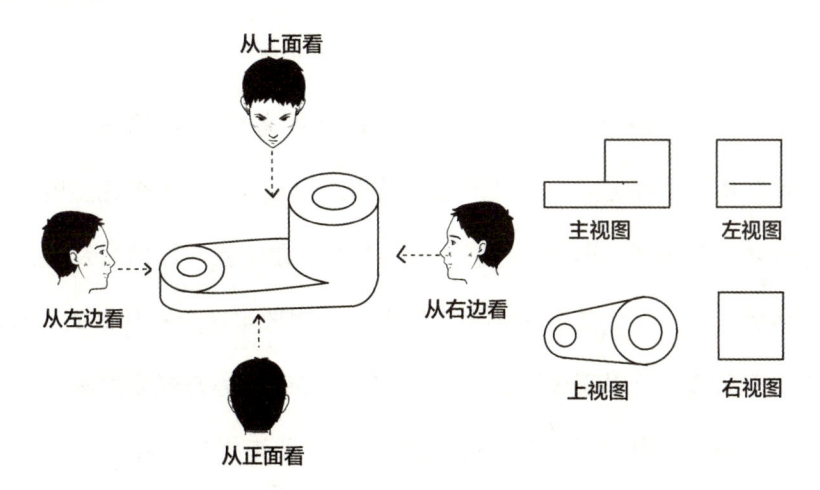

在上面这个图中,从不同角度看同一个立体图形得出的平面图是不同的。要注意的是,从左边看这个立体图形时,下方的部分与上方圆柱体相交的地方形成了一条线,务必要画上;而当从右边看这个图时,圆柱体挡住了所有的图形,只剩下一个正方形,没有那条线。

例 从所给四个选项中,选择最合适的一个填入问号处,使之呈现一定的规律性( )。

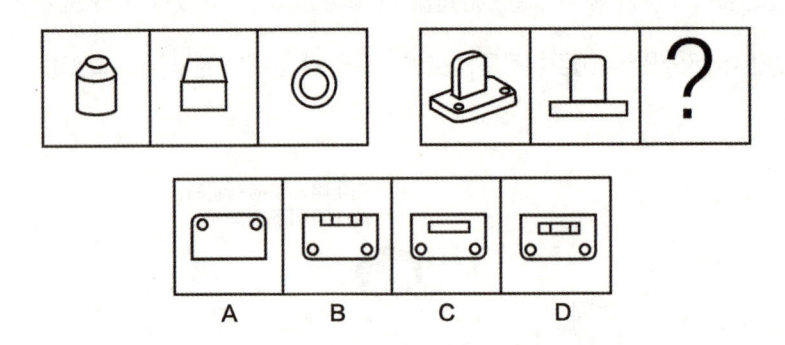

先看第一组图的规律,先从正面看该立体图得出一个平面图形,然后从上面俯视该立体图得出另一个平面图形。

用上述规律验证右边这组图,前两个图符合该规律,则问号处的图形应该是俯视该立体图的平面图。

立体图形上半部分是光滑的一个整体,俯视后没有线段。

本题选 C。

(五)拼合

1. 立体拼合

把搭积木演变成了行测题,也是对空间思维能力的考查。命题方式主要有两种:一是互补,就是两个及两个以上的立体图形通过"凹凸对应"构成一个完整的规则的立体图形,需要考虑各要素的位置、形状、数量、方向等;二是组合,即两个及两个以上的立体图形通过巧妙组合形成一个新的立体图形,这个立体图形可能是不规则的,而且多数以小方块堆砌的方式来考查,可以通过数数、分层、看特殊部分等方式来解题。

关于这个小题型,我想起了那句有名的台词——"我来组成头部"。

> 我来组成头部。

例 1 下图为给定的多面体，下面哪项多面体能与该多面体拼接成实心的长方体？（　　）

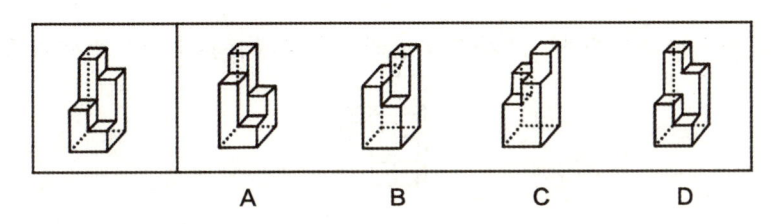

| | A | B | C | D |

这是典型的"互补"题，选项 A、B、C、D 需要反过来扣到左边的图上，也就是需要翻转一次。

咱们先观察左边的立体图，长方体从高到低依次往下降低，基于此排除选项 B 和 C，因为这两个选项的立体图中有两个长方体是一样高的，与最左边的立体图不符。

再观察剩下的选项 A 和 D，这两个图都是逐渐由高到低变化的，需要判断他们的方向。咱们可以先标注序号，再考虑方向。

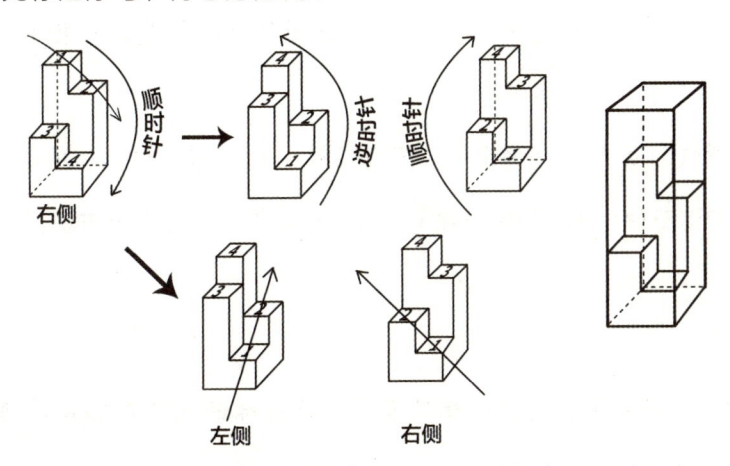

按照由高到低依次给左侧立体图的四个面标注"1、2、3、4",然后再给选项A和D按照由低到高的顺序给四个面标注"1、2、3、4"。在左侧立体图形中,咱们按照1—2—4—3的顺序看这四个面,是顺时针旋转;而选项A和D的四个面按照1—2—4—3的顺序分别是逆时针和顺时针旋转。因为需要把选项A或D中的立体图扣到左侧立体图上,需要翻转,其四个面的顺序应该跟左侧立体图的顺序是反着的,只有选项A符合要求。

又或者,咱们在平面1、2上画一个箭头,则平面3、4应该位于箭头的右侧;而选项A和D的平面3、4分别位于箭头的左侧和右侧。因为需要翻转一次,那么平面3、4的位置也应该是反着的,只有选项A符合条件。

本题选A。

例2 从所给的四个选项中,选择最合适的一个选项拼搭出题干中的图形。(   )

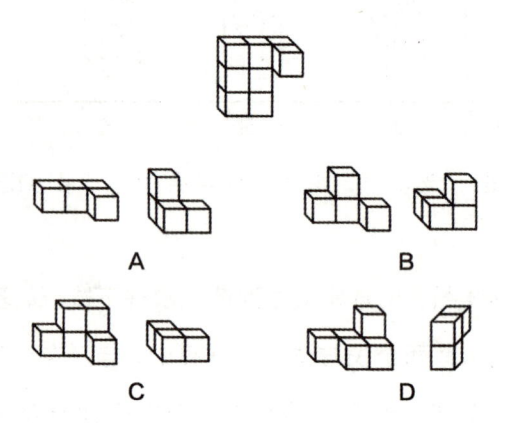

这道题是典型的"组合"题。

先看题干中的立体图,共有8个小立方体;据此直接排除选项C和D,因为这两个选项中的小方块都是9个,与题目不符。

接下来,咱要从选项A和B确定一个正确答案。再观察立体图,发现有一个特殊的小方块,就是突出的这部分;据此直接排除B,因为B有两个突出的小方块,与题目不符。

本题选A。

例3 左图给定的是由相同正方体堆叠而成多面体的正视图和后视图,该多面体可以由①、②和③三个多面体组合而成,问以下哪一项能填入问号处?(   )

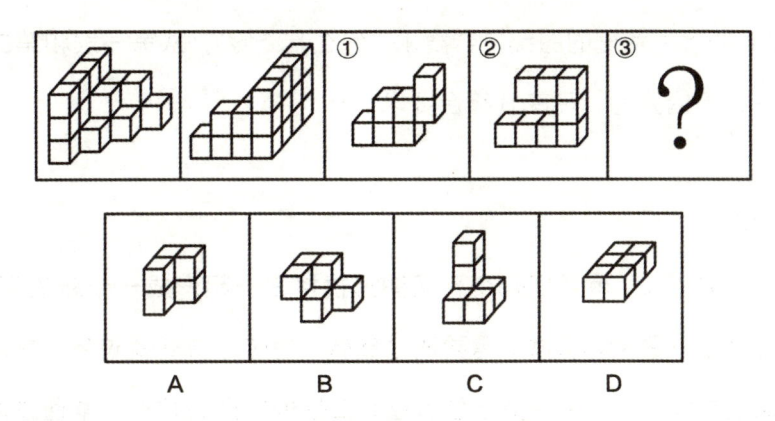

这道题还是典型的组合题，先看方块数量，四个选项都由 6 个小方块组成，"数数"不好使了；①和②都挺特殊的，但是要拼出左侧立体图依旧不容易。怎么办呢？咱们用分层法解一下试试。

左侧立体图由三层组成，第一层有 10 个小方块，第二层有 7 个小方块，第三层有 4 个小方块且排成一列；再看①和②，也都是由三层组成的，且第三层小方块的数量之和正好是"4"，可以抓住这个特点分层解题。

有小伙伴可能会问，把①或②放倒不行吗？答案是否定的，因为放倒其中任何一个，两个图形的第一层小方块数量之和都超过 10 了。

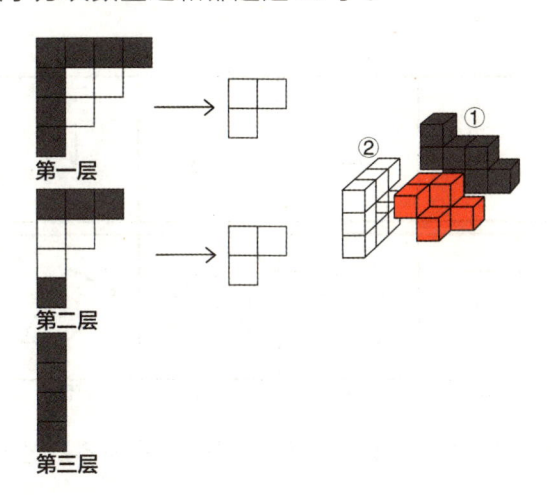

把②向左旋转 90° 使其第一层 4 个小方块占住第一层最左边位置；再将①向左旋转 180°，使其第三层的小方块与②的第三层的小方块相连，①的第一层有一个立方体的缺口，正好跟②的第一层结合在一起。

从上边的分层图可以看出，第一层还剩一片空白区域，第二层也还剩下一片空白区域，根据形状，直接排除选项 C 和 D。

选项 A 和 B 的上下两层的图都符合要求，怎么判断呢？从第一层和第二层白色区域的位置来看，它们是错开的，只有 B 符合要求。

本题选 B。

2.平面拼合

平面拼合，顾名思义，就是把几个平面图形拼接在一起形成一个新的平面图形。常考查的方式有三种：一是七巧板式，需要通过旋转、翻转等方式找位置，常用平行边（等长优先）、特殊边或角等方式来快速定位解题；二是俄罗斯方块式，常通过数方块数、找最长边、最高边等方式来解题；三是填空式，一般需要对比选项，利用特殊性来解题。

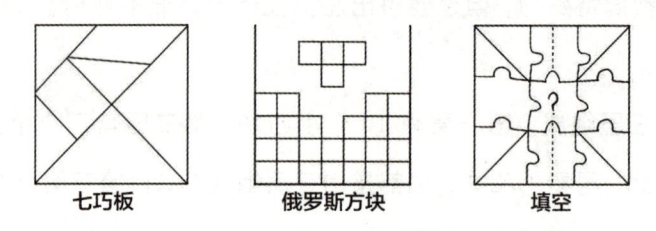

例 1 下面四个图形中，只有一个是由上面的四个图形拼合（只能通过上、下、左、右平移）而成的，请把它找出来。（   ）

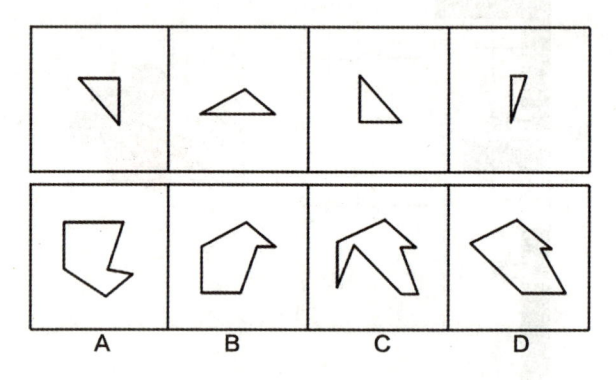

题目要求不能翻转、旋转图形，只能平移；据此，根据特殊性直接排除选项 A，因为图 2 有个特殊的钝角，而选项 A 对该钝角进行了翻转操作，不符合题目要求。咱们再通过找平行边来解题：图 1 和图 3 的斜边是平行边且等长，可平移拼合成一个正方形，排除 C 和 D，因为这两个选项的图形中没有正方形。

本题选 B。

例2 下面四个图形中，只有一个是由上面的四个图形拼合（只能通过上、下、左、右平移）而成的，请把它找出来。（　　）

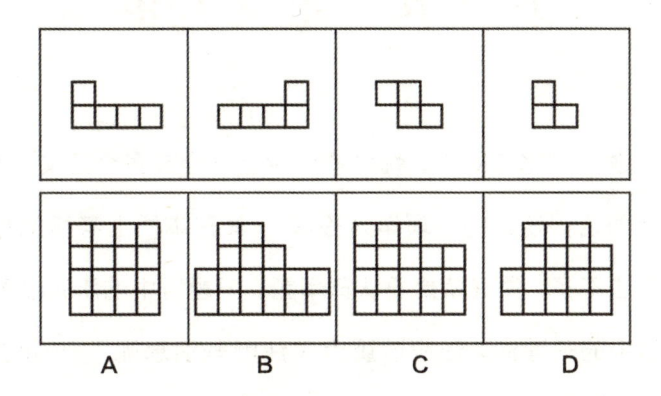

先数数，上边四个图中共有17个小方块，据此可直接排除选项A和C，因为它们分别有16个、18个小方块。再看最长的边和最高的边，在只能平移的情况下，最长的边最多是8个小方块且不能是5个小方块，因为要想凑成5个小方块的边只能对图3做旋转处理；最高的边最多是4个小方块，因为再多的话就要对图形做旋转处理。据此，排除选项D，因为D的最长边是5个小方块，不符合题目要求。

本题选B。

例3 从所给的四个选项中，选择最合适的一项填在问号处，使之呈现一定的规律性（　　）。

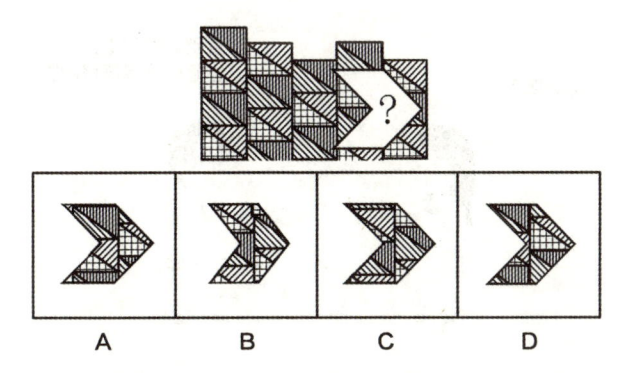

关键是要找到图案中的特殊性，观察发现缺失部分的右上角需要补齐一块内部由方格子填充的直角三角形，四个选项中只有C符合该特征。

本题选C。

第三节　定义判断

定义判断题的出题方式比较简单，就是题目给出一个或多个定义，要求考生从四个选项中选出符合或者不符合该定义的一项作为答案。其在本质上考查的是考生的阅读理解能力，能够运用的方法不多，关键就是要认真审题，把题目中的所有要素都挖掘出来。

那么，除了题目中的关键词，还应该重点关注哪些信息呢？一是主体和客体，主体是行为的发起者，而客体则是行为对象；二是定语和状语，这两个句子成分起到限定、解释题目中关键信息的作用，务必高度重视；三是标点符号，如句号、冒号、破折号、括号、顿号、分号等。

解题原则：一是强化审题，除了要把题目中的关键信息标注清楚外，还应该看清题目问的是符合还是不符合，单定义还是多定义，等等；二是不做联想，一切以题目内容为准，不要因个人主观认识而影响判断；三是择优选择，有时选项之间的差异不明显，就要在选项之间做比较并选出最优解。

靓仔：两广方言，一般用于形容男子长相不错，或者是对青少年男子礼貌上的称呼。

> 我是靓仔。

> 性别都对不上，你怎么会是靓仔呢？

例 1　互益素是一种生物释放的、能引起他种接受生物产生对释放者和接受者都有益的反应的信息化学物质。

根据上述定义，下列涉及互益素的是（　　　）

A. 苹果实蝇在植物果实上产卵后会留下一种标记信息素,以避免自己再次到这里产卵。

B. 楝科植物印楝的种子、树叶和树皮中含有的印楝素,对几乎所有害虫都有驱杀效果。

C. 亚洲玉米螟雌蛾释放的性信息素能够吸引雄蛾,使雄蛾能够准确找到雌蛾的方位。

D. 小麦在遭受麦长管蚜攻击后会释放出水杨酸甲酯,可吸引麦长管蚜的天敌异色瓢虫。

首先审题,题干的主要信息是"互益素是一种信息化学物质",单凭这一句话是没有办法精确区分选项的,所以,咱们必须看宾语前的定语"一种生物释放的、能引起他种接受生物产生对释放者和接受者都有益的反应"。

这句话中的主体是"一种生物",而客体是"他种接受生物",也就是说主体和客体是不同的物种;据此,排除选项 A 和 C,因为 A 中的信息素是留给了苹果实蝇"自己"的,选项 C 中的雌蛾和雄蛾是同一个物种。

继续观察定语,定语中有顿号,意味着前后并列,所以咱们要关注"对释放者和接受者都有益"这个限定条件,据此排除选项 B,因为印楝素产生的是"驱杀效果"。

长管蚜咬我,我释放信息素。

我来吃蚜虫了。

真香!

而选项 D 所有信息符合题目要求,小麦(一种生物)释放水杨酸甲酯(信息化学物质)吸引异色瓢虫(他种生物)来吃麦长管蚜(对二者都有益)。

本题选 D。

例 2 拮抗作用是一种常见的感觉变化现象，是指因一种呈味物质的存在，而使另一种呈味物质的呈味特性减弱的现象。

根据上述定义，下列没有体现拮抗作用的是（　　）

A. 在橘子汁中添加少量柠檬酸会感觉甜味减弱，如再加砂糖，又会感到酸味减弱。

B. 糖精带有苦味，在糖精中添加少量的谷氨酸钠，苦味可明显缓和。

C. 同时服用氯化钠和奎宁后，再饮用清水会有微甜的感觉。

D. 在食用过酸涩的西非山榄后，再吃酸味食品，会尝不到酸味。

这是一道选非题。首先审题，题目的主要信息是"拮抗作用是一种感觉变化现象"，信息不足，很难判断选项对错；本题的重点就是看后半句对这一现象的解释"一种呈味物质使另一种呈味物质的呈味特性减弱"，说大白话就是：一个物质自身的味道在另一个有味道的物质的影响下变淡。再说得明确一点：本题需要按照三个条件筛查四个选项：一是不同的物质遇到后互相作用；二是物质本身都有味道；三是某个物质原来的味道变淡。

选项 A 符合上述三个条件，"橘子汁""柠檬酸""砂糖"本身就有味道且相互作用，"柠檬酸"使得"橘子汁"的甜味减弱，"砂糖"使"柠檬酸"的酸味减弱。

选项 B 符合上述三个条件，"糖精""谷氨酸钠"本身就有味道且相互作用，"谷氨酸钠"使"糖精"苦味缓和。

选项 C 不符合第二个条件，因为"水"本身没有味道，不是呈味物质。

选项 D 符合上述三个条件，"酸味食品""西非山榄"本身就有味道且相互作用，"西非山榄"使"酸味食品"酸味变淡。

本题选 C。

例 3 等待经济：指商家利用人们购物、就医、出行时的空余时间，提供选择自由、使用方便的付费服务。

下列不属于等待经济的是（ ）

A. 某购物中心在顾客休息区设置了多台 VR 游戏机，顾客扫码付费即可操作。

B. 某社区卫生服务中心添置了数台功能各异的按摩椅，供候诊患者刷卡使用。

C. 某小区内新开设了一家无人超市，每到周末附近居民就喜欢到这里来购物。

D. 某火车站在候车室内放置了数台自动售卖机，供旅客自主选购饮料、食品。

这里分享一个小技巧，拆词法。本题题干的信息量比较小且易懂，咱们直接把"等待经济"拆分为"等待"和"经济"两个词，然后逐一验证四个选项是否都能体现这两个词。

选项 A 中的"休息区"对应"等待"，"扫码付费"对应"经济"，属于"等待经济"。

选项 B 中的"候诊"对应"等待"，"刷卡"对应"经济"，属于"等待经济"。

选项 C 中的"购物"对应"经济"，但没有体现等待，不属于"等待经济"。

选项 D 中的"候车室"对应"等待"，"选购"对应"经济"，属于"等待经济"。

本题是选非题，答案是 C。

例 4 培养基是指供给微生物、植物或动物（或组织）生长繁殖的，由不同营养物质组合配置而成的营养基质，一般含有碳水化合物、含氮物质、无机盐、维生素、水等物质。天然培养基是利用动物、植物或微生物包括其提取物制成的培养基；合成培养基是

根据天然培养基的成分，用化学物质模拟合成、人工设计而配置的培养基；半组合培养基是以化学试剂配置为主，同时还加有少量天然成分的培养基。

根据上述定义，下列属于半组合培养基的是（　　）

A. 为促进乳酸菌生长，使用小麦的麦芽汁制成的培养基。

B. 为加速诱发绿萝生长，将有机成分、矿物元素、琼脂等按3∶1∶2的比例制成的培养基。

C. 为观察产气荚膜梭菌的生成，在1000毫升新鲜牛奶中加入10毫升硫酸亚铁制成的培养基。

D. 为研究鸡胚细胞的生长，在一定比例的盐水氨基酸溶液中加入少量玉米汁制成的培养基。

本题考查多定义判断。题干给出了四个定义：培养基、天然培养基、合成培养基和半组合培养基，题目问的是"半组合培养基"，咱们直接锁定"培养基"和"半组合培养基"两个定义。以"半组合培养基"为核心切入点去筛查选项，但也要明确"半组合培养基"是从定义，它也要符合主定义"培养基"的限定条件。

选项A中的"麦芽汁"不是化学试剂，排除。

选项B中的"有机成分、矿物元素、琼脂"不是化学试剂，排除。

选项C中的主要成分是"牛奶"，但牛奶不是化学试剂，排除。

选项D中的"盐水氨基酸溶液"是化学试剂且占多数，玉米汁是"天然成分"且是少量，符合所有"半组合培养基"的条件，同时也符合"培养基"的条件。

本题选D。

第四节　类比推理

类比推理题要求根据一组词之间的关系类比推理至另一组词之间的关系，考查方式有三种：一是两词型，A：B；二是三词型，A：B：C；三是填空型，A 对于（　　）相当于（　　）对于 B。常考的词语间的关系也主要有三种：一是逻辑关系，全同、并列（矛盾、反对）、包含、交叉、对应、全异、条件、因果关系等；二是语义关系，近义、反义、比喻象征义等；三是语法关系，主谓、主宾、动宾、偏正等。

类比推理是一种假设性推理，因此大家在做题时不需要"非得找出一个完全的理由"出来，类似即可；而且，现在的类比推理常常跟常识判断结合起来一起考，增加了难度，很多时候考生不是不会推理，而是因为常识有短板，不知道、不会，导致最终丢分。而且，随着考试难度的增加，很多题需要进行二级辨析，即单看一种关系没办法确定答案，还需要认真研究词与词之间的细节，需要进行拆词。

一、逻辑关系

1.全同关系。两个概念或多个概念的外延完全相同，它们之间可以画等号；可以通过造句来明确它们之间的关系，比如"A 是 B"。

$$A = B$$

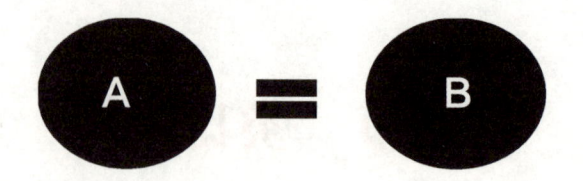

例 熟石灰：Ca(OH)₂（　　）

A. 钡餐：BaSO₄　　B. 纯碱：NaHCO₃　　C. CO₂：干冰　　D. 生石灰：CaCO₃

熟石灰的化学式是 Ca(OH)₂，两者是同一事物，体现全同关系。

A 项：钡餐的化学式是 BaSO₄，体现全同关系，符合；

B 项：纯碱的化学式是 Na₂CO₃，不是 NaHCO₃，未体现全同关系，排除；

C 项：干冰的化学式是 CO₂，但是词语顺序与题干不一致，排除；

D 项：生石灰的化学式是 CaO，不是 CaCO₃，未体现全同关系，排除。

本题选 A。

其实，这道题真正打败大家的不是逻辑关系，而是常识，很多小伙伴怕是记不清常见化学式了。所以，掺杂了常识的类比推理才是拦路虎。

2. 并列关系。 同概念下的关系。一是非此即彼的矛盾关系，比如，按照性别将人分为"男人"和"女人"；二是可以有其他选择的反对关系，比如，"苹果"与"香蕉"，除了它们还有"梨""西瓜"等其他水果。

例1 实体经济：虚拟经济（　　）

A. 电子货币：金属货币　　　　　　B. 知识产权：工业产权

C. 企业管理：行政管理　　　　　　D. 自然资源：社会资源

"实体经济""虚拟经济"包含于"经济"，二者为并列关系中的矛盾关系。

A 项：除"电子货币""金属货币"外，还有"纸币"等，它们都包含于"货币"，是并列关系中的反对关系，排除；

B 项："工业产权"是"知识产权"中的一种，体现的是包含关系，不是非此即彼的矛盾关系，排除；

C项：除"企业管理""行政管理"外，还有"工商管理"等，它们都包含于"管理"，是并列关系中的反对关系，排除；

D项："自然资源""社会资源"包含于"资源"，没有其他情况，二者为并列关系中的矛盾关系，符合。

本题选D。

例2 花：牡丹：玫瑰（　　）

A.茶：红茶：绿茶　　　　　　B.草：艾草：蓼草

C.球：足球：绒球　　　　　　D.车：轿车：客车

"牡丹"和"玫瑰"都包含于"花"，体现包含关系；同时，"牡丹"和"玫瑰"又体现了并列关系中的反对关系，因为还有其他各种各样的花。

A项："红茶""绿茶"都包含于"茶"且"红茶"和"绿茶"体现的是并列关系中的反对关系，符合；

B项："艾草""蓼草"都包含于"草"且"艾草"和"蓼草"体现的是并列关系中的反对关系，符合；

C项："绒球"是线团组成的"球"，但它不是体育用品，跟"足球"不是并列关系，排除；

D项："轿车""客车"都包含于"车"且"轿车"和"客车"体现的是并列关系中的反对关系，符合。

一级辨析选不出答案，考虑二级辨析。"牡丹"和"玫瑰"均为大自然中生长的，剩余三个选项中，只有B项中的"艾草"和"蓼草"是纯天然的，A项中的"红茶""绿茶"是在茶叶的基础上经人工炒制而成的，D项中的"轿车"和"客车"均是人造物。

本题选B。

3.交叉关系。 多个概念间有重合部分，比如，"教师"与"教授"。

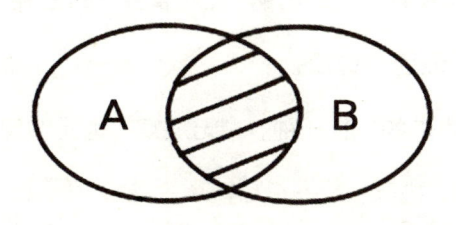

例 纪录片对于（　　）相当于（　　）对于客观题。

A. 电影；主观题　　　　　　　　B. 国产片；选择题

C. 动画片；考试题　　　　　　　D. 译制片；必答题

将选项逐一代入题目进行验证。

选项A："纪录片"与"电影"是交叉关系；而"主观题"与"客观题"则是并列关系中的矛盾关系，前后逻辑关系不一致，排除。

选项B："纪录片"与"国产片"是交叉关系；而"选择题"包含于"客观题"，体现包含关系，前后逻辑关系不一致，排除。

选项C："纪录片"与"动画片"是并列关系；"考试题"与"客观题"是交叉关系，前后逻辑关系不一致，排除。

选项D："纪录片"与"译制片"是交叉关系；"必答题"与"客观题"也是交叉关系，前后逻辑关系一致，符合。

本题选D。

4. 包含关系。 种属关系或组成关系，A包含于B，A可以用于组成B，可以通过造句来验证"A是一种B"或"A可以用于组成B"，比如"桃子"与"水果"，可以写成"桃子是一种水果"。

例 食盐：调味料：氯化钠（　　）

A. 煤炭：固体矿物：无烟煤　　　　B. 沙画：现代艺术：视觉艺术

C. 普洱茶：云雾茶：茶多酚　　　　D. 硅藻：浮游植物：二氧化硅

涉及常识，有三个词，两两找关系，看不出关系可以通过造句的方式找关系。"食盐"是"调味料"，体现种属关系；"氯化钠"是"食盐"的主要成分，体现组成关系。接下来用这两个关系去逐一验证四个选项。

A项："煤炭"是"固体矿物"的一种；"无烟煤"也是"煤炭"的一种，都是种属关系，与题目的逻辑关系不同，排除。

B项："沙画"是"现代艺术"的一种，"沙画"是"视觉艺术"的一种，都是种属关系，与题目的逻辑关系不同，排除。

C项："普洱茶"与"云雾茶"体现的是并列关系中的反对关系；"茶多酚"是"普洱茶"的重要组成部分，体现组成关系。因第一组关系与题目逻辑关系不符，排除。

D项："硅藻"是"浮游植物"的一种，体现种属关系；"二氧化硅"是"硅藻"的重要组成成分，体现组成关系；与题目逻辑关系相符。

本题选D。这道题的难点应该是"云雾茶"，容易把大家搞得"云里雾里"。

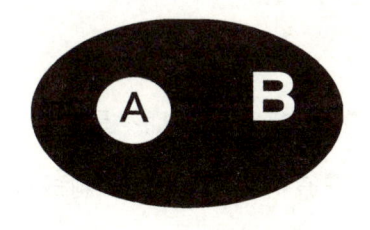

5.对应关系。 词语要素之间的相互对应，比如，材料、功能、属性、时间、地点等的对应。

例1 物体：惯性（　　）

A.观察：客观性　　B.液体：流动性　　C.贵金属：磁性　　D.气体：稳定性

"惯性"是"物体"的必然属性。

A项："客观性"是"观察"的基本要求，不是必然属性，排除；

B项："流动性"是"液体"的必然属性；

C项："贵金属"没有"磁性"，排除；

D 项："稳定性"是"气体"的或然属性，不是所有气体都是稳定的，排除。

本题选 B。

例 2 风筝：篾刀：竹条（   ）

A. 泥塑：黏土：颜料　　　　　　B. 绣品：绣针：绣线

C. 糖人：蔗糖：竹签　　　　　　D. 漆器：描金：涂料

用工具"篾刀"作用于原材料"竹条"，制成成品"风筝"，三者构成了"成品—工具—材料"的对应关系。

A 项："黏土"是制作"泥塑"的原材料，而不是工具，排除；

B 项：用工具"绣针"作用于原材料"绣线"，制成成品"绣品"，三者构成了"成品—工具—材料"的对应关系，符合；

C 项："蔗糖"是制作"糖人"的原材料，而不是工具，排除；

D 项："描金"是制作"漆器"的工艺，而不是工具，排除。

本题选 B。

例 3 船舶抛锚：请求救援（   ）

A. 安全着陆：平稳飞行　　　　　B. 行政复议：获得赔偿

C. 卖出高粱：买入白酒　　　　　D. 违规销售：停业整顿

先"抛锚"再"求援"，在时间上存在对应关系，且两个词的实施主体一致。

A 项：先"平稳飞行"，再"安全着陆"，两者的时间顺序颠倒了，与题目不符，排除。

B 项：先"行政复议"再"获得赔偿"，两者在时间上存在对应关系；但是实施"行政复议"主体是政府机关，而"获得赔偿"的主体是利害关系人，主体不一致，排除。

C 项："卖出高粱"和"买入白酒"可以同时进行，没有必然的先后顺序，排除。

D 项：先"违规销售"再"停业整顿"，两者在时间上是对应关系，且主体是一致的，都是"商家"行为，符合。

本题选 D。

6. 全异关系。概念之间没有相同的属概念，词和词之间"八竿子打不着"。

例 高血压：传染病（　　）

A. 蝙蝠：哺乳动物　　　　　B. 黄梅戏：京剧

C. 鲫鱼：两栖动物　　　　　D. 计算机：电脑硬件

"高血压"跟"传染病"是全异关系，因为它们之间"八竿子打不着"。

A 项："蝙蝠"是"哺乳动物"的一种，是种属关系，排除；

B 项："黄梅戏"和"京剧"都是"戏曲"中的一种，是并列关系中的反对关系，排除；

C 项："鲫鱼"是"鱼"的一种，但不是"两栖动物"，两者是全异关系，符合；

D 项："电脑硬件"是"计算机"的组成部分，两者构成包含关系中的组成关系，排除。

本题选 C。

7. 条件关系。如果 A 就一定 B，此时 A 是 B 的充分条件；如果没有 A 就一定没有 B，此时 A 是 B 的必要条件。

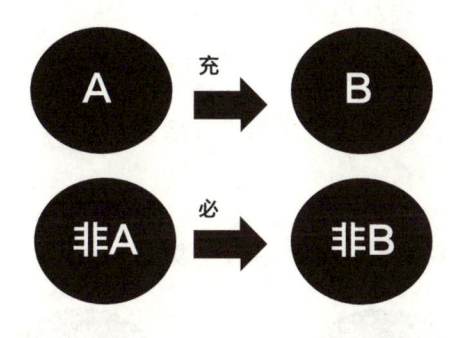

例1 直线交叉：直线不平行（　　）

A. $x>1$：$x^2>1$　　　B. 100℃：沸腾　　　C. O_3：臭氧　　　D. π：圆面积

如果"直线交叉"，那么"直线不平行"，前者是后者的充分条件。

A项：如果"$x>1$"，那么"$x^2>1$"，前者是后者的充分条件，符合；

B项：在标准大气压下，水在100℃时可以沸腾，但气压不足时，不到100℃就可以沸腾，两者不构成充分条件关系，排除；

C项："O_3"和"臭氧"是全同关系，排除；

D项："圆面积"等于"$πr^2$"，两者是对应关系，排除。

本题选A。本题还是跟常识结合了起来，所幸这些常识不难。

例2 出国：护照：签证（　　）

A. 升学：录取：成绩　　　　　　B. 开会：时间：地点

C. 乘高铁：身份证：车票　　　　D. 跟团游：旅行社：机票

本题有两层逻辑关系：一是"出国"需要办理"护照"，"护照"是"出国"的充分条件；二是如果没有办理"护照"则不能办理"签证"，"护照"是"签证"的必要条件。

四个选项都符合第一层逻辑关系，咱们用第二层关系逐一验证四个选项。

A项：没有"成绩"则一定不被"录取"，"成绩"是"录取"的必要条件，题干顺序反了，排除；

B项："时间"和"地点"是并列关系，排除；

C项：没有"身份证"则没法买"车票"，"身份证"是"车票"的必要条件，符合；

D项："旅行社"和"机票"是全异关系，排除。

本题选C。

8. 因果关系。若A是B的因，则B是A的果。

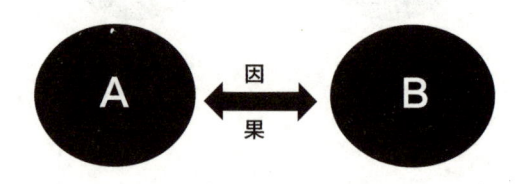

> **例** 玻璃幕墙：光污染（　　）

A. 汽车尾气：酸雨　　　　　　　　B. 海上风暴：海啸

C. 火山喷发：地震　　　　　　　　D. 空气消毒：臭氧

"玻璃幕墙"是因，"光污染"是果，二者构成因果关系。

A项："汽车尾气"会导致"酸雨"，符合；

B项："海上风暴"可能导致"海啸"，符合；

C项："火山喷发"不会导致"地震"，不符合；

D项："臭氧"有"空气消毒"的功能，两者是功能对应关系，排除。

根据因果关系无法选出答案，进行二级辨析："玻璃幕墙"是人为的。

剩余三个选项中，只有 A 是人为的，B 和 C 都是自然现象，排除。

本题选 A。

二、语义关系

主要指词与词的意思之间的关系，包括近义、反义、比喻象征义等。

1. **近义关系与反义关系**。其实本质就是近义词和反义词的意思。当用近义或反义关系无法确定答案时，要考虑二级辨析，比如感情色彩（褒义、贬义、中性）、词性（名词、动词、形容词等）和程度（喜爱、热爱、讨厌、厌恶等）。

近义词　　　　　　　　　　反义词

> **例1** 轻车熟路：人生地疏（　　）

A. 前赴后继：贪生怕死　　　　　　B. 河清海晏：国泰民安

C. 廉洁奉公：卑躬屈膝　　　　　　D. 任重道远：无所事事

"轻车熟路"指车子轻，道路熟，比喻做事轻松；"人生地疏"指人不熟、地陌生，比喻初到一地，做事不轻松。这两个成语呈反义关系，且"轻车"与"熟路"是并列结构，"人生"与"地疏"也是并列结构。

A项："前赴后继"形容不怕牺牲，英勇战斗；"贪生怕死"则指畏惧死亡，畏缩不前。两个词是反义关系，且两个词都是并列结构，符合题目逻辑。

B项："河清海晏"比喻天下太平；"国泰民安"比喻国家太平，人民安乐。两个词是近义关系，排除。

C项："廉洁奉公"指为人清正，一心为公，"卑躬屈膝"形容低声下气，阿谀奉承。两个词不属于反义关系，排除。

D项："任重道远"比喻责任重大，需要经过长期艰苦奋斗；"无所事事"指啥也不干。两个词属于反义关系，但是"无所事事"不是并列结构，排除。

本题选 A。

例 2 馥郁芬芳：香气怡人（　　）

A. 飞扬跋扈：屡教不改　　　　B. 跋山涉水：不畏艰险
C. 纸上谈兵：夸夸其谈　　　　D. 兢兢业业：勤勤恳恳

"馥郁芬芳"和"香气怡人"均形容花很香，香味浓厚，二者为近义关系。

A项："飞扬跋扈"指非常嚣张、高傲；"屡教不改"指经多次教育，仍不改正。两个词不是近义关系，排除。

B项："跋山涉水"形容旅途艰苦、不容易；"不畏艰险"指不怕困难险阻，很勇敢。两个词侧重点不同，前者为"过程"，后者为"态度"，不是近义关系，排除。

C项："纸上谈兵"形容不切实际，空谈理论；"夸夸其谈"也指不切实际。两个词为近义关系，符合。

D项："兢兢业业"和"勤勤恳恳"均指认真、踏实，两个词为近义关系，符合。

根据近义关系只能排除 A 和 B，接下来进行二级辨析。

"馥郁芬芳"和"香气怡人"一般用在积极的语境，为褒义词。

C项"纸上谈兵"和"夸夸其谈"均为贬义词，排除。D项"兢兢业业"和"勤勤恳恳"均为褒义词，符合。

本题选 D。

2.比喻象征义。 把一个事物比喻成另外一个事物，或者词语本身是另外一种事物的象征。比如，把月亮比喻为玉盘，松鹤是长寿的象征等。

例 植物：松树：长寿（   ）

A.生物：康乃馨：健康　　　　　B.植物：玫瑰：富贵

C.动物：鸽子：和平　　　　　　D.雕像：狮子：威严

"松树"是一种"植物"，体现种属关系；"松树"象征"长寿"，体现比喻象征关系。

A项："康乃馨"是一种"生物"，体现种属关系；但是，"康乃馨"象征的是"爱、温馨"，排除。

B项："玫瑰"是一种"植物"，体现种属关系；但是，"玫瑰"象征的是"爱情"，排除。

C项："鸽子"是一种"动物"，体现种属关系；同时，"鸽子"也象征着"和平"，符合。

D项："狮子"不是一种"雕塑"，排除。

本题选 C。

三、语法关系

常见的语法关系有：主谓关系，比如学生与学习；主宾关系，比如教师与学生；动宾关系，比如批评与学生；偏正关系，比如努力与工作、勤劳与农民。一般来说，在解答这类题时，可以通过造句的方式来寻找词语之间的逻辑关系；造句的时候要用最简洁且符合常理的形式，且造句时词语的排列顺序要保持一致。

通过造句把词串起来：
山洪爆发，士兵救村民。

例 金库：现钞：保管（　　）

A. 网球场：球迷：观看　　　　　B. 电缆车：景区：观光

C. 录音棚：专辑：播放　　　　　D. 美术馆：字画：陈列

造句：在金库保管现钞。"保管"和"现钞"构成动宾关系，现钞是被动成为保管对象的；"金库"与"现钞"构成地点对应关系。在给选项造句时，要遵循本顺序。

A 项：在网球场观看球迷。虽然"观看"和"球迷"也构成了动宾关系，"网球场"和"球迷"也构成地点对应关系，但观众是主动观看比赛的，而不是观看对象，排除。

B 项：在电缆车上观光景区。符合语法，但不合常理，排除。

C 项：在录音棚播放专辑。"播放"和"专辑"构成动宾关系；"录音棚"和"专辑"也基本构成地点对应关系。但是，录影棚应该是制作专辑的地方，播放专辑不是主要目的。本选项可以作为候补选项。

D 项：在美术馆陈列字画。"陈列"和"字画"构成动宾关系；"美术馆"和"字画"构成地点对应关系。该选项比 C 选项更加符合常理。

本题选 D。

第五节　逻辑判断

本节题目解答难度较高，主要考查翻译推理、分析推理、加强论证、削弱论证等。

一、翻译推理

必考题型，常与其他推理方式结合起来考查；一般来说，会在题干中出现逻辑关系词。在做这一题型时，务必不要被主观认识干扰，按部就班地根据公式推即可。基本解题步骤是先翻译，再推理。

> 根据公式推，不要主观想。

（一）"前推后"充分条件

最典型的关联词为"如果……，那么……"，表示成公式就是"A⇒B"；在这个公式中 A 是 B 的充分条件，B 是 A 的必要条件。一言以蔽之，谁在箭头后谁就是必要条件。

等价关联词有："只要……，就……""所有……，都……""要想……，必须……""若……，则……""为了……，一定（必须）……""……是……的充分条件"等。

逆否等价：由"A⇒B"推出"¬B⇒¬A"；"肯前必肯后，否后必否前"，即"A 成立则 B 必成立；B 不成立则 A 必不成立"。在这个公式里，坚决不能通过否定 A 来否定 B，也不能通过肯定 B 来肯定 A，即"否前不必然，肯后也不必然"。

例如："只要你好好学习，就能天天向上。"在这句话中，"好好学习"是充分条件，"天天向上"是必要条件。运用推理规则可以得出以下两句话：一是"好好学习使你天天向上"；二是"如果你没有天天向上，则你没好好学习"。

以下两种推论是错误的：一是"你没有好好学习，你不能天天向上"；二是"你天天向上了,那么你肯定好好学习了"。为什么呢?影响一个人"向上"的因素有很多,你没好好学习,但可能别的事干得很好,也可能"向上"。

此外,同方向箭头可以传递。比如,可以由"$A\Rightarrow B$""$B\Rightarrow C$"推出"$A\Rightarrow B\Rightarrow C$";又比如,可以由"$A\Rightarrow B$""$-A\Rightarrow C$"推出"$-B\Rightarrow -A\Rightarrow C$";再比如,可以由"$A\Rightarrow B$""$C\Rightarrow -B$"推出"$A\Rightarrow B\Rightarrow -C$"。总之,利用好"逆否等价"原理灵活传递即可。

这里再补充一个原理:$\neg(A\Rightarrow B)=A$ 且 $\neg B$。

例 研究表明,锻炼对人类大脑有积极作用,如果坚持锻炼,阿尔茨海默病等神经退行性疾病的发病风险就会降低。

由此可以推出:(　　)

A.人类大脑如果不进行锻炼,阿尔茨海默病等神经退行性疾病的发病风险就会进一步提高。

B.如果没有降低阿尔茨海默病等神经退行性疾病的发病风险,那一定是没有坚持锻炼。

C.如果阿尔茨海默病等神经退行性疾病的发病风险降低了,那么就一定是坚持锻炼的结果。

D.是否坚持锻炼,直接决定了阿尔茨海默病等神经退行性疾病的发病风险能否得到降低。

先翻译,再推理。题干出现关联词"如果……,就……",可先将其翻译为"锻炼⇒发病风险降低",然后逐一按照推理原则去验证四个选项。

A项:典型的"通过否前来否后",得不出确定性结论,排除;

B项:典型的"通过否后来否前",是对"逆否等价"的正确运用,通过"$A\Rightarrow B$"推出"$\neg B\Rightarrow \neg A$",正确;

C项:典型的"通过肯后来肯前",得不出确定性结论,排除;

D项:"是否""能否"意味着有多种情况,无论是哪种情况,都无法得出"直接决定"的结论,排除。

本题选B。

坚持运动，拥抱健康。

（二）"后推前"必要条件

最典型的关联词就是"只有……，才……"，表示成公式就是"$B \Rightarrow A$"；在这个公式中 B 是 A 的充分条件，A 是 B 的必要条件。

等价关联词有："不……，不……""除非……，否则不……""……是……的基础/假设/前提/关键""……是……的必要/必不可少条件"等。

逆否等价原则同样适用。

例如："只有好好学习，才能天天向上。"在这句话中，"好好学习"是必要条件，"天天向上"是充分条件。运用推理规则可以得出以下两句话：一是"想天天向上就得好好学习"；二是"如果你没有好好学习，则你不能天天向上"。

以下两种翻译是错误的：一是"如果你没有天天向上，说明你没好好学习"；二是"你好好学习了，那么你肯定天天向上"。为什么呢？因为这两句话分别犯了"否前"和"肯后"的错误。

之所以这句话与之前那句话的推理内容不同，就在于关联词变了，逻辑关系也就跟着变了。所以，做翻译推理，就要严格根据公式推，千万不要主观理解，容易"翻车"。

例 人无精神则不立，国无精神则不强。精神是一个民族赖以长久生存的灵魂，唯有精神上达到一定的高度，一个民族才能在历史的洪流中奋勇向前。

根据以上陈述，可以得出以下哪项？（　　）

A. 人有精神则立，国有精神则强。

B. 一个民族如果精神上没有达到一定的高度，就没有赖以长久生存的灵魂。

C. 一个民族若在历史的洪流中奋勇向前，则精神上已达到一定的高度。

D. 一个民族如果精神上达到一定的高度，就会在历史的洪流中奋勇向前。

先翻译，再推理。题干出现关联词"……，则……""唯有……，才……"，将其翻译为"人无精神→不立，国无精神→不强""奋勇向前→精神达到一定高度"；前者是"前推后"，后者是"后推前"。逐一按照推理原则去验证四个选项。

A项：典型的"通过否前来否后"，得不出确定性结论，排除；

B项："赖以长久生存的灵魂"没有出现在逻辑关系词中，排除；

C项：典型的"通过肯前来肯后"，能够得出正确的结论，正确；

D项：典型的"通过肯后来肯前"，得不出有确定性的结论，排除。

本题选C。

总的来说，无论是"前推后"还是"后推前"，关键就是把题目信息还原到"箭头"上，然后按照"肯前必肯后，否后必否前；否前不必然，肯后也不必然"的原则进行推理。其间，不可被主观因素影响了判断。

（三）"且"与"或"

A 且 B：二者同时成立，全真才真，一假即假。

等价关联词有："……和/且/并且……""既……，又……""不但……，而且……""但是/然而，……"。

A 或 B：二者至少一个成立，一真即真，全假才假。

等价关联词有："……或/或者……""或者……，或者……""……和……至少有一个"等。

"A 和 B 至多有一个"，偶有考查，可翻译为：¬A 或 ¬B。

如果"A 或 B"为真，则否定一个可以得出另一个，即 ¬A⇒B，¬B⇒A。

摩根定律：¬（A 且 B）= ¬A 或 ¬B；¬（A 或 B）= ¬A 且 ¬B。

例如："小王不是一个德才兼备的公务员。"意为："小王德行不好或才能不足。"

又如："小王不在财务科或政工科工作。"意为："小王既不在财务科工作，也不在政工科工作。"

例 某演艺中心是某市标志性建筑，在出现大型活动时，该演艺中心除了平时启用的安全出入口，还有5个平时不开放的、供紧急情况下启用的出入口。这些紧急出入口的启用需要遵循以下规则：

（1）如果启用1号，那么必须同时启用2号且关闭5号。

（2）不允许同时关闭3号和4号。

（3）只有关闭4号，才能启用2号或者5号。

那么，如果启用1号，以下哪项也同时启用？（　　）

A. 2号和4号　　　B. 3号和5号　　　C. 2号和3号　　　D. 4号和5号

这道题出得很精彩，"前推后""后推前""且""或"都考查了一个遍。

本题出现了"如果……那么……""……和……""只有……才……""……或者……"等关联词，先翻译再推理：

（1）①⇒②且¬⑤；（2）③或④；（3）②或⑤⇒¬④。

题目明确说明要启用 1 号，以此为起点进行推理。根据规则（1），推出启动 2 号且不启动 5 号；根据规则（3），推出不启动 4 号；根据规则（2），启动 3 号。

所以，最后启动了 2 号和 3 号。

本题选 C。

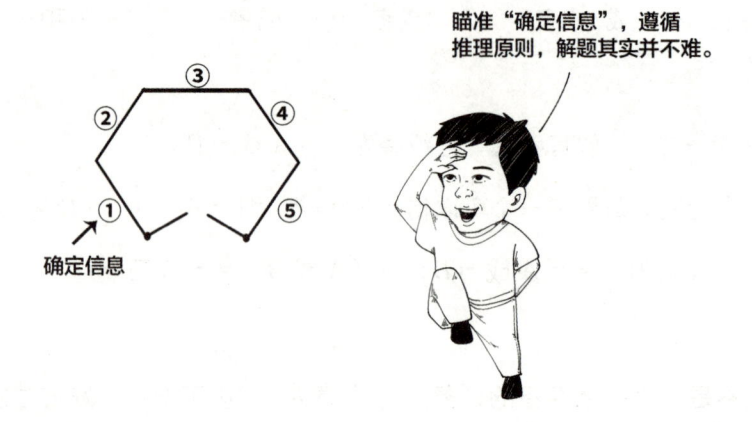

二、分析推理

题目给出一组对象以及与它们相关的若干信息，要求将对象与信息进行匹配或排序。常用方法有以下几个：一是 排除法，当题干信息为真且选项信息充分时，优先采用该方法排除部分选项，直至选出正确答案；二是 代入法，当题干信息有真有假时，可以将选项代入题干验证；三是 最大信息法，以题目中出现次数最多的词为切入点进行推理；四是 确定信息法，以题目中的确定信息为切入点进行推理；五是 矛盾法，当选项存在一真一假的情况时，利用两者的矛盾解题；六是 假设法，当根据题目及选项的信息无法精准地确定答案时，通过合理假设选出正确答案；七是 表格法，对一些情况比较复杂的题目，可以通过画图表来解题。

关于推理中的矛盾关系，这里做一下补充，常见的矛盾关系有三个：一是"A"和"非A"，"A且B"与"非A或非B"，"A或B"与"非A且非B"；二是"所有"和"有些不"（"有些"和"所有不"），"可能"和"必然不"（"必然"和"可能不"）；三是"$A⇒B$"和"A且非B"。

> 方法很多，关键是用熟，要多刷题多总结。

例 1 某超市从前到后整齐排列着 7 排货架，放置着文具、零食、调料、日用品、酒、粮油和饮料 7 类商品，每类商品占据一排。已知：

（1）酒类排在调料类之前；

（2）文具类和调料类中间隔着 3 排；

（3）粮油类在零食类之后，中间隔着 2 排；

（4）日用品类紧挨在文具类前一排或者后一排。

按照从前到后，下列哪项排列是可能的？（　　）

A. 文具类、零食类、日用品类、酒类、调料类、粮油类、饮料类

B. 零食类、文具类、日用品类、粮油类，饮料类、调料类、酒类

C. 日用品类、文具类、零食类、酒类、粮油类、调料类、饮料类

D. 日用品类、文具类、酒类、零食类、饮料类、调料类、粮油类

题目和选项的信息都是真的且很充分，优先考虑使用排除法。

根据规则（1）直接排除选项 B，因为 B 项的酒类在调料类之后；根据规则（2）无法排除任何一个选项，跳过；根据规则（3）排除选项 A 和 C，因为 A 中的"粮油类"和"零食类"中间隔了 3 排，C 中的"粮油类"和"零食类"中间隔了 1 排。

本题选 D。

例 2 甲、乙、丙三人大学毕业后选择从事各不相同的职业：教师、律师、工程师。其他同学做了如下猜测：

小李：甲是工程师，乙是教师。

小王：甲是教师，丙是工程师。

小方：甲是律师，乙是工程师。

后来证实，小李、小王和小方都只猜对了一半。那么，甲、乙、丙分别从事何种职业？（　）

A. 甲是教师，乙是律师，丙是工程师　　B. 甲是工程师，乙是律师，丙是教师

C. 甲是律师，乙是工程师，丙是教师　　D. 甲是律师，乙是教师，丙是工程师

题目中的有效信息并不多，咱们考虑使用代入法和假设法解题。

首先根据题目排除选项 C，因为如果 C 项正确的话，那么"甲是律师，乙是工程师"就是对的，这句话跟小方的猜测一模一样，等于小方全猜对了，与题目"小李、小王和小方都只猜对了一半"的要求不符。

接下来分别代入其他选项进行验证。

代入 A 项验证，小李的猜测为"错、错"，不符合题目要求，排除；

代入 B 项验证，小李的猜测为"对、错"，小王的猜测为"错、错"，不符合题目要求，排除；

代入 D 项验证，小李的猜测为"错、对"，小王的猜测为"错、对"，小方的猜测为"对、错"，符合题目要求。

本题选 D。

接下来，咱们用假设法来解一下这道题。因为选项 C 和 D 的第一条内容重复，可以先从这两项入手解题。

假如"甲是律师"，那么小方的话的前半句是对的、后半句是错的，即"乙不是工程师"；乙不是工程师，也不能是律师，那他只能是教师。如果"乙是教师"，那么小李的话的后半句是对的、前半句是错的，比较巧合的是，"甲是工程师"本身在目前假设（甲是律师）下就是错的。甲是律师、乙是教师，那么丙只能是工程师；此时小王的话的前半句是错的，后半句是对的。只有 D 符合题目要求。

例 3 大学毕业的张、王、李、赵 4 人入职同一家大型公司，每人负责一项工作，其中一人做行政管理，一人做销售，一人做研发，另一人做安保。

已知：

①张不做行政管理，也不做安保；②王不做行政管理，也不做研发；③如果张没有做研发，那么赵也没有做行政管理；④李不做行政管理，也不做安保；⑤赵不做研发，也不做安保。由此可以推出（　　）

A. 张做销售，李做研发　　　　B. 赵做研发，李做销售

C. 李做销售，张做研发　　　　D. 李做研发，赵做安保

这道题涉及的主体和职业比较多，咱们可以利用最大信息法和表格法解题。

先将题目中的逻辑关系翻译成以下语言：①¬张行政管理且¬张安保；②¬王行政管理且¬王研发；③¬张研发⇒¬赵行政管理；④¬李行政管理且¬李安保；⑤¬赵研发且¬赵安保。

从上述逻辑关系的内容中不难发现"行政管理"是出现最频繁的那个信息，张、王、李都不做行政管理，那么做行政管理的只能是赵。赵做行政管理，由第③条逻辑关系的逆否关系推出：张做研发。张做研发，由第④条逻辑关系推出：李做销售，因为研发、行政管理都被占了，而他还不想做安保。只有选项C正确。

此外因为本题涉及的主体和职业比较多，可以画个表来轻松解题：

	行政管理	销售	研发	安保
张	×			×
王	×		×	
李	×			×
赵			×	×

根据表格可以轻松看出：赵做了行政管理，王做了安保。再根据第③条逻辑关系推出"张做了研发"，最后得出李做了销售。

本题选C。

> 复杂的背后往往是简单，
> 要善于利用最大化信息。
> 画个表格可以更清晰地呈现信息。

例 4 某种魔方有六个面,六面全部复原时的颜色分别为红、蓝、黄、白、绿、橙。在某综艺节目现场,有此种魔方6个,每个只复原了一面,且每个魔方复原面的颜色不同。主持人将此6个魔方放入编号为1~6的6个不透明的箱子中,并打开了1号箱子,里面装的是复原面为蓝色的魔方,随后主持人请刘、赵、唐、郑、杨五位嘉宾猜其他箱子里魔方复原面的颜色。 五位嘉宾分别做出了如下猜测:

刘:3号箱子中魔方复原面为橙色,4号箱子中魔方复原面为黄色。

赵:3号箱子中魔方复原面为绿色,5号箱子中魔方复原面为红色。

唐:2号箱子中魔方复原面为红色,6号箱子中魔方复原面为白色。

郑:4号箱子中魔方复原面为绿色,5号箱子中魔方复原面为白色。

杨:3号箱子中魔方复原面为黄色,6号箱子中魔方复原面为橙色。

随后主持人一一打开箱子,发现每位嘉宾都只猜对了一个箱子中魔方复原面的颜色,并且每个箱子都有一位嘉宾猜对。

由此可以推测(　　)

A. 2号箱子中魔方复原面为绿色　　　B. 4号箱子中魔方复原面不是黄色

C. 5号箱子中魔方复原面为白色　　　D. 6号箱子中魔方复原面为红色

这道题的信息量大到离谱,基本信息就是魔方有6种颜色,除了已知的蓝色,剩下的五个嘉宾分别猜对了剩下五种颜色中的一个且每个箱子都对了一个。 翻译成大白话就是,这五个嘉宾的话只有一半是对的。

信息量太大,咱直接画个表,方便看得更清晰。

	2号	3号	4号	5号	6号
刘		橙色	黄色		
赵		绿色		红色	
唐	红色				白色
郑			绿色	白色	
杨		黄色			橙色

画完表再看就清晰了,咱们再用"确定信息法"解题。 整个题干只有唐谈到了2号箱,

题干说得很明确"每个箱子都有一位嘉宾猜对",那么"2号箱为红色"就是正确的,其余涉及"红色"的都是错的,那么赵说的"5号是红色"不对,相应的"3号是绿色"就是对的。再从5号箱看,"红色"是不对的,那么"白色"必然是对的,直接锁定答案为选项C。

当然,咱们根据表格也能把所有的情况全部推理出来,2号是红色,3号是绿色,那么4号只能是黄色了(绿色已经被占),5号是白色,6号是橙色(白色也被占了)。

> "唯一的信息"价值很大,哪怕它只有那么一丢丢的内容。

例5 某地发生一起爆炸案,经侦查得到以下线索:

(1)如果甲不是爆炸案元凶,那么乙就是爆炸案元凶;

(2)甲、乙都不是爆炸案元凶;

(3)乙和丙是爆炸案元凶。

经进一步侦查发现前述三条线索中只有一条是假的,由此一定可以推出(　　)

A.甲是爆炸案元凶　　　　　　B.丙是爆炸案元凶

C.甲不是爆炸案元凶　　　　　D.乙不是爆炸案元凶

现将题目翻译成逻辑关系:(1)¬甲⇒乙;(2)¬甲且¬乙;(3)乙且丙。

观察逻辑关系发现,线索(1)和(2)是矛盾关系,为什么呢?因为¬(¬甲⇒乙)=甲且¬乙。题干说得很明确,"三条线索中只有一条是假的",若线索(1)和(2)是一真一假,那么线索(3)就是真的。再看选项,B项符合(3)。

本题选B。

三、加强论证

这是常考题型，提问中的关键词有"支持""加强""前提""假设"等；解题思路分两步：一是找准论点和论据；二是辨析选项，找出最准确的答案。

加强方式有以下几种：一是 加强论点，换种方式重复论点；二是 加强论据，肯定原有论据或增加新论据；三是 搭桥，在论点和论据之间建立联系；四是 找准前提或必要条件，"没它不行"，否则论点就不成立；五是 强化因果，要排除其他支持论点的原因，保证只有该原因能推出或论证论点；六是 举例强化，举个符合题目要求的案例；七是 警惕类比，类比是非常弱的论证方式，是一种假设推理，常作为优先排除项，要慎重使用。

例 1 六朝时的清谈名家刘惔话很多,但他也欣赏不说话的人。他见江权不常开口,非常欢喜,说:"江权不会说话,而能够不说,真叫人佩服。"江权知道自己不善言谈,但他懂得藏拙。不是每个人都知道自己的缺点在什么地方,好为人师夸夸其谈者不计其数。能说话而爱说,情有可原;很多人明明不大会说话,偏偏说个不停,自曝其短,往往令人生厌。因此可以说,江权这样做,其实是一种极难得的聪明。

以下哪项如果为真,最能支持上述结论?(　　)

A. 能言而能不言是一种极难得的聪明。

B. 不能言而能不言是一种自知的聪明。

C. 不能言而言其实是一种浮夸之举。

D. 不能言而不言其实是一种无奈之举。

论点:江权不会说话且能不说,是一种极难得的聪明。

论据:能说话而爱说,情有可原;很多人明明不大会说话,偏偏说个不停,自曝其短,往往令人生厌。

这道题是典型的"加强论点",选项 B 换种说法又把论点说了一遍。而选项 A、C、D 则违反了"论题同一"原则,即选项与论点的论题不一致,属于无关选项。选项 A"能言而能不言"与题干"能说话而爱说"及"不会说话而说个不停"不一致;选项 C"不能言而言"与论点"不会说话且能不说"不一致;选项 D"无奈之举"是无中生有,题干并未提及。

本题选 B。

例2 最近，主打白噪声的助眠产品引起很多人的兴趣。有人认为，白噪声可以掩盖环境中干扰性的刺激，有助于促进睡眠、改善睡眠质量。但研究者对此持怀疑态度，认为白噪声可改善睡眠的研究证据不足，持续白噪声甚至会对睡眠造成影响。

以下哪项如果为真，不能支持研究者的观点？（　　）

A. 持续暴露在白噪声下，听觉系统会不断将声音信号转换成神经信号，上传大脑，大脑会持续保持活跃，无法充分休息。

B. 持续的白噪声会引起听力的损害，甚至会导致认知功能障碍，严重者还会导致失眠或嗜睡。

C. 白噪声会使健康志愿者睡眠期间脑电波的循环交替模式显著改变，这意味着健康人睡眠结构受到干扰。

D. 白噪声掩盖环境中干扰性的刺激，也会掩盖环境中有意义的声音，可能对人的生活甚至对生命造成威胁。

本题为选非题。

论点：白噪声可改善睡眠的研究证据不足，持续白噪声甚至会对睡眠造成影响。

论据：白噪声可以掩盖环境中干扰性的刺激，有助于促进睡眠、改善睡眠质量。

本题为典型的"增加论据"。

选项 A、B、C 都从不同角度告诉我们"白噪声影响了睡眠"，强化支持了论点，也是对原论据的否定。而选项 D "对人的生活甚至对生命造成威胁"则与"睡眠质量"无关，是无关选项。

本题选 D。

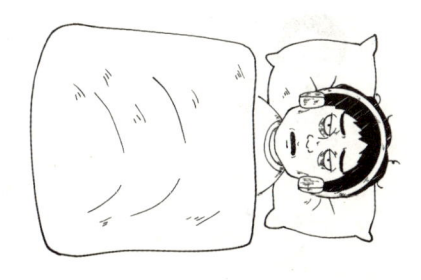

例3 不同的读者在阅读时，会对文章进行不同的加工编码：一种是浏览，从文章中收集观点和信息，使知识作为独立的单元输入大脑，称为线性策略；一种是做笔记，在阅读时会构建一个层次清晰的架构，就像用信息积木搭建了一个"金字塔"，称为结构策略。做笔记能够对文章的主要内容进行标注，因此与单纯的浏览相比，做笔记能够取得更优的阅读效果。

要使上述论证成立，还需基于以下哪一前提？（　　）

A. 阅读效果的好坏取决于能否在阅读时抓住要点。

B. 用浏览的方式进行阅读属于知识加工的线性策略。

C. 做笔记涉及更加复杂的认知加工过程。

D. 与线性策略相比，结构策略能够让学习提升速度。

论点：与单纯的浏览相比，做笔记能够取得更优的阅读效果。

论据：做笔记能够对文章的主要内容进行标注。

有正确的前提，论点才能成立。论点和论据都提到了"做笔记"，但是"阅读效果好"和"标注主要内容"之间缺乏联系，需要通过"搭桥"使论点成立。

选项A在"阅读效果"和"抓住重点（主要内容）"之间建立了联系，使得论点和论据成立。

选项B、C、D都与"阅读效果"无关，是无关选项。选项B谈的是"线性策略"，选项C谈的是"认知加工"，选项D谈的是"学习速度"，均与"阅读效果"无关。

本题选A。

例4 有学者宣称在青藏高原海拔4200米的山坡上发现了2万年前的人类手印、足迹，该学者认为这些手印和足迹来自一种古人类——丹尼索瓦人。

以下哪项如果为真，最有可能是该学者得出上述结论的依据？（　　）

A. 丹尼索瓦人没有灭绝，现今在亚洲和大洋洲中都有少量存在。

B. 丹尼索瓦人和现代藏族人都具有适应高海拔寒冷、缺氧环境的基因片段。

C. 5万年前华北地区的丹尼索瓦人被智人压制，被迫迁徙到西伯利亚一带。

D. 在该山坡附近曾发现过尼安德特人遗址，尼安德特人与丹尼索瓦人同源。

本题考查的是"必要条件"。

论点：手印和足迹来自丹尼索瓦人。

论据：在青藏高原海拔4200米的山坡上发现了2万年前的人类手印、足迹。

选项A的论题跟题干不一致，属于无关选项，排除；

选项B是得出该结论的"必要条件"，丹尼索瓦人能适应青藏高原的环境，这能证明这些手印和足迹是属于他们的；

选项C中的"西伯利亚"跟"青藏高原"根本就不是一个地方，排除；

选项D的意图在于证明尼安德特人也曾在青藏高原出现过，排除。

本题选B。

例5 英国人一项研究发现，人只要在每餐饭前半小时喝一杯500 ml的水，并坚持三个月，体重就能减轻2~4千克。研究团队邀请了84位超重的成人随机分成2组，其中41

位被要求在餐前喝 500 ml 水，另外 43 位则照常生活。三个月后，团队发现三餐前喝水的人，平均体重下降了 4.3 千克，餐前没喝水的人，平均体重值下降了 0.81 千克。研究人员说，没有喝水的那组人平均运动量比餐前饮水人更高，这说明餐前喝适当的水真能减肥。

以下哪项如果为真，最能支持上述结论？（　　）

A. 餐前喝水的那组人同时也注重控制饮食。

B. 餐前没喝水的人中有的体重减轻了 4 千克。

C. 除了餐前喝水，两组的其他情况都是一样的。

D. 餐前没喝水的人就餐中会喝更多的汤和饮料。

论点：餐前喝适当的水能减肥。

论据：三餐前喝水的人平均体重下降多，没有喝水的那组人平均运动量比餐前饮水的人更高。

本题考查"排除他因"，即把"减肥成功"跟"餐前喝水"紧密联系起来，使"餐前喝水"成为"减肥成功"的唯一原因。

选项 A 说明餐前喝水的人减肥成功的另一个原因是"控制饮食"，这是"另有他因"，是对论点的削弱，排除；

选项 B 是无关选项，"轻了 4 千克"跟论点的论题不一致，排除；

选项 C 很明确地排除了其他可能导致减肥成功的因素，只剩下了"餐前喝水"；

选项 D 是无关选项，"喝更多的汤和饮料"跟"减肥成功"无明确的关联，排除。

本题选 C。

例 6 某居民小区盗窃案件频发,在小区居民的要求下,物业于去年年初为该小区安装了一种多功能防盗系统,结果该小区盗窃案件的发生率显著下降,这说明多功能防盗系统能够有效降低盗窃案件的发生率。

以下哪项如果为真,最能加强上述结论?( )

A. 去年,没有安装这种盗窃系统的居民小区盗窃案件显著增加。

B. 附近另一个居民小区也安装了这种防盗系统,但是效果不佳。

C. 从去年年初开始,该城市加强了治安管理,盗窃案件大幅减少。

D. 物业采取其他防盗措施,对预防盗窃案件也起到一定的作用。

论点:多功能防盗系统能够有效降低盗窃案件的发生率。

论据:安装多功能防盗系统。

本题考查"举例论证"。

选项 A 通过列举另一个小区的案例使之与该小区形成正反对比论证的关系,对论点具有加强作用;

选项 B 也是举了一个附近小区的例子,但是起到的是削弱论点的作用,排除;

选项 C 指出盗窃率下降的原因是"加强治安管理",属于"另有他因",起到削弱作用,排除;

选项 D 与选项 C 如出一辙,指出盗窃率下降的原因是"有其他防盗措施",属于"另有他因",起到削弱作用,排除。

本题选 A。

例7 数十年来，在恐龙研究中存在这样一个观点：某些恐龙可以根据其骨骼差异来分辨性别。比如，雄性安氏原角龙与雌性的区别在于，雄性具有更宽的头盾，鼻子上的突起也更大。

以下哪项如果为真，最能支持上述观点？（ ）

A. 研究者重新分析恐龙化石原始数据，利用混合模型等统计方法进行检验，结果发现恐龙并不存在两性骨骼差异。

B. 鸟类和鳄鱼是最接近恐龙的现存动物，雄性鳄鱼比雌性大得多，而鸟类的两性骨骼差异更加明显，如雄孔雀长着巨大的艳丽尾羽，而雌孔雀则朴实无华。

C. 目前，有关恐龙的数据样本十分零散，某些恐龙物种的化石也没有获得足够的数量。

D. 髓质骨富含钙质，能为蛋壳的生成贮存原料，仅存在于产卵雌性恐龙的长骨中。

论点：某些恐龙可以根据其骨骼差异来分辨性别。只要有一种恐龙具有这个特点就是很强的支持。

论据：雄性安氏原角龙与雌性的区别在于，雄性具有更宽的头盾，鼻子上的突起也更大。

这道题的论据是用举例论证的方式来呈现的，很多同学会被误导，把"骨骼差异"等同为"骨骼外形的差异"，因为"比如"后的案例强调的就是骨骼外形。这里要注意，我们关注的应该是论点中的关键词"骨骼差异"。

选项A是直接对论点进行削弱，排除；

选项B是想通过类比的方式来加强观点，但加强的程度有限，不到万不得已不选该选项，因为鸟类和鳄鱼毕竟不是恐龙本身；

选项C是对论点的削弱，样本不足怎能得出正确结论，排除；

选项D告诉我们，"髓质骨富含钙质且只存在于雌性恐龙的长骨中"，说明两性恐龙的骨骼的确存在差异，加强论证了论点。

本题选D。

四、削弱论证

常考题型，提问中的关键词有"削弱""质疑""反驳"等。其解题思路与"加强支持"一致，而解题方法则与之相反：一是否定论点；二是否定论据，要么否定原有论据，要么增加反向论据；三是拆桥，切断论点与论据之间的联系；四是削弱因果，要么"因果倒置"，要么"另有他因"；五是否定前提。

例1 动物实验发现，和处于寒冷环境的同等大小的小鼠相比，在温暖环境中小鼠的骨密度明显增强，很少出现骨质疏松。与此同时，温暖环境中小鼠的肠道菌群更为活跃，当把这些小鼠的肠道菌群移植到寒冷环境的小鼠肠道后，后者骨密度也增强了。由此可见，只要改善肠道菌群活性就可以增强骨密度。

以下哪项如果为真，最能削弱上述论证？（　　）

A. 肠道中不是所有的细菌都会引起成骨细胞的增加，从而增加骨密度。

B. 改善肠道菌群活性还须与生活环境和饮食习惯相结合才能增强骨密度。

C. 改善肠道菌群活性对于年老小鼠增加骨密度的作用不十分明显。

D. 接受菌群移植的小鼠若持续处于寒冷环境，骨密度会很快再次降低至原有水平。

论点：只要改善肠道菌群活性就可以增强骨密度。

论据：温暖环境小鼠的骨密度明显增强，温暖环境中小鼠的肠道菌群更为活跃，当把这些小鼠的肠道菌群移植到寒冷环境的小鼠肠道后，后者的骨密度也增强了。

本题考查"削弱论点"。

A 项讨论的是"细菌"而不是"菌群活性",与论题不一致,是无关选项,排除;

B 项直接否定论点,告诉我们要增加骨密度单靠菌群活性是不够的,还得与生活环境和饮食习惯相结合;

C 项缩小了范围,只谈了"年老小鼠",无法覆盖"小鼠",不具备削弱作用,排除;

D 项讨论的是"菌群移植"而不是"菌群活性",与论题不一致,是无关选项,排除。

本题选 B。

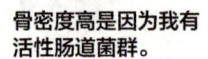

例 2 斑头雁在飞行中有一个特点,就是它们经常以某种队形来飞,通常是后面的鸟飞在前一只鸟的侧后方,因此就有了常见的"人"字形队形。一些研究者认为这一队形可减少空气阻力,降低飞行能耗,然而反对者认为如果是为了减少阻力,鸟更应该选择直线的队形,因为一个紧跟一个飞行能最大限度地减少跟随者需要克服的空气阻力。

以下哪项如果为真,最能质疑反对者的结论?( )

A.飞行过程中,领头雁会不时地与后方同伴换位,否则它们很容易精疲力尽。

B.斑头雁在飞行时会有确定方向的需求,所以并不会一直排成"人"字形飞行。

C.速滑比赛中,运动员常以"人"字形前进,一名运动员在前,另外三名紧随其后,后三名队员因阻力变小而受益。

D.斑头雁飞行时偏移于前面的同伴,虽不能最大限度减少空气阻力,但能极大地减少上升时所需的体能消耗。

论点:"人"字形队形不能减少空气阻力,降低飞行能耗。

论据：如果是为了减少阻力，鸟更应该选择直线的队形，因为一个紧跟一个飞行能最大限度地减少跟随者需要克服的空气阻力。

本题考查"削弱论据"。

A 项讨论的是领头雁累不累的问题，跟能不能减少空气阻力无关，是无关选项，排除；

B 项讨论的是领头雁确定方向的问题，跟能不能减少空气阻力无关，是无关选项，排除；

C 项通过类比的方式进行削弱，属于"增加反向论据"，但用人的行为去解释斑头雁的行为，削弱力度不足，如有更佳选项则排除；

D 项通过"增加反向论据"直接对反对者论点进行削弱，"虽不能最大限度减少空气阻力"，说明可以减少空气阻力，同时也证明可以减少体能消耗。

D 项削弱作用明显大于 C 项。

本题选 D。

例 3 在某市学生运动会上，男女 100 米短跑冠军均来自第一中学的体育班，而不是市体育学院。很多家长都在说："第一中学比市体育学院的训练质量高。"

下列哪一项最能反驳这些家长们的结论？（　　）

A. 本次运动会上第一中学的冠军数量比市体育学院少很多。

B. 有没有出现短跑冠军并不是衡量学校训练质量的唯一标准。

C. 因为第一中学的老师待遇好，很多老师离开市体育学院去第一中学。

D. 第一中学的学生都住宿，所以他们在校训练的时间比市体育学院多。

论点：第一中学比市体育学院的训练质量高。

论据：男女 100 米短跑冠军均来自第一中学的体育班，而不是市体育学院。

论据比较片面且与论点的话题不一致，考虑拆桥，我们要做的就是证明"100 米短跑冠军和训练质量之间没有必然联系"。

B项直接符合"拆桥"要求，当选；

A项将"冠军数量"作为衡量"训练质量"的标准，但题目没有说"冠军数量和训练质量有必然联系"，跟家长犯了一样的错误，无法削弱论点，排除；

C项讨论的是老师待遇的问题，跟训练质量没有必然联系，无法削弱论点，排除；

D项说一中学生住校、训练时间长，这是在加强论点，排除。

本题选 B。

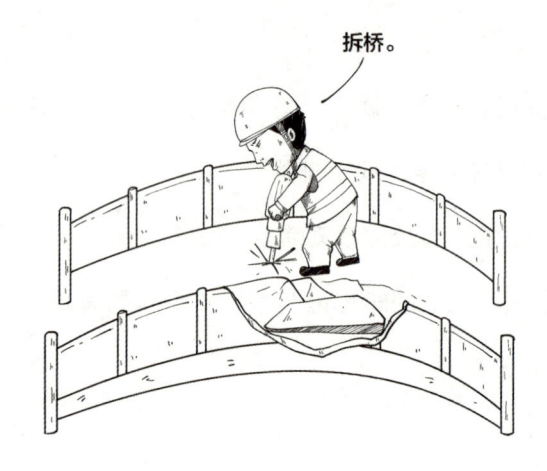

例4 一项对某企业基层工作人员的研究报告显示，使用社交软件的基层工作人员罹患糖尿病、精神疾病、缺血性心脏疾病的概率均显著低于不使用社交软件的。据此，该企业管理人员认为，社交软件的使用有利于基层工作人员的健康。

以下哪项如果为真，最能削弱上述管理人员的结论？（　　）

A. 长时间使用电脑或者手机会引发包括精神疾病在内的多种健康问题。

B. 该企业基层工作人员没有足够多的时间和精力锻炼身体。

C. 该企业基层工作人员压力大，身心健康的人才在工作之余使用社交软件。

D. 该企业基层工作人员普遍在四十岁以上，相当一部分人不使用社交软件。

论点：社交软件的使用有利于基层工作人员的健康。

论据：使用社交软件的基层工作人员罹患糖尿病、精神疾病、缺血性心脏疾病的概率均显著低于不使用社交软件的。

"有助于"表示因果关系，本题考查"削弱因果"。

A项说的是"使用电脑和手机"，跟论点中的"社交软件"不同，论题不一致，排除；

B项谈的是"锻炼身体"，未提及"使用社交软件是否有利于身体健康"，论题不一致，排除；

C项直接告诉我们，因为"员工身心健康"，所以"使用社交软件"，而论点却说，因为"使用社交软件"，所以"身体健康"，是典型的"因果倒置"，削弱作用明显；

D项中这些四十岁以上的员工的身体是否健康不得而知，无法削弱论点，排除。

本题选C。

例5 某科学家在一个宇宙科学网站上刊载了一项成果，该成果宣称找到了地球生命来自彗星的"证据"，引发了广泛关注。他声称在一块坠落到斯里兰卡的陨石里找到了微观硅藻化石，该石头有着疏松多孔的结构，密度比在地球上找到的所有东西都低。他推断这是一颗彗星的一部分，并指出样本中找到的微观硅藻化石与恐龙时代留存下来的化石中的微观有机体类似，从而为彗星胚种论提供了有力的证据。

以下哪项如果为真，最能反驳该科学家的观点？（　　）

A. 发表该成果的网站缺乏可信性，所载论文良莠不齐，有些曾沦为笑柄。

B. 该科学家是彗星胚种论的狂热支持者，曾宣称SARS和流感来自彗星。

C. 该成果配图中被标示成"丝状硅藻"的东西实际上只是硅藻细胞断片。

D. 该成果根本无法证明该石头是碳质球粒陨石，甚至难以确定其是陨石。

论点：地球生命来自彗星。

论据：科学家在一块坠落到斯里兰卡的陨石里找到了微观硅藻化石，该石头有着疏松多孔的结构，密度比在地球上找到的所有东西都低。他推断这是一颗彗星的一部分，并指出样本中找到的微观硅藻化石与恐龙时代留存下来的化石中的微观有机体类似。

本题考查"否定前提"。

A 项谈的是"网站可信度"，与该科学家的观点并无直接关系，论题不一致，是无关选项，排除；

B 项所说的该科学家的其他观点与本题中的观点又有什么关系呢？论题不一致，是无关选项，排除；

C 项中只是说明了该报告的成果配图出现了错误，不能据此推出科学家的观点就是错的，不具有削弱作用，排除；

D 项比较厉害，直接把"这块石头是陨石"给否定了，石头都跟彗星没关系了，石头上发现的东西跟彗星更不会有关系，把科学家的观点反驳得体无完肤。

本题选 D。

五、归纳推理

选考题型，与翻译推理出题形式相仿，但是题干中没有明显的逻辑关系词，提问方式主要是"由此（不能）可推出"。其实，这种题型主要考查考生能否根据对题目和选项的理解选出最优解。

在做归纳推理时，要秉持以下几个原则：一是 话题一致，即选项跟题干讨论的话题要保持一致。二是要 尊重题干内容，不要过度引申推断。三是 谨慎对待"绝对的"表述，比如"最、更、首要"等；而一些表示可能性的词语则更容易成为答案，比如"可能、有些、或许"等。

> 不能进行翻译推理时，考虑归纳推理。

例 调查显示，在中国，男性越来越时兴购买并使用洗面奶、化妆水等护肤品，还开始购买并使用遮瑕膏或粉底液等化妆品。在某大型商场推介会上，展出的化妆品全部面向男性，导购也是清一色妆容精致的男士。某大型电商在2019年"双十一"开始1小时内，男性化妆品交易额达到上年同期的44倍，中国男性化妆品市场的快速增长是消费需求的反映。

由此可以推出（　　）

A. 越来越多中国青年男性开始使用化妆品。

B. 消费观念多元化导致中国男性喜欢化妆。

C. 男性化妆时尚正通过社交媒体迅速传播。

D. 购买并使用化妆品的中国男性越来越多。

题干中没有明显的逻辑关系词，考虑归纳推理。

A项提出"青年男性"，而题干说的是"中国男性"，话题不一致，排除；

B项属于过度解读题干，题干没有涉及中国男性喜欢化妆的原因，排除；

C项中的"社交媒体"是无中生有，与题干"商场、电商"不一致，排除；

D项可由"男性化妆品交易额达到上年同期的44倍，中国男性化妆品市场的快速增长是消费需求的反映"等信息推出。

本题选 D。

六、真假推理

这类题型的考查频次较低，一般是利用题目中的矛盾关系解题。关于矛盾关系，咱们之前已经在分析推理部分做了介绍，这里不再赘述。

真假美猴王

例 小陈、小李、小刘 3 人从学校脱颖而出，到市里参加竞赛。5 人预测：

小陈、小李都获奖；

小陈、小李至多有 1 人获奖；

小陈获奖，小李未获奖；

小陈未获奖，小李获奖；

若小陈获奖，则小刘也获奖。

结果发现，只有 1 人预测正确。

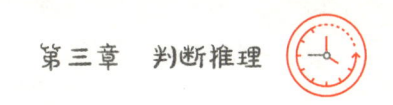

由此可以推出（　　）

A. 小陈、小李都未获奖　　　B. 小陈、小刘都获奖

C. 小李、小刘都未获奖　　　D. 小陈、小李都获奖

先翻译题干：①小陈且小李；②¬小陈或¬小李；③小陈且¬小李；④¬小陈且小李；⑤小陈⇒小刘。

①和②是矛盾关系；由题干"只有1人预测正确"推出：③④⑤均为假。⑤为假，则其对应的矛盾命题"小陈且¬小刘"为真，即小陈获奖了，小刘没有；据此排除选项A和B。④为假，则其对应的矛盾命题"小陈或¬小李"为真，而小陈确定获奖了，则小李一定获奖。综上，小陈、小李获奖，小刘未获奖。

本题选D。

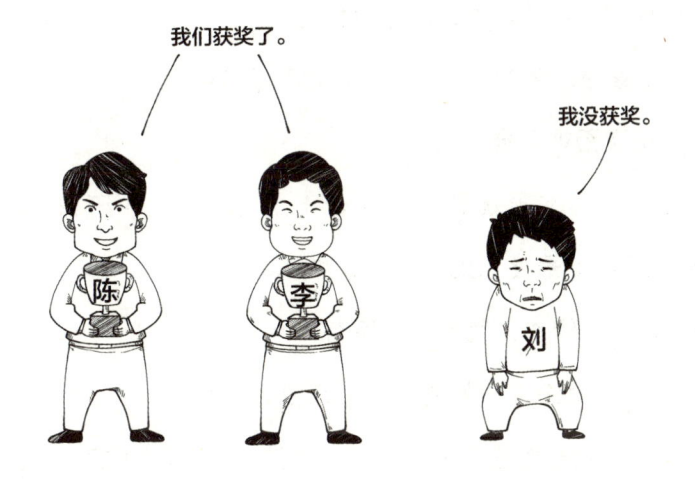

七、集合推理

顾名思义，该类题目判定集合之间的真假关系。

在此类题目中存在六个基本的表述方式：一是所有 S 都是 P，比如，所有的云彩都是白色的；二是所有 S 都不是 P，比如，所有的云彩都不是白色的；三是有的 S 是 P，比如，有的云彩是白色的；四是有的 S 不是 P，比如，有的云彩不是白色的；五是某个 S 是 P，比如，有一朵云彩是白色的；六是某个 S 不是 P，比如，有一朵云彩不是白色的。

其中，"有的"的意思比较特殊，它至少是一个，最多可以是全部。咱们一起看这个例子：

假如"有的云彩是白色的"为真,那么以下几个选项中哪一个必假呢?(　　)

A. 有的云彩不是白色的　　　　　　B. 所有云彩都是白色的

C. 东边那朵云彩是白色的　　　　　　D. 所有云彩都不是白色的

A、B、C三项都无法判断真假,我们既不能因为"有的是白色的"而推出"有的不是白色的",因为"有的"可能代表"全部";也不能因为"有的是白色的"而推出"都是白色的",因为还可能有别的颜色;还不能因为"有的是白色的"而推出"东边那朵是白色的",因为"有的"范围更大,不一定包含"东边那朵"。

在明白了上述内容后,咱们再明确这些集合关系中隐藏的三组矛盾,这三组矛盾往往是解题的突破口和落脚点:一是"所有S都是P"与"有的S不是P",就像"所有云朵都是白的"与"有的云朵不是白的";二是"所有S都不是P"与"有的S是P",就像"所有云朵都不是白色的"与"有的云朵是白色的";三是"某个S是P"与"某个S不是P",就像"那朵云彩是白色的"与"那朵云彩不是白色的"。

怎么得来的呢,用逆否规则推出来的:

¬"所有S都是P"的本质就是"¬所有＋¬是";"¬所有"等价于"有的","¬都是"等价于"不是";最终结果就是"有的S不是P"。

¬"所有S都不是P"的本质就是"¬所有＋¬不是";"¬所有"等价于"有的","¬不是"等价于"是";最终结果就是"有的S是P"。

¬"某个S是P"的本质就是"¬是","¬是"等价于"不是",最终结果就是"某个S不是P"。

关于"所有"和"有的",大家还要学会换位理解,就是把S和P调换位置。

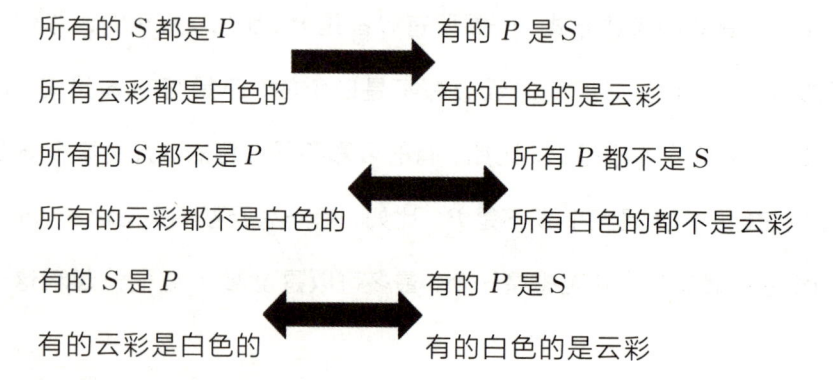

所有的S都是P　　　　　　　　→　　　　　　有的P是S

所有云彩都是白色的　　　　　　　　　　　　　有的白色的是云彩

所有的S都不是P　　　　　　　↔　　　　　　所有P都不是S

所有的云彩都不是白色的　　　　　　　　　　　所有白色的都不是云彩

有的S是P　　　　　　　　　↔　　　　　　有的P是S

有的云彩是白色的　　　　　　　　　　　　　　有的白色的是云彩

有的 S 不是 P ⟷ 有的 $\neg P$ 是 S

有的云彩不是白色的 ⟷ 有的不是白色的是云彩

第一组是单向的，后边三组都是双向的。

最后再说明一下，常用的集合关系如下图：

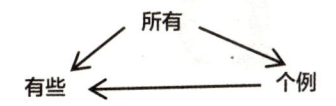

```
        所有
       ↙    ↘
    有些 ←  个例
```

此图何意？"所有"可以推出"有些"和"个例"，"个例"可以推出"有些"。比如，由"所有的云彩都是白色的"可以推出"有些云彩是白色的"和"某朵云彩是白色的"；又比如，可以由"某朵云彩是白色的"推出"有些云朵是白色的"。

集合之间有传递性，$S \Rightarrow P$，$P \Rightarrow Q$：$S \Rightarrow Q$；有的 S 是 P，$P \Rightarrow Q$：有的 S 是 Q。要善于利用集合之间的传递性进行解题。

> 我一直以为自己只是一朵雨做的云，却不曾想在我身上有这么多公式。

例 1 通过调查得知，并非所有的影视明星都有偷税、逃税行为。

如果上述调查的结论是真实的，则以下哪项一定为真？（　　）

A. 所有的影视明星都没有偷税、逃税行为

B. 多数影视明星都有偷税、逃税行为

C. 并非有的影视明星有偷税、逃税行为

D. 有的影视明星确实没有偷税、逃税行为

直接翻译题干，"并非所有的影视明星都有偷税、逃税行为"等价于"有的影视明星没有偷税、逃税行为"。直接选 D。

C项中的"并非有的"就是"所有","并非有"就是"没有",翻译后跟A项一个意思,直接排除A和C。B项的"多数"无从说起,排除。

例2 某外贸公司中有许多懂英语的人不懂法语,但是所有懂法语的都懂英语。由此,不能推出该公司中(　　)

A. 有些懂英语的人也懂法语　　　　B. 有些懂法语的人不懂英语

C. 没有一个懂法语的人不懂英语　　D. 有些不懂法语的人懂英语

本题是选非题,考查"换位",题目中的集合关系有两个:一是"有许多懂英语的人不懂法语";二是"所有懂法语的都懂英语"。根据换位规则,"有许多懂英语的人不懂法语"等价于"有些不懂法语的懂英语";"所有懂法语的都懂英语"等价于"有的懂英语的人懂法语"。据此,排除A和D。

C项"没有一个懂法语的人不懂英语"等价于"所有懂法语的都懂英语",与题干信息一致。B项没有正确利用"换位原则",错误。

本题选B。

其实本题能够画出集合图,则能一目了然。

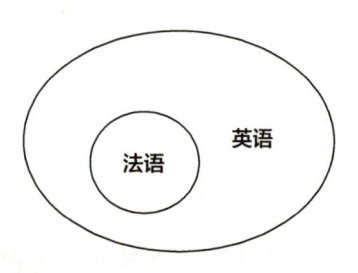

此图可以很清晰地验证选项。

例 3　所有犯罪行为都会受到刑法制裁，有的违法行为是犯罪行为，黄涛的行为是违法行为。

如果上述断定为真，则以下哪项必定为真？（　　）

A. 有的违法行为会受到刑法制裁　　B. 黄涛的行为是犯罪行为

C. 黄涛的行为会受到刑法制裁　　　D. 所有受到刑法制裁的行为都是犯罪行为

本题考查集合之间的"传递性"，题目中的逻辑关系有三个：一是"犯罪行为⇒刑法制裁"；二是"有的违法行为是犯罪行为"；三是"黄涛的行为是违法行为"。

选项 A 是通过第一个和第二个逻辑关系的传递得出的，类似于"搭桥"，"犯罪行为"是"桥梁"，正确。

选项 B 是通过第二个和第三个逻辑关系的传递得出的，但是因为作为"桥梁"的"违法行为"前边有个定语"有的"，说明黄涛的行为未必一定是犯罪；选项说得过于绝对，错误。

选项 C 是通过第一个、第二个和第三个逻辑关系的传递得出的，中间的"桥梁"分别是"违法行为"和"犯罪行为"；因为"违法行为"前有个定语"有的"，使得传递受阻，黄涛未必受到刑法制裁；本选项说得过于绝对，错误。

选项 D "换位错误"，"所有犯罪行为都会受到刑法制裁"换位后的正确表达是"有的受到刑法制裁的是犯罪行为"，排除。

本题选 A。

例4 有人说：中国运动员也有人获得法国网球公开赛（简称"法网"）的冠军。如果这个断定为真，不能由此断定真假的是（　　）

Ⅰ．小李为中国运动员争了光，她获得了法网冠军。

Ⅱ．有的中国运动员不能获得法网冠军。

Ⅲ．网球在中国不够普及，中国运动员都不能获得法网冠军。

A. Ⅰ和Ⅱ　　　　B. Ⅰ、Ⅱ和Ⅲ　　　　C. Ⅰ和Ⅲ　　　　D. 只有Ⅰ

题干翻译一下就是：有些中国运动员获得法网冠军。

Ⅰ：根据集合关系图，"有的"推不出"个例"，"个例"可以推出"有的"，无法判定真假；

Ⅱ："有的"推不出"有的不"，因为"有的"也可能是"全部"，无法判定真假；

Ⅲ："中国运动员都不能"就是"所有不"，"所有不"和"有的"是矛盾关系，题干"有的"为真，那么这里的"所以不"就是假，可以判定为假。

本题选 A。

八、解释原因

这类题解题关键在于解释导致题干的原因，基本解题思路是先找到题目中的矛盾或现象，再找到正确选项去解释它。当选项之间差异较小时，要采用"择优原则"。

这类题型的考查频次较低，咱通过一道题来认识它。

例 近年来，国家从药品生产、流通和销售各环节发力，频频出台降低药价的相关政策。但是，让不少患者感到疑惑的是，一方面国家降低药价的政策不断出台，另一方面诸多常用药价格却不断上涨。

以下哪项如果为真，最能解释上述现象？（　　）

A. 价格下降的药品占大多数，价格上涨的药品占少数，因此从整体上来说，药品价格仍然是下降了。

B. 常用进口药的需求增多，相关政策无法控制此类药品的价格上涨。

C. 国家虽然出台了降低药价的政策，但是其影响要经过一段时间才能显现出来。

D. 降低药价的政策可以有效控制药品市场中因制药原料涨价而导致的药价上涨。

解题关键是要找到题干中的矛盾：国家降低药价的政策不断出台，但诸多常用药价格不断上涨。

A 项无法解释"常用药价格上涨"的问题，只是说了一个"事实"，排除；

B 项直接解释了为啥出现这种矛盾，因为国家政策控制不了这些新增加的常用进口药；

C 项看似是原因，但是对"影响"言之不详，不知道后边会带来什么影响，解释的力度不足；

D 项只解释了政策的作用，却没有解释"药价不断上涨"，排除。

本题选 B。

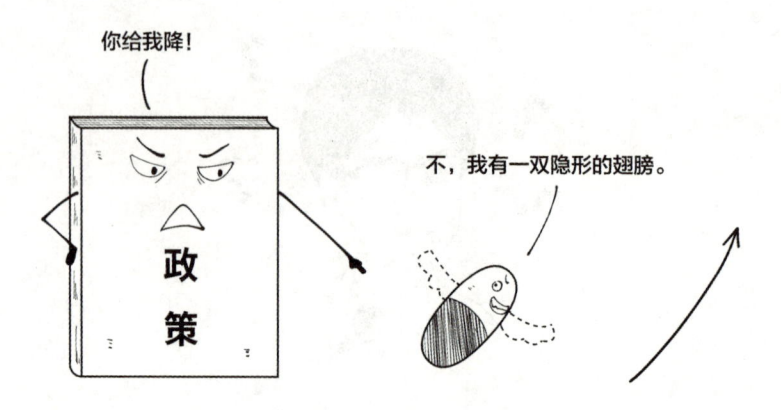

九、类似推理

此类题会给出几个选项,要求考生从中选出与题干的推理方式或错误一致的一项,不需要考虑真假,也就是说,只看形式不看内容。题干中的推理方式或错误可能涵盖本节的所有内容,因此需要灵活处理。

例 1 某刑事人类学家在对 260 名杀人犯的外貌进行了考察后,发现他们具有一些共同的生理特征,于是得出"杀人犯具有广颚、颧骨突出、头发黑而短的特征"的结论。

以下哪项与上述推理方式相同?（   ）

A. 24—28 之间没有质数。

B. 八月十五云遮月,正月十五雪打灯。

C. 植物种子经超声波处理后可增产,所以玉米种子经超声波处理后也可增产。

D. 某高校在对全校学生进行调查后,得出"我校同学学习态度普遍较好"的结论。

首先分析题干的推理方式,刑事人类学家只分析了 260 名杀人犯的外貌就对"杀人犯"这个群体做了结论,这是很明显的不完全归纳。接下来分析选项的推理方式。

选项 A 把 24 到 28 之间的数字全部做了分析后得出结论,是完全归纳。

选项 B 仅凭个别景象就做出结论:如果八月十五"云遮月",到正月十五就会"雪打灯",没有把八月十五和正月十五的情况全部考虑到,是不完全归纳。

选项 C 是典型的"三段论"推理方式,省略了一句话"玉米种子也是植物种子"。

选项 D 在对全校学生进行调查后才得出结论,是完全归纳。

本题选 B。

关于"完全归纳"和"不完全归纳",咱们做一下补充说明。以选项 D 为例:若对全校学生进行调查,样本覆盖了全体学生,此时得出的针对全体学生的结论是正确的,这就叫完全归纳。若在调查了某几个班后就得出针对全校学生的结论,这就叫不完全归纳,因为样本不足以覆盖全校学生。

关于"三段论",咱们也做一下补充说明。所谓三段论是指,题目给出一个具有一般性规律的"大前提",再给出一个依附于该"大前提"的"小前提",然后得出一个符合"大前提"的特殊化的结论。以选项 C 为例:"植物种子经超声波处理后可增产"是"大前提",被隐藏的"玉米种子也是植物种子"是"小前提",而"玉米种子经超声波处理后也可增产"则是特殊化的结论。

例 2 古人云:立善法于天下,则天下治;立善法于一国,则一国治。

以下哪项与上述古人说法的形式结构最为相似?(　　)

A. 民生在勤,勤则不匮。

B. 穷则独善其身，达则兼济天下。

C. 明者因时而变，知者随事而制。

D. 俭则约，约则百善俱兴；侈则肆，肆则百恶俱纵。

先分析题干的形式结构，题干中有逻辑关系词，将其翻译为：立善法于天下⇒天下治，立善法于一国⇒国治，典型的"A⇒B"结构，二者还是并列关系。接下来看选项的形式结构：

选项 A："民生在勤"无逻辑词，忽略；后半截的形式是"勤⇒不匮"，排除；

选项 B："穷⇒独善其身；达⇒兼济天下"，符合；

选项 C：无逻辑词，排除；

选项 D："俭⇒约⇒百善俱兴；侈⇒肆⇒百恶俱纵"，排除。

本题选 B。

例3 师范类院校学生来自全国各地，甲大学是师范类院校，所以甲大学的学生来自全国各地。

下列选项所犯逻辑错误与上述推理最相似的是（　　）

A. 牛不是食肉动物，而狮子不是牛，所以狮子不是食肉动物。

B. 父母爱读书的孩子爱运动，小黄爱运动，所以小黄的父母爱读书。

C. 私人捐赠的教学楼遍布全国各高校，何况是邵逸夫先生捐赠的逸夫楼。

D. 文明司机都是礼让行人的，有些公务司机礼让行人，所以有些公务司机是文明司机。

首先分析题干的推理形式：将"师范类院校学生"替换为 A，将"来自全国各地"替换为 B，将"甲大学的学生"替换为 C，则题干的推理结构是"$A⇒B$，$C⇒A$，所以 $C⇒B$"。接下来，判断选项的推理形式。

选项A："牛"为A，"不是食肉动物"为B，"狮子"为C，则该项的推理结构是"A⇒B，C⇒¬A，所以C⇒B"，排除。

选项B："父母爱读书"为A，"孩子爱运动"为B，"小黄"为C，则该项的推理结构是"A⇒B，C⇒B，所以C⇒A"，排除。

选项C：这句话可等价为"私人捐赠的教学楼遍布全国各高校，逸夫楼是私人捐赠的，所以逸夫楼遍布全国各地高校"。"私人捐赠的教学楼"为A，"遍布全国各高校"为B，"逸夫楼"为C；则该项的推理结构是"A⇒B，C⇒A，所以C⇒B"，符合。

选项D："文明司机"为A，"礼让行人"为B，"有些公务司机"为C；则该项的推理结构是"A⇒B，C⇒B，所以C⇒A"，排除。

本题选C。

逸夫楼遍布全国各高校。

十、其他

例1 有位青年到杂志社询问投稿结果。编辑说："你的稿子我看过了，总的来说有一些基础，不过在语言表达上仍不够成熟，流于幼稚。"青年问："那能不能把它当作儿童文学作品呢？"

下列选项中与青年所犯的逻辑错误相同的是（　　）

A. 甲到处宣扬说："我从来不炫耀自己的优点。"

B. 甲说："人生太短暂，我们应该珍惜时间，抓住机会，尽情挥霍。"

C. 甲问："我能用黑笔墨水写出红字，你信吗？"乙答："不信。"甲就提笔在纸上写了一个"红"字。

D. 甲开车撞到了行人乙，二人争执起来，甲说："我有多年驾驶经验，责任不可能在我。"

题干中的青年将"幼稚"替换为"儿童文学作品"，是典型的"偷换概念"。接下来看选项中的逻辑错误。

选项 A："从来不炫耀"跟"到处宣扬"是矛盾的，"你不炫耀的话，那现在是在干吗呢"，是典型的"自相矛盾"，排除；

选项 B："珍惜时间"和"尽情挥霍"是矛盾的，典型的"自相矛盾"，排除；

选项 C：甲用"红"字替换"红色"，是典型的偷换概念，符合；

选项 D："有多年驾驶经验"就不会出车祸了？ 理由不充分，排除。

本题选 C。

常见的逻辑错误有：一是偷换概念，本题已做演示，不再赘述；二是错误类比，比如"红眼睛的兔子招人爱，杀红眼的敌人也招人爱"；三是因果倒置，比如"因为成绩好所以学习刻苦"；四是强加因果，比如"我考试前喝了一杯咖啡，结果考砸了，所以喝咖啡是考砸的原因"；五是自相矛盾，本题已做演示，不再赘述；六是断章取义，比如"天才就是 1% 的灵感加上 99% 的汗水，所以灵感是最关键的"；七是理由不充分，本题已做演示，不再赘述。

例 2 研究人员通过对某国 500 名儿童进行跟踪研究发现，人类大脑成长最快的时期是在出生后三个月内，大脑的尺寸可以达到成人的一半以上。

下列哪项的答案最能评价上述结论的正确性？（　　）

A. 500 名儿童中有没有人的大脑是在出生三个月后才快速生长的？

B. 有没有对其他国家的儿童进行跟踪研究？

C. 儿童的大脑功能和成人是不是一样？

D. 男童和女童的大脑成长速度是否一样？

题目的意思就是怎样能证明这个结论是正确的。

分析题干不难看出，这个样本有问题，由某个国家的 500 名儿童推出整个人类大脑的成长规律，显然是不太合适的，样本容量不够大。所以，重点就是补充样本，使这个结论更具有说服力。

选项 A 在讨论这 500 个人的样本中的情况，而且还是样本中部分人的情况，这显然无法印证整个人类大脑的成长规律，排除；

选项 B 直接将样本扩大至其他国家，样本越多样化，结论的正确性就越高，正确；

选项 C 和 D 的话题跟题目不一致，"大脑生长速度"跟"年龄""性别"无关，排除；

本题选 B。

第四章
言语理解与表达

这一部分的题目本来应该是非常主观的，但是却被做成客观题来考大家，难免有一些答案是"不尽如人意"的，所以在做此类题时不要"追求完美"，要学会体会和代入原作者的写作习惯和手法。

这部分题重点考查的就是考生的阅读理解能力，所有的方法和技巧均是辅助。考生需要谨记，如果能凭借阅读理解（语感）做对，就不要过度强调方法，否则就是本末倒置。如果考生的阅读理解能力偏弱，那么在刚开始备考的时候就需要用方法和技巧去辅助阅读，随着备考时间的推移做题经验不断积累，在阅读理解能力得到提升后，最后还是要学会遵从自己的"内心"。

这部分考查的内容比较多，应用的方法和技巧也不少，且方法和技巧的主观性很强，跟前三章解题的方法和技巧完全不同。基于此，对第四章的学习应该紧扣大纲进行。

考试大纲	题型
根据材料查找主要信息及重要细节	细节理解
概括归纳阅读材料的中心、主旨	概括主旨、选择标题
判断新组成的语句与阅读材料原意是否一致	语句填空、排序
根据上下文内容合理推断阅读材料中的隐含信息	推断下文内容
判断作者的态度、意图、倾向、目的	判断意图、理解态度
正确理解阅读材料中指定词语、语句的含义	词语指代
准确、得体地遣词用字等	逻辑填空

基于对大纲的分析，咱们开始学习具体内容。这里要注意，所有的方法和技巧都是可以通用的，大家要学会举一反三、由此及彼。

第一节　方法介绍

在这里，咱们先集中笔墨把言语理解与表达可能用到的方法做集中阐述，以便做题的时候能灵活使用。大家看完这些方法后，肯定会有这样一种感觉：这不就是在教我怎么去理解一件事吗？

一、关注关键词、高频词

材料中的关键词及反复出现的词需要大家引起重视，比如，名词、动宾短语、引号中的词等——之所以反复出现，那就是在强调啊。

要重视关键词、高频词

二、关注关联词前后的逻辑关系

使用关联词的目的是连接复句，体现逻辑关系。常考的关联词连接逻辑关系主要有：转折关系、递进关系、因果关系、并列关系和必要条件等。

（一）表转折

关联词前后句子的意思相对、完全相反或部分相反，强调转折后的内容。

常见关联词："虽然/尽管/虽说/固然……，但是/可是/不过/然而/却……"等。

常见关键词："其实""实际上""事实上""只是"等。

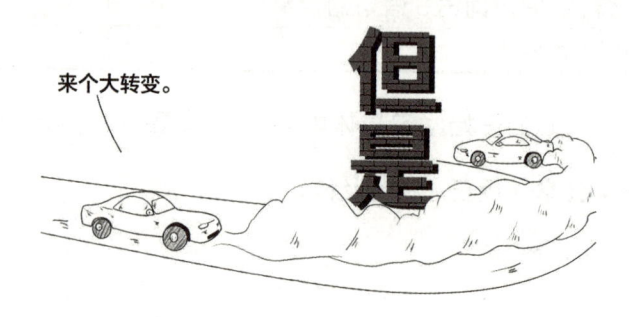

来个大转变。

但是

（二）表递进

关联词后的分句或者段落比前面的分句或段落表达的意义往前推进一层。

常见的关联词："不但/不仅/不止/不只/不单……，而且/并且/也/还……"等。

常见关键词："甚至""更""尤其""重要的是""关键的是""核心在于"等。

这里要注意多级递进，比如"不但……，而且……，甚至……"，在这组关联词中，最后一层递进关系更重要。

(三)表因果

讲述原因是为了解释结果，结果是由原因引起的。

常见关联词："因为/由于……，所以/因而……""之所以……，是因为/归根结底/说到底……"；

常见关键词："可见""由此可见""看来""依此可见""总而言之""综上所述""致使""导致""使得""造成""以致"等。

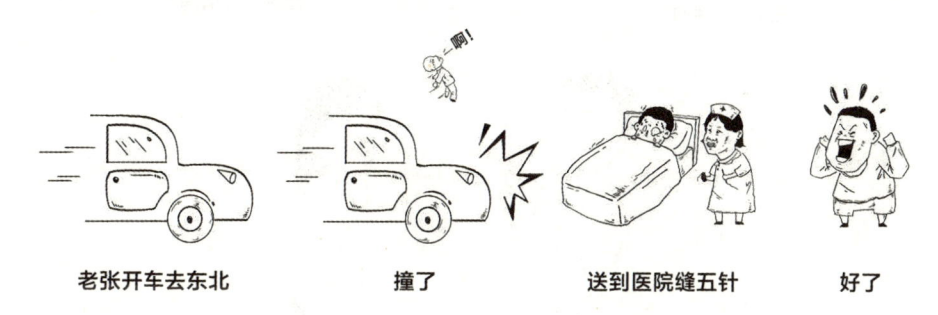

(四)表并列

区分同一属概念中同层次的种概念。

常见关联词："既……，又……""一边……，一边……""有的……，有的……"。

常见关键词："此外""另外""与此同时""同时""加上"等。

常见标点符号："、"";"","等。

有的时候，语句内容之间并没有明显的并列标志，需要根据语境判断。

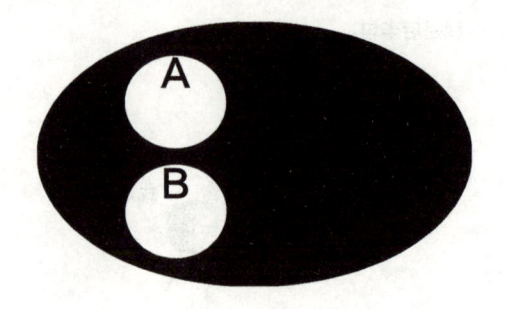

（五）表条件

关联词的使用令句子之间构成条件和结果的关系。比如，表示周遍条件的"无论……，都……"，表示充分条件的"只要……，就……"，表示假设条件的"如果……，那么……"等。

其中，考查必要条件较多，指实现某一结果必须具备的条件。

常见关联词："只有……，才……""除非……，否则……""没有……，就没有……"等。

常见关键词："必须""应该""应当""需要""必要"等。

三、关注文章结构

常见的主要有以下几个：一是"总—分"结构；二是"分—总"结构；三是"总—分—总"结构；四是"分—总—分"结构；五是"分—分"结构。其中，"分—分"结构没有结论，需要总结：要么并列求和，将每部分的意思汇总合并；要么提炼共性，寻找并列内容之间的共性。其实，"分—分"结构跟"并列"关系没啥两样。

> 其实就是"总"和"分"的巧妙搭配。

四、关注标点符号

逗号、顿号、分号：一般表并列，个别情况下，最后一个词会起到总结前几个词的作用。

冒号、破折号：承上启下，解释说明。

问号：反问表强调；设问有问有答，回答是重点。

引号：表反语讽刺、强调、引用、形象化表达等。

> 他们说不用标点符号会把人憋死我不信所以我今天就试一试你看说到现在我也就是脸红脖子粗了而已说到这儿我有点气短了一会儿我要是能一直说您给我叫个好要是我没声儿了记得帮我叫救护车咱接着往下说完了严重缺氧了得打"120"了

五、关注代词

代词指代文中某一信息，使文段陈述简洁明了。比如："这""这些""那""那些""它们""他们""她们"等。一般来说代词是就近指代，与所要指代的内容在距离上接近。

> 她"代"我入伍。

> 我"替"父从军。

六、避免偷换和无中生有

避免"偷换"要注意六要：一要 避免偷换主体，比如题目说的是"坝"，选项偷偷换成与它类似的"堰"；二要 避免偷换话题，比如题目说的是"偷鸡"，选项偷偷换成"摸狗"；三要 避免偷换数量，比如题目说的是"大多数"，选项偷偷换成"些许"；四要 避免偷换逻辑，比如题目说的是"$A \Rightarrow B$"，选项偷偷换成"$B \Rightarrow A$"；五要 避免偷换时态，比如题目说的是"正在"，选项偷偷换成"完成"；六要 避免偷换语气，比如题目说的是"一定"，选项偷偷换成"也许"。

而"无中生有"则是指选项中的内容在题目中根本就不存在或未提及。

七、关注语义轻重

有时两个词意思相近，但是语义轻重、语气程度有差别。比如"信口开河"和"信口雌黄"都有"随口乱说"的意思，但是后者有"歪曲事实，诽谤污蔑"之意，语义比前者重。

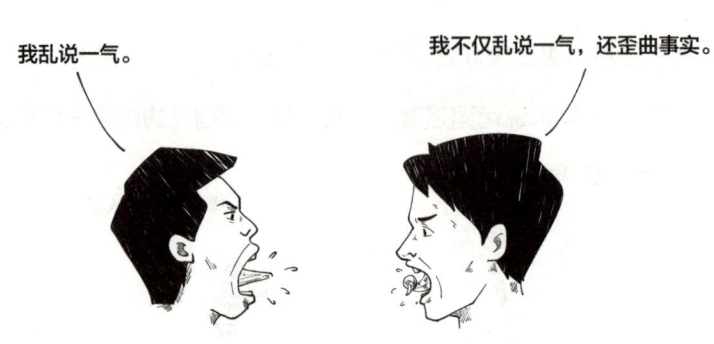

八、关注感情色彩

意思相近的词的感情色彩也可能有区别，比如"处心积虑"和"殚精竭虑"都有"用尽精力"的意思，但前者是贬义词，后者是褒义词。

九、关注句子成分

语句常见的成分包括"主谓宾定状补"。

首先看词语搭配。一是主谓搭配要合理，比如"树挪死，人挪活"，如果把人和树调换位置就说不通了。二是动宾搭配要得当，比如"增加或减少收入"是合理的，而如果写成"缩短收入"的话，就是搭配不当，需要改成"缩短收入差距"。三是修饰语与中心语的搭配要正确，比如"这是一片丰饶的土地"是正确的，而如果把"丰饶"换成"丰盛"则不合理，因为"丰盛"指丰富，多用于物质方面，与"土地"搭配不当。

再看定语和状语。定语起修饰主语和宾语的作用，会对宾语和主语的领属、性质、数量等做限定。状语分为一般状语和句首状语，一般状语位于主语、谓语之间，起修饰、限制谓语中心词的作用；句首状语则比较少见，但在表示时间、处所、目的的名词、介词结构做状语时，可以把状语放在主语的前边。句首或段首状语往往是"大前提"，需要高度重视。

十、关注观点前置与后置

要么把核心观点放在开头，然后论证该观点；要么把核心观点放在结尾，经过一系列论证再引出观点；要么在引入话题后，抛出核心观点。

十一、关注事物自然发展的规律与顺序

事情的发展是有先后顺序和步骤的，很多情况下咱们把顺序找对了就容易把题目做对，特别是排序题。

十二、关注主旨句

主旨句常见的有三种情况：一是主旨句就在题目中，找到就是赚到。二是按照"主体（主题）＋措施＋结果"的结构自行归纳；这里的主体可以是常规意义上的不同个体，比如政府和个人，也可能是一件事（动名词、动宾短语、动词词组等），比如学习和学习知识。三是按照"主谓宾"进行归纳，多适用于归纳问题或其他不太适合"主体（主题）＋措施＋结果"结构的情况。

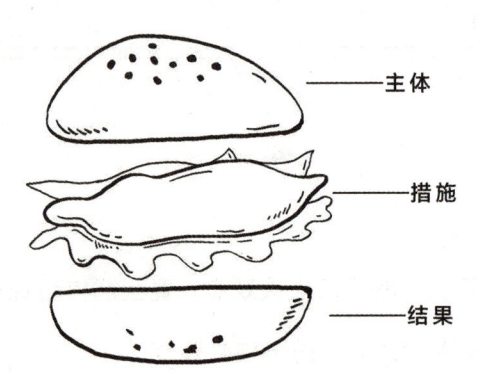

第二节 文段阅读

题目给出一段材料,要求考生从多个角度进行理解,常考题型有:概括主旨、判断意图和态度、细节题、拟标题、词语指代、语句衔接、推断下文和排序题等。

一、概括主旨

例1 家长们担心孩子过度依赖手机会损害视力、看到不良信息。但值得注意的是,除了这些浅表层次的影响外,最重要的在于移动学习提高了学生的信息搜索能力,却也因答案的易得性而忽略了对学生分析能力、创造能力的训练,这些才是学习最重要、最核心的部分。

这段文字意在强调( )

A. 家长们为孩子过度依赖手机感到焦虑。　　B. 过度依赖手机会对学生身体健康不利。
C. 移动学习提高了学生的信息搜索能力。　　D. 移动学习对训练分析和创造能力不利。

本题考查的是对"转折""递进"和"代词"的理解与运用。首先,"但值得注意的是"将话题转向"信息搜索";接着,通过"最重要的在于"进一步强调"信息搜索";最后,通过代词"这些"将"忽略分析能力、创造能力"与"学习最重要、最核心的部分"建立联系,告诉我们移动学习损害分析能力和创造能力。

选项A、B、C均忽视了下文的"转折",没有抓住文段的重点。

本题选D。

这道题也可以用"主体+措施+结果"这一公式来推出答案。首先找主体,很多同学可能把主体理解为"家长们",却忽视了"学习"是文段的高频词汇,且聚焦于"移动学习",这才是整个文段讨论的核心内容。那措施是啥呢?忽略对学生分析能力、创造能力的训练。结果呢?隐藏了,反正是不好的,咱们可以不提。基于上述分析,把主旨确定为"移动学习忽略对学生分析能力、创造能力的训练"。纵观四个选项,只有选项D

符合"主旨"的内容。

答案一搜就知道。

例2 文化是现代制度扎根的内在土壤,任何一种社会制度的创建、发展和变迁,都有其特定的社会历史文化背景和一定的现实文化条件。制度的文化功能在于约束人、规范人,文化的制度作用在于塑造人、教化人。因此,制度建构本身就蕴含着某种文化的内在特征,也就离不开一定的文化背景、文化底蕴与文化氛围。

这段文字主要说明了（　　）

A. 制度在一定程度上反映某种文化底蕴。　B. 制度的变迁可以衍生出新的文化特质。

C. 制度能够影响和改变文化的内在本质。　D. 任何制度建构都有其必然的文化根基。

本题考查的是"因果""归纳""偷换"和"无中生有"。首先,文段前两句对文化和制度的关系做了阐述。接着,"因此"直接对前文内容进行总结,前边的内容导致了后边结论的得出。最后,将"文化背景、文化底蕴与文化氛围"归纳为"文化根基"。

本题选 D。

选项 A 用"反映"偷换了题目中的"蕴含",这两个词的意思显然是不同的;

选项 B 和 C 犯了"无中生有"的错误,题目中根本未交代相关内容;

只有选项 D 原封不动地保留了题目中的"制度建构",能够保持原词意思不变的优先考虑。

本题依旧可以用公式"主体＋措施＋结果"来得出结论。主体是一个词组、一件事,即"制度建构";措施是"离不开一定的文化背景、文化底蕴与文化氛围";结果未知,可忽略。得出结论"制度建构离不开一定的文化背景、文化底蕴与文化氛围",选项 D 只是做了一定的归纳而已。

本题其实也可以通过句子成分分析得出结论,主语是"制度建构",谓语是"离不开",宾语是"文化背景、文化底蕴与文化氛围",最后的结果是一样的。

例 3 《汉书·平帝纪》记载,元始二年,"民疾疫者,舍空邸第,为置医药",提出了"隔离"是防疫的重要举措。明代中期我国就出现了预防天花的"人痘"接种术。18 世纪末,英国科学家爱德华·琴纳发明了接种牛痘预防天花的方法,经过几代科学家不懈努力,最终研制出灭活天花病毒的疫苗。随着现代医学科技发展和公共卫生基础设施不断完善,霍乱、鼠疫、流感等曾经对人类造成巨大危害的传染病逐渐得到了有效控制。近些年来,在抗击严重急性呼吸综合征(SARS)、中东呼吸综合征(MERS)、甲型 H1N1 流感、埃博拉病毒等多次重大传染病中,科学技术都发挥了重要作用。新中国成立以来,我国通过传染病重大科技专项研发部署,在传染病防治领域的科研水平、技术能力、平台建设、人才队伍等方面都有了明显的提升。

这段文字主要说的是(　　)

A. 中西方在疫情防治理念方面存在诸多共性。

B. 借鉴历史经验对于防控疫情具有重要意义。

C. 疫情防控离不开国家自上而下的科学部署。

D. 科学发展和技术创新有助于人类战胜疫情。

本题考查"并列""句子成分""无中生有""以偏概全"。首先，题目介绍了防疫的"古今"与"中外"，是并列关系。接着，用句首状语"随着现代医学科技发展和公共卫生基础设施不断完善"告诉我们，"科学技术"是防疫的关键。

本题选 D。

选项 A 中的"疫情防治理念有共性"是脱离材料的"无中生有"；

选项 B 中的"借鉴历史经验"也是"无中生有"，题目并未涉及；

选项 C 则是"以偏概全"，把新中国成立以来的做法当作文段主旨，忽视了其他并列的内容。

咱们继续用公式"主体＋措施＋结果"来寻找答案。主体是一件事，也是整个文段都在集中讨论的事——"防疫"；措施就是文段中的高频词汇"科技"；结果是"成功"。得出结论"防疫依靠科技而成功"。此时不选 D 更待何时？

例 4 对互联网金融加强监管，不是为了制约互联网企业，而是鼓励和保护真正有价值的金融创新，促进互联网金融规范有序健康发展。广大互联网企业只有正确认识行业监督与自身发展的关系，将监管要求内化到企业经营管理中，才能更好地走上规范健康发展的轨道。

上述文段主要讲了（　　）

A. 推进互联网金融监管创新的价值。　　B. 当前互联网企业面临的机遇和挑战。

C. 互联网金融监管对企业发展的重要性。　　D. 制约互联网企业健康发展的客观因素。

本题考查"条件关系""偷换概念"和"无中生有"。首先，题目的第一句话引出话题"互联网金融监管"。接着，通过"条件关系"告诉我们"互联网金融监管"是企业健康发展的必要条件。

本题选 C。

选项 A 中的"互联网金融监管创新"偷换了题目中的"金融创新"的概念；

选项 B 和 D 都是"无中生有"，无论是"机遇和挑战"，还是"客观因素"，都是脱离题目的"无中生有"。

咱们用公式"主体＋措施＋结果"来试着寻找答案。主体是隐藏的，此处指"政府"，措施是"对互联网金融加强监管"，结果（目的）是"鼓励和保护真正有价值的金融创新，促进互联网金融规范有序健康发展"，得出结论"政府加强对互联网金融的监管，鼓励和保护金融创新，促进互联网金融规范有序健康发展"。只有选项 C 提到了客体"金融企业"以及隐藏的主体"政府"，然后把"鼓励和保护金融创新，促进互联网金融规范有序健康发展"归纳为"重要性"。

严管也是厚爱。

例5 当技术的进步逐渐拨开传统"战争迷雾"之时，网络和电磁等虚拟空间因素也给侦察情报带来了相应的挑战。一方面，网络空间的开放互联、庞大的用户群体、被动的防御特性、未知的安全漏洞，使得网络攻击的隐蔽性不断增强，难以防范；同时，情报的处理、分发离不开安全稳定的网络支撑。另一方面，战场上的无人化侦察装备种类繁多，特别是重点区域和要害目标附近，用频装备数量庞大，导致局部电磁拥挤，容易出现

频率自扰现象；而且交战双方极易互相实施电磁干扰和压制，使得无人化侦察装备的稳定运行遭受严峻考验。

这段文字主要介绍了（   ）

A. 新形势下驱散传统"战争迷雾"的关键。

B. 无人化侦察装备升级引发的连锁反应。

C. 虚拟空间因素对侦察情报工作的影响。

D. 侦察情报技术信息化进程中遭遇的困境。

本题考查"文章结构""观点前置""因果关系""并列关系"和"以偏概全"。首先，文段是"总—分"结构，第一句话是"总"，后边的内容是"分"。其次，第一句话和后文内容构成"因果关系"，后文内容是"因"，第一句话是"果"，也就是"第一句话"中结论的得出源于后文的内容。最后，文段用"一方面，另一方面，同时，而且"等表示"并列关系"的关联词将"因"串联了起来。

所以，第一句话这个"总"就是文段主要信息，也就是"观点前置"。

本题选 C。

选项 A、B、D 均犯了"以偏概全"的错误。

咱们继续用公式"主体＋措施＋结果"来寻找答案。主体是"虚拟空间"；措施是"挑战情报侦察"；结果不明显，可忽视；得出结论"虚拟空间挑战情报侦察"，这句话本身是一个"主谓宾"结构。选项 C 只是把"挑战"归纳为"影响"，显然"挑战"就是"影响"的一种。

例6 登陆火星并不是一件容易的事。地球和火星最近时，也有5600万千米的距离，是地球和月亮距离的140倍，想要靠火箭的动力突破这一距离，目前是不可能的。因此，需借助地球的公转把探测器"甩"到火星，不过，需要合适的时机，这就是"发射窗口"。当火星探测器到达远日点，与火星轨道相切时，火星也正好运行到那里，探测器才能与火星交会。在这个时间窗口发射火星探测器，不仅是最省能量的，探测器的有效载荷也会相应增多。这种特定的时机和位置每隔26个月才出现一次。

这段文字主要（　　）

A. 强调探测器登陆火星的技术难点。

B. 说明探测器"发射窗口"稍纵即逝的特点。

C. 描述火星探测器的理想运行轨迹。

D. 解释要抓住窗口期发射火星探测器的原因。

本题考查"文章结构""因果关系""以偏概全""偷换概念""无中生有"。首先，文段在描述了登陆火星的客观困难后得出结论，随后论证该结论，呈现"分—总—分"结构。其次，"因此"体现因果关系，使得第一个"分"成为"总"的原因，客观解释了抓"发射窗口"的必要性。

本题选D。

选项A对应的是第一句话的内容，属于"以偏概全"，也忽视了"因果关系"；

选项B属于"偷换概念"，文段中说的是"每隔26个月才出现一次"，强调的是机会难得，却没有说存在的时间"稍纵即逝"；

选项C属于"无中生有"，文段压根没提运行轨迹的事；

咱们用公式"主体＋措施＋结果"来寻找答案。主体是"发射火星探测器"，措施是"借助'发射窗口'"，隐含结果"成功"，得出结论"发射火星探测器借助'发射窗口'能成功"。

文段末尾着力于解释原因，选D；其实，即使不考虑末尾内容，四个选项中跟该信息最接近的也只有D。

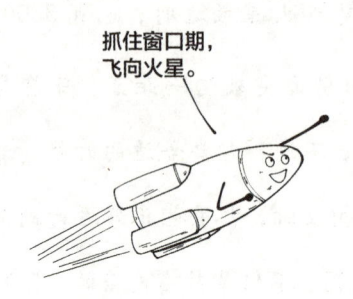

二、推断意图和态度

题目中常出现"意在""想""想要""意图"等词,或者出现"观点""态度""评价"等词。

例 1 绝妙与糟糕,是人生中不断涌现的高峰与低谷。我们一次次被生活的铁拳打倒在地,又凭借蕴藏在体内的强大"复原力"一次次地爬起来,擦干泪水,重新前行。"复原力"是人生的宝藏,但并非取之不尽、用之不竭,就像不断输出的基础是不停输入一样,它也需要我们不断进行储蓄,而这种储蓄的关键时期,就在我们的人生观、世界观尚且模糊不清、摇摆不定的童年时期。父母的悉心陪伴与支持、孩童眼界的增长与扩充、均衡的营养能够使大脑化学物质及肠道菌群保持平衡,这三点要素是构筑"复原力"宝藏的关键。

这段文字意在强调（   ）

A. 要在童年为孩子筑牢"复原力"的基础。

B. "复原力"是父母给予孩子的重要宝藏。

C. 激发强大"复原力"才有勇气面对生活。

D. "复原力"的养成取决于多种复杂因素。

这道题考查"观点前置""转折""递进""关键词""高频词""标点符号""以偏概全"。首先,文段在引入话题"复原力"这个话题后接着引出了观点"要在童年期储蓄'复原力'",后又对影响"复原力"形成的因素进行阐释,属于"观点前置";同时"复原力"是文段的高频词、关键词,引号的使用说明它是专有名词。其次,文段通过转折词"但"和递进词"而……关键时期"将话题"复原力"引向"童年","童年"成为第二个关键词。

本题选 A。

选项B、C、D都是"以偏概全",均没有涉及"童年"。

咱们用公式"主体+措施+结果"来寻找答案。主体是"储蓄'复原力'",措施是"抓住童年期",隐含结果"成功",得出结论"储蓄'复原力'抓住童年期才能成功"。而推断意图就是把这个积极的事继续做好,即"要在童年期培养孩子的'复原力'"。

例2 食品药品安全追溯体系是依赖现代信息技术,对可能存在的食品药品安全隐患发出预警的一项制度。它之所以被一些国家广泛采用,是因为一方面能降低监管部门信息获取成本,提升监管效率;另一方面也能倒逼企业提高安全意识,主动进行风险控制。这项制度已引进我国多年,并体现在相关法律法规以及行动规划中。但在实践中,区域分割、部门分治等问题仍比较突出,没有形成高效的地方联动、部门合力,对解决食品药品安全问题缺少整体效果。

这段文字意在强调（　　）

A.完善的食品药品安全追溯体系有重要价值。

B.相关部门应该加强对食品药品安全的监管。

C.我国的食品药品安全追溯制度仍有待完善。

D.多方合作是解决食品药品安全问题的关键。

本题考查"因果关系""并列关系""代词""转折关系"。首先,文段开始通过"之所以""一方面,另一方面"等表示因果、并列的关联词说明"引入食品药品安全追溯体系"的必要性。其次,通过代词"这"及表示转折关系的关联词"但"引出食品药品安全追溯体系在实践中面临的核心问题:缺少整体效果。面对存在问题的文段,作者的写作意图一般就是解决该问题。再仔细观察文段末尾一句话，句子内容呈现"因果关系"，即"区域分割、部门分治，没有形成高效的地方联动、部门合力"是导致"缺少整体效果"的原因。自然而然，解决问题就要从"原因"入手，"原因"强调的是"各干各的、没有合力"，那解决问题就要"多方合作"。

本题选 D。

选项 A 的内容是转折前的内容，不是文段强调的重点；

选项 B 的措施没有与段尾导致问题的原因"一一对应"，排除；

选项 C 属于"无中生有"，文段强调的是追溯制度在实践中遇到的问题，制度本身没有问题，关键是"好制度没有落实好"。

咱们用公式"主体＋措施＋结果"来寻找答案。这里要做一下说明：当文段在交代问题时按照"某主体干了一件不好的事导致了更深的危害（带来新的问题）"这一结构来组织时，可以直接套用公式。但是，当文段只是客观地描述一个问题时，咱们要做的是把这个问题找出来，这个问题就是文段的"主体"，它可以独立地充当文段的主旨句。也就是说，在部分问题型文段中，核心问题就是文段主旨。

在本题中，主体就是"食品药品安全追溯体系对解决食品药品安全问题缺少整体效果"，意图是解决该问题，即"注重整体效果"，而途径就是"合作"。

也可以通过划分"句子成分"来解决，主语是"食品药品安全追溯体系"，谓语是"缺少"，宾语是"整体效果"，总结出来就是"食品药品安全追溯体系缺少整体效果"。而把其他句子成分补齐的完整表达则是"食品药品安全追溯体系在实践中，对解决食品药品安全问题缺少整体效果"。

九龙治水，则水患难除。

多方合作是关键。

例3 高校设立家政本科专业受到舆论的质疑,因为在传统观念中,大学生是"天之骄子",保姆似乎"低人一等",二者难以画上等号。正是这样的错误观念,导致家政行业从业人员良莠不齐,整体素质不高。其实,家政行业是考验从业者综合素质的行业,高校设立家政专业,符合市场需求。当然,目前来看,家政专业培养出来的学生很少从事家政实务,不少都是从事家政企业管理和家政教育。要想真正吸引更多优秀人才进入家政行业,就要破除职业偏见,让家政服务从业人员能够获得应有的尊严,让他们的工作能够体现应有的劳动价值,让他们有良好的发展前景。

从这段文字可以看出,作者认为家政行业吸引优秀人才的关键在于( )

A.增强家政专业"含金量"。　　B.提高从业者的综合素质。

C.尊重从业人员劳动价值。　　D.破除家政专业职业偏见。

这道题考查"观点后置""因果""代词""条件关系""以偏概全"。首先,通过"因果关系"引出话题"传统观念"。其次,通过代词"这样"将"传统观念"与"错误观念"画等号,并通过"导致"说明这种错误观念带来的危害。随后,通过"正反对比论证"解释家政行业发展的必要性。最后,用"要想……,就要……"引出观点"破除职业偏见",后边的三个"让"是具体做法,包含于"破除职业偏见"。这里还要注意,题目问的是"吸引优秀人才的关键",也就是说需要提取"对策"作为答案。

本题选D。

选项A中的"含金量"在文段中未体现,且缺少具体指代内容,话题宽泛,排除;

选项B和C都存在"以偏概全"的错误,用文段中的部分信息取代了整体内容;"提高整体素质"是由文段中的问题反推出来的,而"劳动价值"则包含于"职业偏见"。

咱们用公式"主体+措施+结果"来寻找答案。这道题的问法比较特殊,"作者认为家政行业吸引优秀人才的关键在于",题目已经把主体"家政行业吸引优秀人才"交代出来了,咱要做的就是找到"措施"和"结果";措施是"破除职业偏见",结果未知,可忽视;得出结论"家政行业吸引优秀人才要破除职业偏见"。D是最准确的答案。

家政服务也是一个很好的职业。

例4 本来，小吃吸引人的地方，在于它的新鲜、特异以及不同的口味。这种"不同"，不仅体现在与其他吃食不同，也同样体现在同一类小吃的口味差异上。好的小吃，绝非满大街的小吃摊都是一个味儿。这是中式小吃的特色所在，也是其难以"标准化"的根源所在。如果硬性规范、约束小吃，或许会克隆出一批小吃店，但很可能会以牺牲人的味蕾为代价。

从这段文字可以看出作者的主要态度是（　　）。

A.鼓吹小吃标准化　　　　　　　　B.对小吃标准化表示担忧

C.反对小吃标准化　　　　　　　　D.小吃标准化不能一刀切

这道题考查"情感色彩""代词""条件关系""转折关系"。首先，从文末"以牺牲……为代价"可以清楚地感觉到作者的态度：反对。其次，文段的前三句通过代词"这"不断地强调"小吃就应该各不相同"。最后，通过"条件关系"假设硬性标准化可能带来的后果，再通过转折词"但"将内容转向"牺牲味蕾"，表明作者的态度。

本题选C。

选项A的感情色彩与作者的表述背道而驰，排除；

选项B和D的感情色彩不够明显，过于含蓄，排除。

本文段的主旨句就是第一句话，直接"拿来主义"；再加上文段末尾的假设和转折，表明作者的态度"会牺牲味蕾，不能这么做"。如果继续用公式"主体＋措施＋结果"来寻找答案，结果也一样：主体是"小吃"；措施是"靠新鲜、特异、口味吸引人"；结果无，可忽略；得出结论"小吃靠新鲜、特异、口味吸引人"。

300

例5 古语云："疾风知劲草。"经历严峻的考验，方可知晓谁才是真正坚强的人。那么，换在一个顺风顺水的环境里，难道就无法试炼出一个人的意志、品格吗？

这段文字表述的观点是（　　）

A. 顺意的环境很难考验一个人的意志。　　B. 关键时刻才能识别谁是真正的强者。

C. 日常工作照样能够考验一个人的意志。　　D. 平淡的生活也能显示一个人的品格。

本题考查"标点符号""无中生有""偷换概念"。首先，文段通过双引号引用古诗词，引出话题"严峻考验使人坚强"。其次，用反问的方式强调自己的观点：顺风顺水的环境也能试炼人的意志和品格。四个选项均没有完全尊重全文的信息，对比之下，C最接近。

本题选C。

选项A与文段中心思想背道而驰，排除；

选项B凭空造出"关键时刻"，文段中没有提及相关内容，属于"无中生有"，排除；

选项D属于"偷换概念"，将"试炼"替换成了"显示"，排除。

咱们用公式"主体＋措施＋结果"来寻找答案。主体是"顺风顺水的环境"，措施是"试炼一个人的意志、品格"；结果未知，可忽视；得出结论"顺风顺水的环境也能试炼一个人的意志、品格"。选项C中的"考验"与"试炼"意思最为接近。

三、拟定标题

考查归纳能力。

例 目前,在全世界范围内,能够被称为"全球系统"的,只有中国的北斗、美国的 GPS、俄罗斯的 GLONASS 以及欧盟的伽利略定位系统。可以说,完善的卫星导航系统是一个国家综合实力的展示。北斗系统在全球范围内首次实现了混合的异构星座部署。美国的 GPS 和欧洲的伽利略定位系统都是由地球中高轨道卫星组成的,而北斗是由静止轨道卫星、倾斜地球同步轨道卫星和中高轨道卫星混合的星座组成的。北斗系统既能实现全球覆盖,同时由于部分卫星定点在中国国土上空,因此也能为本土提供更高精度、更好性能的服务。

最适合做这段文字标题的是（　　）

A. 北斗系统"牛"在哪里
B. 全球卫星系统大盘点
C. 北斗与 GPS,谁能更胜一筹
D. 北斗系统——引领未来变革

本题考查"递进关系""并列关系""因果关系"。首先,文段第一句话引出话题"北斗系统"。整个文段虽然提到了其他导航系统,但是这些系统都是为了衬托"北斗系统"。第三句话强调"北斗系统在全球范围内首次实现了混合的异构星座部署",紧接着第四句话就用美国的 GPS 和欧洲的伽利略定位系统来与北斗系统进行对比,通过递进词"而"强调北斗系统更好。最后一句话通过"既""同时"交代"北斗系统"的优势,继而通过"因此"做出总结"提供更高精度、更好性能的服务",其中的"更"则有对比的意思,说明北斗系统"更优秀"。

整体来说,文段的关键词是"北斗系统",其他导航系统都是"绿叶",是用来陪衬的。本题选 A。

选项 B 没抓住文段重点，也没有体现关键词"北斗系统"，排除；

选项 C 和 D 均是"无中生有"，文段既没有判定导航系统"孰好孰不好"的意思，也没有对北斗系统的未来做出解读。

咱们用公式"主体＋措施＋结果"来寻找答案。主体是"北斗系统"，措施是"实现混合的异构星座部署和全球覆盖，提供更高精度、更好性能的服务"，结果就隐藏在定语"更高、更好"中；得出结论"北斗系统实现混合的异构星座部署和全球覆盖，提供更高精度、更好性能的服务"。因为是拟标题，所以需要对该主旨句进行再归纳，这句话的大体意思其实就是"北斗系统更好一点"。当然，因为标题并不是简单地对文段内容的重复，经常采用一些修辞手法，所以用"代入法"可能更好，哪个标题更能涵盖主旨句的内容，哪个标题就是最优解。

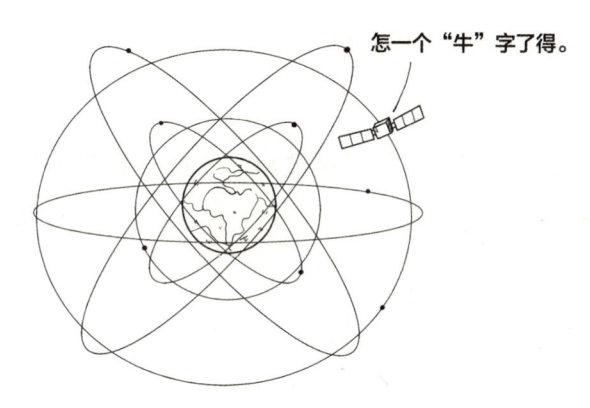

四、细节分析

遇到这类题，就想象着自己拿着放大镜看题目，反正就是"死扣"，只要跟文段信息不一致的统统都不对。

例 要达成科学上的一致见解，道路是曲折的，会历经许许多多的死胡同。偶尔，人们最后发现，那个独辟蹊径的人才是正确的——大家乐见其成，但这样的案例比我们想象的要少得多，甚至比媒体报道的还要少。有时，新的发现推翻了先前的共识。但绝大多数时候，科学的进步是超越并拓展了过去的概念，而非提出相反的概念。例如，爱因斯坦并没有"推翻"牛顿，他只是超越了牛顿，为理解空间、时间和引力提供了一个全新的、更为广阔和深刻的视角。

下列说法与文意不符的是（　　）

A. 科学的发展进步大多是在前人基础上的超越。

B. 独辟蹊径并且取得成功在科学界其实非常难。

C. 新发现推翻先前共识是科学界经常发生的事。

D. 许多科学发展并非建立在颠覆原有的认知上。

细节题只能将每个选项逐一代入文段进行排除。这道题是一道选非题，要注意审题，不要犯"低级失误"。

选项 A 对应文段第四句话，符合文义；

选项 B 对应文段第二句话，符合文义；

选项 C 对应文段第三句话，但是它偷换了文段中的时间概念；文段说的是"有时"，而该选项却写的是"经常"，不符合文义；

选项 D 也对应文段第四句话，符合文义。

本题选 C。

本文段的主旨句其实就是第一句话"达成科学上的一致见解是曲折的"。但是细节题考查的是文段的具体内容，因此概括主旨的作用就微乎其微了，除非，选项考查的也是主旨句的细节。

五、词语指代

这类题目要求考生能根据文段信息找出某个词语、句子或代词的具体含义，与细节题有异曲同工之妙。

例 中外文学艺术史上的许多个案证明，一位作家、艺术家只有立足于自己的生命体验，捕捉生命意识，又能以超越性的襟怀，以大生命意识的视野，透视人性，观照人生，体察万物，才能创作出境界最为高超，具有久远而又强劲的生命活力的作品。

这段文字中提及的"大生命意识"是指（　　）

A. 艺术家要加强修养，要有大格局、大智慧。

B. 拥有超人类的生命襟怀，向往人与人、人与自然之间的和谐。

C. 生命是可贵的、神圣的，人类所有正常的生命本能都应得到尊重。

D. 以政治的、道德的、法律的尺度，对笔下人物予以是非好坏的明确判定。

本题考查"并列关系""无中生有""句子成分"。首先，整个文段其实是一个"大长句"，通过标点符号和关联词将所有信息串联起来。其次，"只有"和"又"之后的内容是并列关系，而"才"之后的内容则是前边内容所带来的结果。再次，"又"后的内容也存在并列关系，"超越性襟怀""大生命意识""透视人性，观照人生，体察万物"是并列的关系，那么，"大生命意识"就跟"超越性襟怀"和"透视人性，观照人生，体察万物"密切相关。

对比四个选项，只有选项 B 提到了"生命襟怀"；其余三个选项均是"无中生有"，"修养""尊重生命""判定是非"均未在文段中体现。

本文段的主旨句在确定"主谓宾"后可以轻松得出，即"作家和艺术家创作作品"，所有与做题有关的信息均藏在这句话的定语和状语部分。

六、语句衔接

这类题目的形式为一个文段中空出一句话，需要考生根据结构、句式、逻辑、内容等判断空白处应该填入的内容。

例 作为世界上最成功的室内栽培植物之一，绿萝几乎就是盆栽的代名词，_____。绿萝这个物种早在1880年就被确认了，但是你很难想象，直到2004年，它的原产地才被确定为法属波利尼西亚社会群岛的莫雷阿岛。更为神秘的是，绿萝是一种过分矜持的植物，虽然它已经扩散到了全世界的热带地区，却只在1962年有过一次确切的开花记录，直到2016年，人们才发现了它开花的秘密。

填入画横线部分最恰当的一句是（　　）

A. 唯一的遗憾就是绿萝从来不开花　　B. 因为它非常适合人类的居住环境

C. 是一种不可多得的室内观叶植物　　D. 但它却也是我们最熟悉的陌生人

本题考查"转折关系""自相矛盾""文不对题，逻辑混乱"。首先，画线句前后的内容是相反的，画线前说的是"绿萝很适合盆栽，受到欢迎"，画线后说的则是"人们很晚才知道它的原产地和'会开花'"，前后内容是相反的，可以直接锁定选项D。

本题选D。

选项A和C是典型的"自相矛盾"，A说它不开花，文段却说它开花；C说它不可多得，文段却说它是最成功的室内栽培植物。

选项B如果成立，那么接下来的内容应该解释它是怎样适合人类居住环境的，显然文段没有这么做，如果选B，那就是"文不对题、逻辑混乱"。

画线部分填入选项D后，文段主旨句就得出了："绿萝是我们熟悉的陌生人"。

七、推断下文

根据给定文段信息，推断接下来文章的写作重点。

例 肺鱼是一类可用"肺"呼吸的肉鳍鱼,它们的"肺"是特化的鱼鳔,能吸收空气。这一特殊技能使其可以摆脱水的束缚,在河水干涸时潜入洞穴,躲在分泌物形成的茧中,等待雨季到来。此外,肺鱼还是能"啃硬骨头"的鱼,它们咬合力强大,一些带壳的无脊椎动物也是其捕食对象,这种能吃带壳动物的能力,被称为食壳性或甲食性。泥盆纪早期的奇异鱼被认为是最原始的肺鱼,已经具有典型的肺鱼食壳性特征,比如有发达的齿板与短而粗壮的下颌。而杨氏鱼的系统发育位置较奇异鱼更为原始,是研究肺鱼类食壳性起源的关键。

这段文字接下来最可能介绍( )
A.关于杨氏鱼的最新研究成果　　B.动物食壳性特征的产生原因
C.肺鱼在生物演化史上的重要意义　　D.杨氏鱼与其他泥盆纪物种的区别

本题考查"文章结构""递进""行文逻辑"。首先,在文段结构上,该文段信息体现了一个由"大话题"向"小话题"聚焦的过程,即由"肺鱼"推及"奇异鱼"再推及"杨氏鱼"。其次,文段最后一句话通过"而"表示递进和强调,并将"杨氏鱼"与"研究肺鱼类食壳性起源"联系了起来,那么按照"行文逻辑",接下来应该继续"聚焦",谈针对杨氏鱼在"肺鱼类食壳性起源"方面的研究。

本题选 A。

选项 B 和 C 属于"逆文段结构而行",把本该聚焦的话题又推了回去,这显然是不符合本文段的写作逻辑的;

选项 D 忽视了关键词"肺鱼类食壳性起源",排除。

八、语句排序

题目给出几个句子,要求考生排出正确的顺序。除了通用方法外,还可以通过观察选项确定首句,从而排除部分选项以降低难度;选项减少后,可以尝试把剩下的读一下,逻辑正确、语句通顺的一般就是答案。总结起来就是:先看一看,再读一读。

例 ①强调严格执法，让违法者敬法畏法，但绝不是暴力执法、过激执法，要让执法既有力度又有温度

②要推进严格规范公正文明执法，提高司法公信力

③同时，一些地方运动式、"一刀切"执法问题仍时有发生，执法不作为问题突出

④近年来，我们整治执法不规范、乱作为等问题，取得很大成效

⑤要加强省市县乡四级全覆盖的行政执法协调监督工作体系建设，强化全方位、全流程监督，提高执法质量

⑥行政执法工作面广量大，一头连着政府，一头连着群众，直接关系群众对党和政府的信任、对法治的信心

将以上6个句子重新排列，语序正确的一项是（　　）

A.①⑥③②④⑤　　B.⑥②④③①⑤　　C.④③②⑤⑥①　　D.②③⑥⑤④①

本题考查"确定首句""遵从事物发展的自然顺序"。首先观察四个选项分别以①⑥④②为首句，咱们先看看这四个当首句合不合适：①和②说的都是执法的正确方式，当作首句显得太突兀，排除选项A和D；接下来可以把剩下的B和C都读一下，B项中的⑥②交代规范行政执法的重要性和必要性，④③交代背景及面临的问题，①⑤就近解决③中交代的问题，显然遵从了事物发展的自然顺序，当选；选项C的⑤⑥①读起来非常"吃力"，不知所云，没有遵从事物自然发展的顺序，排除。

本题选B。

④和③连到一起时，③中的"同时"跟"但"作用一样，交代成绩和问题。

先看，再读，后用技巧。

第三节 选词填空

这类题目给出一个文段，空出几个位置，要求考生从选项中选出最合适的词填入空中，对考生的阅读理解能力和词汇积累要求较高；多做题、多背诵、多积累，事则可成。其实，此类题的本质就是考查考生积累的词汇量，本章开头介绍的那些小技巧也都可以用。

例 1 我们通过守正创新形成了中国特色社会主义理论体系，守正就不能偏离马克思主义、社会主义，但不是_____，还要往前发展、与时俱进，否则就是僵化的、陈旧的、过时的。

填入画横线部分最恰当的一项是（　　）

A. 刻舟求剑　　　B. 缘木求鱼　　　C. 邯郸学步　　　D. 削足适履

本题考查"转折关系""感情色彩"。转折词"但"之前的内容告诉我们要"坚守马克思主义"；"但"之后的内容开始转折，强调也要"与时俱进"。本题的难点在于转折后又加入了新的关联词"不是……，还要……"，典型的否定前半段，肯定后半段，"不是"后的内容应该与"往前发展、与时俱进"相反，与"僵化的、陈旧的、过时的"相同。再看感情色彩，"不是"后边是否定的内容，且与"僵化的、陈旧的、过时的"同义，那么它的感情色彩应该是贬义。这个小技巧在这里没发挥作用，因为四个选项中的成语都是贬义词；不过，这个解题思路要牢记。

接下来，看这几个成语的意思：

刻舟求剑：一般比喻死守教条，拘泥成法，固执不变通。

缘木求鱼：方向或办法不对，不可能达到目的。

邯郸学步：一味地模仿别人，不仅没学到本事，反而把原来的本事也丢了。

削足适履：比喻不合理地迁就现有条件，或不顾具体条件地生搬硬套。

结合语境，本题选 A。

例 2　大众化、流行化的再创作，使得经典_____生活，激发了更多人对古典诗词、传统文化的热爱；高品质的电视综艺，使得观众对古典诗词的印象，由可读延伸为可观。古典诗词，不只属于_____的学者，不只拥有枯燥、高冷的气质，它们也能以可爱、亲切的面貌和形式，出现在手机歌单里，一键点开便瞬间抵达耳畔，让我们随着旋律轻轻哼唱。

依次填入画横线处最恰当的一项是（　　）

A. 进入　皓首苍颜　　B. 侵入　孜孜以求　　C. 融入　皓首穷经　　D. 汇入　白首相知

本题考查"常见搭配"和"感情色彩"。先看第一个空，整个题目的感情色彩是积极的，讲的是对经典诗词进行大众化、流行化的再创作，"侵入"的感情色彩与本题不符；再看常见搭配："进入"和"融入"可以与"生活"搭配，"汇入"指汇集起来流入，与"经典"搭配不当。据此，排除选项B和D。

再看第二个空，"学者"前是定语，用于修饰"学者"，需要了解这四个词的含义，从中选出可以与"学者"搭配的词汇。

接下来，看看几个词的意思：

皓首苍颜：意思是雪白的头发，灰暗的面孔；形容老年人的容貌。

孜孜以求：不知疲倦地探求。

皓首穷经：头发都白了还在研读经籍；形容勤勉好学，活到老学到老。

活到老，学到老。

白首相知：老年知己。

知己难得。 老年知己更难得。

第一个空排除选项 B 和 D，第二个空排除选项 A 和 D，本题选 C。其实，根据常见搭配，本题也可以直接锁定 C，需要少量的积累即可实现，"语感"很重要。

例 3 长期以来，政府同社会智库之间的智库成果报送渠道不畅，导致智库成果"体内循环多、成果转化少"等问题。为此，要给社会智库与官方智库_____的待遇，建立畅通的智库成果快速报送渠道，_____、广谋良策，充分发挥各级各类智库的"_____"作用。

依次填入画横线部分最恰当的一项是（　　）

A. 公平　从善如流　军师　　　　B. 一致　群策群力　向导
C. 相同　集思广益　顾问　　　　D. 平等　广开言路　参谋

本题考查"语义轻重""并列关系""标点符号"。首先看第一个空，根据文意，应该是提高社会智库地位，使之与官方智库享受到差不多的待遇；选项 B 和 C 的语义过重，可以类似，但要求一模一样就言过其实了；"公平"和"平等"符合语境。

再看第二个空,顿号表并列,这个空的意思应该与"广谋良策"的意思相仿。接下来,看看这几个词的意思:

从善如流:接受别人正确的意见,像流水向下那样,迅速而自然。

群策群力:大家共同想办法,一起出力。

集思广益:集中群众的智慧,广泛吸收有益的意见。

广开言路:尽量给人们创造发表意见的机会。

> 兼听则明，偏信则暗。

"从善如流"是"广开言路"的下一步，无法并列，排除。此时，可以直接锁定答案为 D。"广开言路"与"广谋良策"意思一致，而且在形式上也基本一致，都是以"广"开头的。

最后，看一下第三个空。第三个空带着双引号，要么是专有名词，要么是引用，要么是用了修辞手法。从四个选项来看，引号中的内容是把智库比喻为某个职业，用了修辞手法。与智库进言献策意思相仿的职业是"参谋""军师""顾问"，都有给人出主意、答疑解惑之意；日常常用的是"参谋"一词，而"向导"是引路的人，与智库身份不符，排除。

本题选 D。

第四节 篇章阅读

这类题目为一段字数在 800—1400 字的文章，然后围绕着这篇文章出几道题，综合考查考生的阅读理解能力。对各种解题技巧的考查比较综合，难度相对较大，但本质还是考查言语理解与表达能力，不必过度担心。

例 ①几百万年前，气候变化导致森林退化，人类祖先被迫走出森林，到草原上生活。这被认为是人类与其生活在森林里的类人猿亲戚们分化的关键时刻。传统观点认为，在草原上，猿人们很快过上了狩猎者的生活。作为灵长类生物，他们并不具备强健的肌肉和锋利的牙齿，仅凭体力很难成功捕获猎物，不得不依靠精细的社会分工进行合作，并通过发明各种工具和武器捕猎求生。捕猎所获的肉食，使得他们获得了丰富的蛋白质，对大脑发育也有某种助益。总之，狩猎的生活方式最终塑造了我们目前熟悉的人类。

②然而，这个观点也并非没有漏洞。在原始人类究竟是否为狩猎者这个问题上，学界始终有不同意见。唐娜·哈特与罗伯特·W.苏斯曼就在他们所著的《被狩猎的人类：灵长类、捕食者和人类的演化》中提出了"人类猎物假说"。他们认为猿人不是猎人，而是各种食肉动物的猎物。这个假说有不少证据支持，其中最有力的证据是原始人类遗留的骨骼中经常包含明显的被啃咬的痕迹。1929年在北京周口店发现的北京猿人头骨底部有巨大破口，研究者曾一直认为这个现象证明了北京猿人有"人吃人"的习惯。实际上，这一损伤更可能是鬣狗啃噬造成的。在远古时代，有些种类的鬣狗体型巨大，完全有能力咬碎猿人的头骨。

③那么，"原始人类是各种食肉动物的猎物"这个假说对于解释人类的进化又有什么意义呢？哈特和苏斯曼提出了一些有趣的观点，比如，他们认为语言可能起源于声音警报，在此声音信号系统上继续发展，便慢慢奠定了语言形成的基础。支持"人类猎物假说"的学者认为，人类形成复杂的大脑功能并不是为了更好地协调狩猎行为，而是为了挫

败食肉动物的攻击，具有一定智慧的复杂大脑可以使原始人类更好地互相协调，及时制订躲避乃至反制策略。

④除了上述"人类猎物假说"，还有另外一种假说，即"人类长跑者假说"。该观点认为原始人类很可能属于一种本着"机会主义"生存原则的食腐动物，需要长时间在非洲草原四处游走，寻找新鲜的动物尸体食用。这个假说可以解释现代人类为何具有较强的耐力，虽然人类的冲刺能力不如很多食肉或食草动物，但是如果在炎热的非洲草原上进行万米长跑比赛，大部分哺乳动物会输给人类。与其他灵长类动物相比，人类的骨骼与韧带结构更适合长距离奔跑。人类还可以高效利用分布于全身的汗腺来控制体温，防止在炎热环境下长距离奔跑导致躯体过热。此外，直立行走的姿态和人类的胸腔结构，使人类能在奔跑时更好地调节呼吸。

⑤实际上，在上百万年的进化过程中，人类的生态位并非一成不变，上述假说也许都不全面。真正的人类故事很可能是古老的猿类从猎物和食腐动物向猎人演变的过程，他们作为"猎物""食腐者"所进化出的一些特征，比如为防止被捕猎而形成的复杂社会网络、为了适应食腐生活而逐渐形成的适合长跑的身体结构等，很可能也为后来人类成为"猎人"打下了基础。当人类祖先真正成为合格的猎人之后，智人也就登上了历史舞台，改变了其他各种生物的命运，也让整个地球生态发生了翻天覆地的变化。

1.下面这段文字最适合放在文章的哪个位置？（　　）

在这种食腐生活模式下，人类进化成了一种需要花大量精力进行"战略思考"的生物。比如，原始人类可能具有一定的计划能力和交流能力，以便在不同个体之间交换动物尸体位置的信息。这些也许对人类大脑的进化起到了推动作用。

A.①和②之间　　　B.②和③之间　　　C.③和④之间　　　D.④和⑤之间

本题考查"代词"。选段开头的"这种"引出了"食腐生活模式"，意味着之前的内容提到了该模式。纵观全文，只有材料④提到了"食腐生活模式"，则选段文字只能依附于材料④而存在。

本题选D。

代词"这"承接上文"食腐生活"。

2.作者列举北京猿人的例子,意在说明(　　)

A.远古人类的骨骼尚未进化完善。　　B.远古时期存在"人吃人"的现象。

C.远古时期猛兽对人类形成严重威胁。　　D.远古人类可能是食肉动物的猎物。

"北京猿人"的例子位于第②段,这个例子被用于论证"原始人类遗留的骨骼中经常包含明显的被啃咬的痕迹",而"原始人类遗留的骨骼中经常包含明显的被啃咬的痕迹"则又被用于论证"猿人不是猎人,而是各种食肉动物的猎物"。由此,我们可以明确北京猿人的案例就是用于证明"远古人类可能是食肉动物的猎物"的。

本题选 D。

A 项中的"骨骼尚未进化完善"属于"无中生有",排除;

B 项中的"人吃人"的现象出现在"实际上"之前,文段通过转折否认了这一说法,排除;

C 项中的"猛兽对人类形成严重威胁"表述不明确,不如 D 项准确,排除。

3.关于支持"人类长跑者假说"的人体特征和能力,文中未涉及(　　)

①骨骼结构　②发音器官　③图像分辨能力　④听觉神经　⑤体温调控功能　⑥直立形态

A.①⑤⑥　　　　B.②③④　　　　C.③④⑤　　　　D.④⑤⑥

本题是典型的细节题，认真排查"人类长跑者假说"出现的段落④即可。在段落④中，"骨骼结构""体温调控""直立形态"均有所涉及。

本题也是选非题，B 是正确答案。

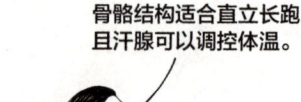

4. 下列哪一说法能在这篇文章中得到印证？（　　）

A. 研究者在远古人类获得生存优势的原因方面已达成共识。

B. 人类语言的复杂性得益于原始人类作为猎人的分工协作。

C. 具有复杂功能的大脑极大地帮助人类获得了生存优势。

D. 长期居于稳定的生态位是从猿人进化到智人的关键。

本题依旧是细节题，需要根据对全文信息的把握来选出正确选项。

A 项：首先，文段本身就存在多种观点，"达成共识"无从谈起；且第⑤段"上述假说也许都不全面。真正的人类故事很可能是古老的猿类从猎物和食腐动物向猎人演变的过程"已经表明"远未达成共识"，排除。

B 项："复杂性"属于"无中生有"；"语言"对应第③段"他们认为语言可能起源于声音警报"，而"分工"则对应第①段"不得不依靠精细的社会分工进行合作"，概念混搭，排除。

C 项：第③段"具有一定智慧的复杂大脑可以使原始人类更好地互相协调，及时制订躲避乃至反制策略"，其言外之意就是获得了"生存优势"，正确。

D 项：由第⑤段"人类的生态位并非一成不变"可知，"长期居于稳定的生态位"是错误的，排除。

本题选 C。

拼的是脑子。

5.最适合做这篇文章标题的是（   ）

A.人类的祖先是猎人还是猎物　　　　B.你从哪里来？化石知道答案

C.人类的攻击性来自远古狩猎生活　　D.智慧大脑帮助人类走出非洲草原

用排除法逐一筛查各选项：

选项B中的"化石"、选项C中的"攻击性"和选项D中的"非洲草原"均属于"无中生有"，排除。

文章第①段引出"狩猎的生活方式最终塑造了我们目前熟悉的人类"的传统观点；第②段通过转折词"然而"指出传统观点可能存在漏洞，随后引出"人类猎物假说"，即"猿人不是猎人，而是各种食肉动物的猎物"；第③段对"人类猎物假说"展开详细论证；第④段介绍"人类长跑者假说"，认为原始人类很可能属于一种本着"机会主义"生存原则的食腐动物；第⑤段通过"实际上"转折指出，上述假说都不全面，引出"真正的人类故事很可能是古老的猿类从猎物和食腐动物向猎人演变的过程"，即人类祖先可能不只具备一种身份，可能有过猎物、食腐动物、猎人等多重身份。

整体上看，整篇文章对"猎人"和"猎物"的讨论是重点，本题选A。但，选项A其实也不是很严谨，因为"食腐动物"无法确定是"猎人"还是"猎物"，基于题干和选项，"矮子里边选将军吧"。

吃还是被吃，这是个问题。

319